评级与监管
——基于美国RDRs监管框架的分析与思考

Rating and Supervision
——The Analysis and Proposals Based on American RDRs Regulatory Framework

武 钰 著

经济管理出版社
ECONOMY & MANAGEMENT PUBLISHING HOUSE

图书在版编目（CIP）数据

评级与监管/武钰著.—北京：经济管理出版社，2014.9
ISBN 978-7-5096-3398-4

Ⅰ.①评… Ⅱ.①武… Ⅲ.①金融监管—研究 Ⅳ.①F830.2

中国版本图书馆 CIP 数据核字（2014）第 225632 号

组稿编辑：宋　娜
责任编辑：许　兵
责任印制：黄章平
责任校对：陈　颖

出版发行：经济管理出版社
（北京市海淀区北蜂窝 8 号中雅大厦 A 座 11 层　100038）
网　　址：www.E-mp.com.cn
电　　话：(010) 51915602
印　　刷：北京晨旭印刷厂
经　　销：新华书店
开　　本：720mm×1000mm/16
印　　张：18
字　　数：295 千字
版　　次：2014 年 11 月第 1 版　2014 年 11 月第 1 次印刷
书　　号：ISBN 978-7-5096-3398-4
定　　价：95.00 元

·版权所有　翻印必究·
凡购本社图书，如有印装错误，由本社读者服务部负责调换。
联系地址：北京阜外月坛北小街 2 号
电话：(010) 68022974　邮编：100836

编委会及编辑部成员名单

（一）编委会

主　任：李　扬　王晓初
副主任：晋保平　张冠梓　孙建立　夏文峰
秘书长：朝　克　吴剑英　邱春雷　胡　滨（执行）
成　员（按姓氏笔画排序）：

卜宪群　王　巍　王利明　王灵桂　王国刚　王建朗　厉　声
朱光磊　刘　伟　杨　光　杨　忠　李　平　李　林　李　周
李　薇　李汉林　李向阳　李培林　吴玉章　吴振武　吴恩远
张世贤　张宇燕　张伯里　张昌东　张顺洪　陆建德　陈众议
陈泽宪　陈春声　卓新平　罗卫东　金　碚　周　弘　周五一
郑秉文　房　宁　赵天晓　赵剑英　高培勇　黄　平　曹卫东
朝戈金　程恩富　谢地坤　谢红星　谢寿光　谢维和　蔡　昉
蔡文兰　裴长洪　潘家华

（二）编辑部

主　任：张国春　刘连军　薛增朝　李晓琳
副主任：宋　娜　卢小生　姚冬梅
成　员（按姓氏笔画排序）：

王　宇　吕志成　刘丹华　孙大伟　曲建君　陈　颖　曹　靖
薛万里

序 一

博士后制度是19世纪下半叶首先在若干发达国家逐渐形成的一种培养高级优秀专业人才的制度，至今已有一百多年历史。

20世纪80年代初，由著名物理学家李政道先生积极倡导，在邓小平同志大力支持下，中国开始酝酿实施博士后制度。1985年，首批博士后研究人员进站。

中国的博士后制度最初仅覆盖了自然科学诸领域。经过若干年实践，为了适应国家加快改革开放和建设社会主义市场经济制度的需要，全国博士后管理委员会决定，将设站领域拓展至社会科学。1992年，首批社会科学博士后人员进站，至今已整整20年。

20世纪90年代初期，正是中国经济社会发展和改革开放突飞猛进之时。理论突破和实践跨越的双重需求，使中国的社会科学工作者们获得了前所未有的发展空间。毋庸讳言，与发达国家相比，中国的社会科学在理论体系、研究方法乃至研究手段上均存在较大的差距。正是这种差距，激励中国的社会科学界正视国外，大量引进，兼收并蓄，同时，不忘植根本土，深究国情，开拓创新，从而开创了中国社会科学发展历史上最为繁荣的时期。在短短20余年内，随着学术交流渠道的拓宽、交流方式的创新和交流频率的提高，中国的社会科学不仅基本完成了理论上从传统体制向社会主义市场经济体制的转换，而且在中国丰富实践的基础上展开了自己的伟大创造。中国的社会科学和社会科学工作者们在改革开放和现代化建设事业中发挥了不可替代的重要作用。在这个波澜壮阔的历史进程中，中国社会科学博士后制度功不可没。

值此中国实施社会科学博士后制度20周年之际，为了充分展示中国社会科学博士后的研究成果，推动中国社会科学博士后制度进一步发展，全国博士后管理委员会和中国社会科学院经反复磋商，并征求了多家设站单位的意见，决定推出《中国社会科学博士后文库》（以下简称《文库》）。作为一个集中、系统、全面展示社会科学领域博士后优秀成果的学术平台，《文库》将成为展示中国社会科学博士后学术风采、扩大博士后群体的学术影响力和社会影响力的园地，成为调动广大博士后科研人员的积极性和创造力的加速器，成为培养中国社会科学领域各学科领军人才的孵化器。

创新、影响和规范，是《文库》的基本追求。

我们提倡创新，首先就是要求，入选的著作应能提供经过严密论证的新结论，或者提供有助于对所述论题进一步深入研究的新材料、新方法和新思路。与当前社会上一些机构对学术成果的要求不同，我们不提倡在一部著作中提出多少观点，一般地，我们甚至也不追求观点之"新"。我们需要的是有翔实的资料支撑，经过科学论证，而且能够被证实或证伪的论点。对于那些缺少严格的前提设定，没有充分的资料支撑，缺乏合乎逻辑的推理过程，仅仅凭借少数来路模糊的资料和数据，便一下子导出几个很"强"的结论的论著，我们概不收录。因为，在我们看来，提出一种观点和论证一种观点相比较，后者可能更为重要：观点未经论证，至多只是天才的猜测；经过论证的观点，才能成为科学。

我们提倡创新，还表现在研究方法之新上。这里所说的方法，显然不是指那种在时下的课题论证书中常见的老调重弹，诸如"历史与逻辑并重"、"演绎与归纳统一"之类；也不是我们在很多论文中见到的那种敷衍塞责的表述，诸如"理论研究与实证分析的统一"等等。我们所说的方法，就理论研究而论，指的是在某一研究领域中确定或建立基本事实以及这些事实之间关系的假设、模型、推论及其检验；就应用研究而言，则指的是根据某一理论假设，为了完成一个既定目标，所使用的具体模型、技术、工具或程序。众所周知，在方法上求新如同在理论上创新一样，殊非易事。因此，我们亦不强求提出全新的理论方法，我们的最低要求，是要按照现代社会科学的研究规范来展开研究并构造论著。

我们支持那些有影响力的著述入选。这里说的影响力，既包括学术影响力，也包括社会影响力和国际影响力。就学术影响力而言，入选的成果应达到公认的学科高水平，要在本学科领域得到学术界的普遍认可，还要经得起历史和时间的检验，若干年后仍然能够为学者引用或参考。就社会影响力而言，入选的成果应能向正在进行着的社会经济进程转化。哲学社会科学与自然科学一样，也有一个转化问题。其研究成果要向现实生产力转化，要向现实政策转化，要向和谐社会建设转化，要向文化产业转化，要向人才培养转化。就国际影响力而言，中国哲学社会科学要想发挥巨大影响，就要瞄准国际一流水平，站在学术高峰，为世界文明的发展作出贡献。

我们尊奉严谨治学、实事求是的学风。我们强调恪守学术规范，尊重知识产权，坚决抵制各种学术不端之风，自觉维护哲学社会科学工作者的良好形象。当此学术界世风日下之时，我们希望本《文库》能通过自己良好的学术形象，为整肃不良学风贡献力量。

李扬

中国社会科学院副院长
中国社会科学院博士后管理委员会主任
2012 年 9 月

序 二

在21世纪的全球化时代,人才已成为国家的核心竞争力之一。从人才培养和学科发展的历史来看,哲学社会科学的发展水平体现着一个国家或民族的思维能力、精神状况和文明素质。

培养优秀的哲学社会科学人才,是我国可持续发展战略的重要内容之一。哲学社会科学的人才队伍、科研能力和研究成果作为国家的"软实力",在综合国力体系中占据越来越重要的地位。在全面建设小康社会、加快推进社会主义现代化、实现中华民族伟大复兴的历史进程中,哲学社会科学具有不可替代的重大作用。胡锦涛同志强调,一定要从党和国家事业发展全局的战略高度,把繁荣发展哲学社会科学作为一项重大而紧迫的战略任务切实抓紧抓好,推动我国哲学社会科学新的更大的发展,为中国特色社会主义事业提供强有力的思想保证、精神动力和智力支持。因此,国家与社会要实现可持续健康发展,必须切实重视哲学社会科学,"努力建设具有中国特色、中国风格、中国气派的哲学社会科学",充分展示当代中国哲学社会科学的本土情怀与世界眼光,力争在当代世界思想与学术的舞台上赢得应有的尊严与地位。

在培养和造就哲学社会科学人才的战略与实践上,博士后制度发挥了重要作用。我国的博士后制度是在世界著名物理学家、诺贝尔奖获得者李政道先生的建议下,由邓小平同志亲自决策,经国务院批准于1985年开始实施的。这也是我国有计划、有目的地培养高层次青年人才的一项重要制度。二十多年来，在党中央、国务院的领导下，经过各方共同努力，我国已建立了科学、完备的博士后制度体系，同时，形成了培养和使用相结合，产学研相结合，政府调控和社会参与相结合，服务物质文明与精神文明建设的鲜明特色。通过实施博士后制度，我国培养了一支优秀的高素质哲学社会科学人才队伍。他们在科研机构或高等院校依托自身优势和兴趣，自主从事开拓性、创新性研究工作，从而具有宽广的学术视野、突出的研究能力和强烈的探索精神。其中，一些出站博士后已成为哲学社会科学领域的科研骨干和学术带头人，在"长江学者"、"新世纪百千万人才工程"等国家重大科研人才梯队中占据越来越大的比重。可以说，博士后制度已成为国家培养哲学社会科学拔尖人才的重要途径，而且为哲学社会科学的发展造就了一支新的生力军。

哲学社会科学领域部分博士后的优秀研究成果不仅具有重要的学术价值，而且具有解决当前社会问题的现实意义，但往往因为一些客观因素，这些成果不能尽快问世，不能发挥其应有的现实作用，着实令人痛惜。

可喜的是，今天我们在支持哲学社会科学领域博士后研究成果出版方面迈出了坚实的一步。全国博士后管理委员会与中国社会科学院共同设立了《中国社会科学博士后文库》，每年在全国范围内择优出版哲学社会科学博士后的科研成果，并为其提供出版资助。这一举措不仅在建立以质量为导向的人才培养机制上具有积极的示范作用，而且有益于提升博士后青年科研人才的学术地位，扩大其学术影响力和社会影响力，更有益于人才强国战略的实施。

今天，借《中国社会科学博士后文库》出版之际，我衷心地希望更多的人、更多的部门与机构能够了解和关心哲学社会科学领域博士后及其研究成果，积极支持博士后工作。可以预见，我国的博士后事业也将取得新的更大的发展。让我们携起手来，共同努力，推动实现社会主义现代化事业的可持续发展与中华民族的伟大复兴。

人力资源和社会保障部副部长
全国博士后管理委员会主任
2012 年 9 月

摘 要

金融市场存在垄断和市场失灵现象，有负的外部性，各类主体之间存在严重的信息不对称性，这些问题的存在会导致金融市场的不稳定和低效率，造成金融资源的不合理配置，加大市场风险，为此引入了政府的金融监管。然而，对美国评级发展的研究可以从另一个角度考察金融监管理论，因为，从历史资料来看，美国评级的发展与依赖评级的监管规则（RDRs）的产生和发展密切相关。

1909年穆迪（Moody's）开始债券评级业务，信用评级的出现回应了资本市场的信息需求，评级机构借助专业、高效、规模化的信息处理技术，促进了信息不对称情况下资本市场的发展。诞生之初的评级机构只是资本市场中的一个小角色，它们完全依赖对债券风险揭示的准确性，而赢得投资者的信任，赚取评级订阅费。这一时期，评级业在信誉支撑下生存，并缓慢发展。"大萧条"中评级机构因一系列债券降级而信誉受损，但20世纪30年代货币监理署（OCC）等金融监管者们启用的RDRs为评级创造了巨大的需求，极大地提升了它们在资本市场中的地位，推动评级业在逆境中进入第一个快速发展阶段。借助30年代的RDRs授予的"监管许可"，评级机构将其对债券评级的时点，从债券发行后转向债券发行前，评级也从只对二级市场有效，开始转向影响债券发行市场。

然而，评级的这一个快速发展阶段非常短暂。20世纪30年代结束之后，随着美国经济的复苏，经济因素弱化了RDRs监管对评级业务的影响，如高等级债券发展规模相对于受监管机构可投资资金规模的严重滞后，驱使众多资金游离受RDRs监管的债券市场；无需信用评级的直募债券规模的增长，直接减少了评级业务量；RDRs监管驱逐了垃圾债券，而这一市场的萎缩、消失，则在一定程度上架空了RDRs监管；低违约时代的来临，资本市场参与者的风险意识降低，也淡化了市场对评级的关注。在此情况下，

RDRs驻足不前，评级业也进入停滞发展阶段。

由于越南战争耗资巨大，加上长期赤字政策的负面影响，20世纪70年代初美国国际收支恶化，布雷顿森林体系解体。随之而来的石油危机更将美国经济拖入滞胀的泥潭。宾州中央铁路公司破产再次激起了各方对风险的关注，美国证券交易委员会（SEC）对Rule 15c3-1的修订，再次激起了RDRs的发展高峰。与20世纪30年代的RDRs相比，SEC还创立了一个全新的监管分类——国家认可统计评级机构（NRSRO）。此后，这一术语被植入无数的金融监管规则之中。这些监管规则授予了国家认可统计评级机构（NRSRO）数以百计的"监管许可"。评级业在新兴RDRs支持下，成功实现了发行人付费模式的转换，进入第二个长达30多年的迅速发展阶段。

然而，2007年美国次级住房按揭贷款（RMBSs）引发的次贷危机，不仅席卷美国、欧盟和日本等世界主要金融市场，给金融机构造成惨重损失，更进而演化成一场全球蔓延的金融危机。由于在次贷危机中的拙劣表现，评级再次成为全球瞩目的焦点。面对危机后一系列的批评，美国的金融监管者们不得不沉痛反思RDRs监管的问题和风险。危机后对RDRs调整，甚至可以说是一场针对RDRs的革命，主题自然是在一定程度上削弱，甚至消除RDRs监管。

本书的研究认为，为纠正金融市场失灵而建立的金融监管体系，在引入RDRs之后，授予了评级机构"监管许可"，加剧了评级利益冲突，削弱了评级机构努力提高评级质量的激励；打破了支撑评级发展的信誉资本规则，助长了评级的道德风险，使评级变得更不准确；增长了评级风险，从而加大了整个金融体系的风险。由此说明，金融监管非但未能降低经济的系统性风险，反而增加了金融系统的内在不稳定性。同时，RDRs人为地将资本市场划分为投资级和投机级，人为地扩大了"BBB"级与"BB"级债券的信用价差，限制了投资级以下等级证券的市场空间。不仅如此，在RDRs引导下，更多资本流入到高风险的结构性金融领域。RDRs引导的资源不当配置，非但没能提高金融资源配置效率，反而降低了资本市场的资源配置效率，加大了金融风险。此外，金融监管的目标之一是消除市场垄断，而SEC的NRSRO指定，通过授予特定评级机构"监管许可"，却助成了评级业的寡头垄断。对RDRs监管下评级发展的研究还发现，致力于控制金融风险的RDRs监管，极大地推动了评级行业的发展，促进了评级业务模式的重要转换。将金融监管权委托给市场化的私主体行使，而又缺乏必要的责任机制和监管机制，难以避免这些私主体履行委托义务时的寻租。

虽然21世纪初的经济危机，促使美国的金融监管者们意识到RDRs监管的风险，欲在金融监管中去评级化，但是经过这么多年的发展，评级基准已经渗入各个金融监管领域，被内在化了。即使RDRs监管存在诸多风险，恐怕这种状态也已是积重难返。通过立法限制发行人对评级机构的选择权，干预评级机构的评级前咨询服务，鼓励投资人付费模式的应用，在一定程度上有助于缓解RDRs监管存在的问题，但却难以治本。在充分体味过RDRs监管之痛的美国金融监管者们开始觉醒、开始去RDRs时，笔者认为，美国的教训值得我国在金融监管中借鉴。

关键词：信用评级　评级机构　金融监管　金融风险

Abstract

To some extent, financial institutions is a kind of public goods, it has great negative externality. There is market failure in the Financial Market, such as monopoly. Another problem is that there is also severely information asymmetric between financial participants. All these will lead to the instability and inefficiency of the financial market and cause unreasonable configuration of financial resources, and increase economic risk. This is why the theory of financial regulation was founded. However, since the history of the credit rating industry development was so closely related with the rating – dependent regulations (RDRs), the research on the development of credit rating industry gives us another perspective to test the theory of financial regulation.

Moody's issued his first bond rating in 1909, this responded to the financial market's request for more and more convenient, publicly available information about the quality of investments by credit rating. Rating agencies help piercing the fog of information asymmetric through quickly, professionally and effectively processing the flow of information, and distilling it into ratings. Ratings increase the efficiency of the capital markets, and enhance the capital markets' infrastructure. In the early years, credit rating agencies were just a pack of small participants in the capital market. And during that period, rating agencies were financed entirely by subscription fees paid by investors. They served as an information intermediary, and depended highly on how their ratings can predict the bonds' quality. So they competed to acquire their respective reputations for independence, integrity and reliability. Reputational capital would have been especially acute to rating agencies in such an environment. On the other hand, as the accumulation of reputational capital was a long run, the rating agencies developed slowly.

Rating agencies suffered a loss of reputational capital because of a series of down grade during the depression in the 1930s. But their role in the capital market was greatly improved after the financial crisis, because of the supervisors such as the Office of the Comptroller of the Currency etc., which began to incorporate rating in their regulation by a miracle.

The rating - dependent regulations pushed the credit rating industry entered it's first rapid development phase, in an adverse circumstances. Under the influence of the rating - dependent regulations, credit rating agencies began to rating bond before issuing, although they never did like this before. Ratings which used to be effective only in the second market began to use in the issuing market.

However, the first rapid development phase of rating was short lived. After the end of the 1930s, the influence of the rating - dependent regulations was weakened by the economic elements emerged after the recovery of the U.S. economy. Since the amount of corporate bonds rated for high grades by the agencies has failed to keep pace with the volume of funds seeking for high - grade investment outlets, to an appreciable extent such funds began to flow away from the bond market which was regulated by rating - dependent regulations, and find their way into the government bond markets, and mortgage markets, and direct placements. Another element is that the amount of straight placement bonds which did not need agencies ratings grow greatly, this directly decreased the rating business. The rating - dependent regulations drove the junk bonds away; this diminished the scale of the bonds that rating - dependent regulations restrict the institutions to invest. And third reason is that the default rate was low after the economic resurgence, and investors began to ignore credit risks. They paid little attention on ratings. Under this circumstance, the rating - dependent regulations came to halt, and the credit rating industry got into stagnation too.

In the early 1970s, the bankrupt of Penn Central aroused the attention to the risks. The credit rating agencies began to charge the issuer for rating. Since the Vietnam War assumed a lot of money, and the adverse impact of the deficit policy that U.S. has implemented for a long time, the U.S. international balance deteriorated, which lead to the collapse of the Bretton Woods System. The following Oil Crisis pushes the American economic into stagflation further. In 1975, the Securities and Ex-

Abstract

change Committee (SEC) adopt Rule 15c3 – 1 in net capital rules under the Security and Exchange Act of 1934, for the purpose of regulating the broke – dealers. They not only incorporated rating into the net capital rule, but also created a brand new regulatory category—Nationally Recognized Statistical Rating Organization (NRSRO). This greatly stimulates the increase of rating – dependent regulations. After the term NRSRO was created by SEC, it was embedded into numerous regulations. The new rating – dependent regulations grant the NRSROs hundreds of regulatory licenses, and pushed the credit rating agencies into another rapid development phrase for more than thirty years.

Whereas, the subprime crisis triggered by the residential mortgage – backed securities, influenced all the major financial market, such as U. S., EU and Japan etc., and caused great losses to the main financial institutions. The subprime crisis further became a grievous global financial crisis. This made credit rating agencies became the focus of the global attention once again, because of their important role in the subprime crisis. Faced with the serious criticism, the U. S. financial regulators had to rethink the problem and risk caused by rating – dependent regulations painfully. The amendment of rating – dependent regulations after the crisis essentially eliminate some of the rating – dependent regulations, the regulators want to decrease their reliance on rating – dependent regulations in the financial regulation system.

According to this book, the author setting argue that the financial regulatory system setting up to correct market failure exacerbated the conflict interest of credit rating agencies, after the rating – dependent regulations were brought in. The use of rating – dependent regulations decreased the incentive for rating agencies to prove their quality of rating, and ruined the reputational capital rule which incents rating agencies to provide accurate rating, and increased moral hazard of rating agencies. All these factors lead to inaccurate rating and financial risks. This suggests that financial regulation did not decrease the system risk of economic, but increased the instability of financial system.

At the same time, instead of improving the efficiency of financial resources allocation, the financial regulation system of rating – dependent regulations decreased. The use of rating – dependent regulations in financial regulation had artificially segmented the market into two parts: investment grades and speculative grades, and factitiously enlarged the credit spread between BBB rated bonds and BB rated bonds, and greatly limited the market space of bonds under investment grades. Furthermore, under the guiding of rating – dependent regulations, more and more capital flowed into the structured finance markets, and resulted in an improper resources allocation. All these lead to great financial risks.

One of the targets of financial regulation is to eliminate monopoly in the market. However, when SEC designated ratings of the NRSROs could be used in financial regulation, it granted regulation licenses to particular rating agencies as NRSRO, and facilitated the moligopoly of rating industry. This study on rating industry under rating – dependent regulations also shows us the truth that the rating – dependent regulations which was designed to control financial risks had tremendously promoted the development of rating agencies by stimulating the demands of rating, and assisting the new rating business patterns construction.

Based on the theory of financial regulation, financial regulating activities are of public interest nature. When the private factors has been incorporated into financial regulations, like ratings which are products of rating agencies whose target is always go after maximization their profits, the regulators has authorized some financial supervision rights to the private subjects. In the absence of perfect monitoring, it is unavoidable that the proxy will seek rents when fulfill the fiduciary obligations. As influenced by the moral hazards of the private subjects, the truth is more likely to be that this kind of rent – seeking is supported by the public authorities. This means that averting granting financial supervision rights to private subjects will help to avoid regulation failure.

Though, after the crisis of the early 21st century, the U.S. financial regulators are conscious of the risks of using rating – dependent regulations in financial regulation, and they begin take action to remove ratings in their financial regulation, it will still be a piece of very hard work. Rating standards in numerous financial regulations have been internalized as an institution used for so many years. Even there are lots of risks, the author argue that this is some kinds of ingrained habits that cannot be cast off overnight. Nonetheless they still can remit the negative effect of rating – dependent regulations by limiting the issuer's rights of rating agencies option through legislation, and by restricting the agencies consulting services before rating, and also by encourage the use of investors pay model.

When the U. S. financial regulators come to awaking after been hardly hurt by the regulation incorporated rating, and begin to remove rating – dependent regulations, the author suppose that the Chinese financial regulators should use that for reference.

Key Words: Rating; Rating Agency; Financial Regulation; Financial Risk

目 录

导 言 ··· 1

第一章 文献综述 ··· 5

第一节 金融监管理论综述 ·· 5
一、金融监管理论的起源及发展 ·· 5
二、金融监管的理论学说 ··· 6
三、金融监管理论的分析 ··· 9

第二节 评级发展的综述 ·· 10
一、美国评级发展的简要回顾 ··· 10
二、关于评级发展的综述 ··· 12
三、关于评级信誉资本研究的综述 ····································· 14
四、关于评级信息价值研究的综述 ····································· 16

第三节 依赖评级的监管规则（RDRs）综述 ····················· 17
一、RDRs 监管的变迁 ·· 17
二、RDRs 对评级发展的影响的研究综述 ·························· 18
三、RDRs 监管下评级风险研究综述 ·································· 20

第二章 RDRs 影响下美国评级发展的典型阶段 ················ 23

第一节 RDRs 形成前期：评级的萌芽发展阶段 ················ 24
一、评级萌生的经济环境 ··· 24
二、评级萌生的原因：资本市场需求 ································· 27
三、RDRs 形成前评级的自由发展 ······································· 29
四、RDRs 形成前评级的影响 ··· 34

第二节　20世纪30年代后RDRs的兴起：评级的
　　　　第一个迅速发展阶段 …………………………… 34
　　一、危机前评级的状况 ……………………………………… 35
　　二、评级在20世纪30年代危机中的表现 ………………… 37
　　三、"大萧条"冲击下凯恩斯政府干预
　　　　理论的兴起催生RDRs监管 …………………………… 39
　　四、监管需求刺激下RDRs的兴起 ………………………… 41
　　五、危机后RDRs影响下评级迅速发展 …………………… 47
　　六、早期机构评级之外的债券评估方式 …………………… 52

第三节　20世纪40年代起RDRs影响弱化：
　　　　评级发展的停滞阶段 ……………………………… 55
　　一、高等级债券规模滞后使RDRs影响弱化 ……………… 55
　　二、投机级债券市场萎缩使RDRs影响弱化 ……………… 58
　　三、违约率下降、直募增加均使RDRs影响弱化 ………… 59
　　四、评级进入停滞发展期 …………………………………… 60

第四节　20世纪70年代后RDRs的深化：评级的
　　　　第二个迅速发展阶段 ……………………………… 61
　　一、危机前评级的基本状况 ………………………………… 62
　　二、评级在20世纪70年代危机中的表现 ………………… 63
　　三、Penn Central破产诱使RDRs的深化 ………………… 65
　　四、RDRs的深化 …………………………………………… 68
　　五、危机后评级的发展 ……………………………………… 72

第五节　21世纪初全球金融危机后RDRs的降温：
　　　　评级步入调整阶段 ………………………………… 77
　　一、危机前评级的基本状况 ………………………………… 77
　　二、评级在21世纪初全球金融危机中的拙劣表现 ……… 80
　　三、对RDRs支持下评级的批评 …………………………… 83
　　四、RDRs监管的降温 ……………………………………… 86
　　五、危机后评级的发展 ……………………………………… 97

第三章　RDRs对评级发展的推动作用 …………………… 101
　第一节　金融监管中的RDRs …………………………………… 101

一、SEC 监管中的 RDRs ·············· 102
　　二、NAIC 监管中的 RDRs ·············· 107
　　三、其他监管者对 RDRs 的依赖 ·············· 114
第二节　**RDRs 刺激下评级在危机后的繁荣** ·············· 115
　　一、评级在 20 世纪 30 年代危机后的繁荣 ·············· 116
　　二、评级在 20 世纪 70 年代危机后的繁荣 ·············· 120
第三节　**RDRs 促进了现代评级模式的最终形成** ·············· 125
　　一、RDRs 促进评级时点的转变 ·············· 125
　　二、RDRs 帮助评级实现收费模式的成功转变 ·············· 126
　　三、RDRs 使 SFPs 评级业务急剧扩张 ·············· 129

第四章　RDRs 导致评级风险增加 ·············· 135
第一节　**RDRs 影响下评级的风险预警功能弱化** ·············· 135
　　一、RDRs 弱化了准确评级的激励 ·············· 135
　　二、RDRs 使评级成为遮蔽风险的面纱 ·············· 139
第二节　**RDRs 影响下评级的有效信息价值降低** ·············· 141
　　一、评级的有效信息价值 ·············· 141
　　二、关于评级信息价值的分析 ·············· 144
　　三、评级对资产价格和收益的影响 ·············· 147
　　四、NRSROs 评级与 RR 评级的信息价值比较 ·············· 153
第三节　**RDRs 增加了评级的道德风险** ·············· 155
　　一、评级的道德风险 ·············· 155
　　二、RDRs 破坏了评级的信誉资本原则 ·············· 157
　　三、RDRs 诱导评级购买 ·············· 158
　　四、RDRs 监管下导致道德风险的其他原因 ·············· 160
第四节　**RDRs 使资源配置效率降低、风险增加** ·············· 161
　　一、RDRs 人为限制了投资级以下证券的市场空间 ·············· 161
　　二、RDRs 人为扩大了 BBB 级证券与
　　　　BB 级证券之间的价差 ·············· 163
　　三、RDRs 诱导更多资源投向高风险领域 ·············· 165

第五章　RDRs 促进了评级垄断的形成 ·············· 167
第一节　**RDRs 构建了评级的准入门槛** ·············· 167

一、NRSROs 指定的情况 ………………………………… 168
　　二、SEC 对 NRSROs 申请的审查 ……………………… 172
　　三、SEC 的 NRSROs 指定形成事实上的准入屏障 …… 174
　第二节　RDRs 制约了评级竞争 …………………………… 177
　　一、评级机构的市场份额分析 …………………………… 177
　　二、RDRs 对 NRSROs 竞争地位的影响 ………………… 179
　第三节　RDRs 授予 NRSROs 监管许可 …………………… 182
　　一、信誉资本理论 ………………………………………… 182
　　二、监管许可理论 ………………………………………… 185
　　三、对 NRSROs 销售监管许可的理论分析 …………… 186
　第四节　RDRs 确立 NRSROs 的垄断地位 ………………… 188
　　一、主要 NRSROs 的收入构成 ………………………… 189
　　二、主要 NRSROs 的收费机制 ………………………… 193
　　三、评级收费的价值分析 ………………………………… 193
　第五节　RDRs 支持下评级的寡头垄断 …………………… 195

第六章　评级发展视角下对金融监管的思考 ……………… 199
　第一节　RDRs 监管助推评级发展 ………………………… 199
　第二节　RDRs 监管助成评级垄断 ………………………… 201
　第三节　RDRs 监管助长评级风险 ………………………… 203
　　一、RDRs 使评级标签化 ………………………………… 203
　　二、RDRs 的广泛应用使系统性风险增加 ……………… 204
　第四节　减少对 RDRs 的监管依赖 ………………………… 205
　　一、取消 NRSRO 指定，弱化评级的监管引用 ………… 205
　　二、加强对评级机构利益冲突的监管 …………………… 208
　　三、强化评级机构的评级责任 …………………………… 210

第七章　美国 RDRs 监管对中国发展评级的启示 ………… 213
　第一节　中国评级的发展现状 ……………………………… 213
　　一、中国评级发展的概况 ………………………………… 213
　　二、中国评级机构的现状 ………………………………… 215
　第二节　中国的 RDRs 监管 ………………………………… 217

一、证券监管中的 RDRs ………………………………………… 217
　　二、银行监管中的 RDRs ………………………………………… 218
　　三、保险监管中的 RDRs ………………………………………… 218
　　四、地方性金融监管中的 RDRs ………………………………… 219
　第三节　中国金融监管及发展评级的理性选择 …………………… 219
　　一、鼓励引导评级在适度竞争中发展 …………………………… 220
　　二、加强评级监管 ………………………………………………… 220
　　三、监管的理性选择：慎用 RDRs ……………………………… 221

索　引 …………………………………………………………………… 223

参考文献 ………………………………………………………………… 229

后　记 …………………………………………………………………… 251

Contents

Introduction ··· 1

Chapter 1 Literature Review ··· 5

  1.1 Review on Financial Regulation ·· 5
      1.1.1 The History and Development of Financial Regualtion ······ 5
      1.1.2 Theories of Financial Regultion ································· 6
      1.1.3 Analysis on Financial Regulation ································· 9
  1.2 Review on the Rating Industory Development ··················· 10
      1.2.1 Overview of the Rating Industry in U.S. ····················· 10
      1.2.2 A Brife Review of Rating ··· 12
      1.2.3 Review on Reputational Capital ································ 14
      1.2.4 The Informational Value of Rating ····························· 16
  1.3 Review on Rating-Dependent Regualtions ························ 17
      1.3.1 The Development of RDRs ······································ 17
      1.3.2 The Influence of RDRs on Rating Industry ················· 18
      1.3.3 The Risk of Rating under RDRs Supervision ··············· 20

Chapter 2 Stages of Rating Industry by the Influence of RDRs ········ 23

  2.1 Before the Use of RDRs: the Infancy Stage of Rating ······ 24
      2.1.1 The Economic Environment of Germinate of Rating ········ 24
      2.1.2 The Reason of the Germinate of Rating ····················· 27
      2.1.3 The Free Development in the Infancy Stage ················ 29
      2.1.4 The Influence of Rating in the Infancy Stage ················ 34

2.2 The Widly Use of RDRs after 1930s: The First
　　　Rapid Development Stage ··· 34
　　2.2.1 The Development of Rating before Great Depression ········· 35
　　2.2.2 The Performance of Rating in Great Depression ············ 37
　　2.2.3 The Initiation of the Use of RDRs ························· 39
　　2.2.4 RDRs ··· 41
　　2.2.5 The Booming Rating Industry after
　　　　　 the Great Depression ···································· 47
　　2.2.6 Other Bond Risk Assessment Methods ····················· 52
2.3 The Influence of RDRs Weakened in 1940s:
　　　The Stagnated Stage of Rating ··································· 55
　　2.3.1 Short of High Grades Bonds Weakened
　　　　　 the Influence of RDRs ···································· 55
　　2.3.2 The Shrinking of High Yield Bonds Weakened the
　　　　　 Influence of RDRs ······································· 58
　　2.3.3 Both the Decrease of Defaut Rate and the Increase of Private
　　　　　 Placed Bonds Weakened the Effection of RDRs ············ 59
　　2.3.4 The Stagnated Stage of Rating ···························· 60
2.4 The Wider Use of RDRs in 1970s: the Second Rapid
　　　Development Stage of Rating ··································· 61
　　2.4.1 The Development of Rating before the Financial Crisis ······· 62
　　2.4.2 The Performance of Rating in the Financial Crisis ·········· 63
　　2.4.3 Bankrupt of Penn Central Lead to the Wider
　　　　　 Use of New RDRs ······································· 65
　　2.4.4 RDRs Become more and more Popular ····················· 68
　　2.4.5 The Development of Rating after the Financial Crisis ······· 72
2.5 The Decrease of RDRs after the Financial Crisis in 2007:
　　　The Modulation Stage of Rating ································· 77
　　2.5.1 The Development of Rating before the Crisis ··············· 77
　　2.5.2 Poor Performance of Rating Industry in the Crisis ·········· 80
　　2.5.3 The Criticism on Rating under RDRs ······················ 83
　　2.5.4 The Use of RDRs Was Decreased ·························· 86

Contents

  2.5.5 The Development of Rating after the Crisis ················ 97

Chapter 3 The Promotion of RDRs on Rating ······················ 101

 3.1 RDRs Utilized in Financial Regulation ······················ 101
  3.1.1 RDRs Utilized by SEC ······························· 102
  3.1.2 RDRs Utilized in Insurance Supervision ···················· 107
  3.1.3 RDRs Utilized by Other Supervisors ······················ 114
 3.2 RDRs Assist Rating Prosperity after Crisis ················ 115
  3.2.1 The Prosperity after 1930s ····························· 116
  3.2.2 The Prosperity after 1970s ····························· 120
 3.3 RDRs Contribute to the Formation of
  Current Rating Patten ·· 125
  3.3.1 Bonds Began to Have Ratings before Issue Because of the
    Widely Use of RDRs ································ 125
  3.3.2 Rating Agencies Began to Charge Bond Issuers Instead of
    Investers Because of the Widely Utilization of RDRs ······ 126
  3.3.3 SFPs Rating Business Increased
    Sharply Because of RDRs ····························· 129

Chapter 4 The Risk of Rating Risks Increase Sharply
     Because of RDRs ·· 135

 4.1 Risk Warning Founctions of Rating Were
  Weakened by RDRs ··· 135
  4.1.1 RDRs Weakened Rating Agencies' Incentives
    of Acurate Rating ···································· 135
  4.1.2 Rating Become the Veil of Risk to Some
    Distent Because of RDRs ······························· 139
 4.2 The Information Value of Rating Decreased ················ 141
  4.2.1 The Information Value of Rating ························ 141
  4.2.2 Review on the Information Value of Rating ················ 144
  4.2.3 The Impact of Rating Change on
    Security Price and Yield ······························· 147

  4.2.4 The Information Value of NRSROs Rating and RR Rating …………… 153
4.3 RDRs Increased the Moral Risk of Rating …………… 155
  4.3.1 The Moral Risk of Rating …………… 155
  4.3.2 The Use of RDRs Ruined the Reputation Capital Principle of Rating …………… 157
  4.3.3 The Use of RDRs Stimulated Rating Shopping …………… 158
  4.3.4 Other Reasons …………… 160
4.4 The Use of RDRs Decreased the Efficiency of Resources Allocation …………… 161
  4.4.1 The Use of RDRs Limited Market of Securities under BBB …………… 161
  4.4.2 The Use of RDRs Expanded the Spread between BBB and BB …………… 163
  4.4.3 The Use of RDRs Made High Risk Securities Getting more and more Attracted …………… 165

Charpter 5 The Use of RDRs Made Rating Industry Getting Monopolistic …………… 167

5.1 The Use of RDRs Greatly Limited New Entrants of Rating Industry …………… 167
  5.1.1 The Assignation of NRSROs …………… 168
  5.1.2 SEC's Censor on NRSRO Applications …………… 172
  5.1.3 SEC's Assignation of NRSRO Established a Barrier For New Entrants of Rating Industry …………… 174
5.2 The Use of RDRs Restrict the Competition of Rating …………… 177
  5.2.1 The Market Shares of Rating Agnecies …………… 177
  5.2.2 The Impact of RDRs on NRSROs …………… 179
5.3 RDRs Created a Lot of Regulatory Licences For NRSROs …………… 182
  5.3.1 Reputational Capital theory …………… 182
  5.3.2 Regualtory Licences theory …………… 185

Contents

  5.3.3 NRSROs Selling Regulatory Licences ········· 186
5.4 The Use of RDRs Help the NRSROs Establish
  Their Monopoly Position ········· 188
  5.4.1 NRSROs' Income Composition ········· 189
  5.4.2 The Charging Mode of NRSROs ········· 193
  5.4.3 The Value Analysis of Rating Fees ········· 193
5.5 The Oligopoly in Raing Industry by Surport of RDRs ········· 195

Chapter 6 The Analysis of the Financial Regulation in Perspective of Rating Development ········· 199

6.1 The Use of RDRs Accelertate the Development
  of Rating Industry ········· 199
6.2 The Use of RDRs Lead to Raitng Monopoly ········· 201
6.3 The Use of RDRs Increased Rating Risk ········· 203
  6.3.1 The Use of RDRs Made Rating
    More Like a Seal of Approval ········· 203
  6.3.2 The Extensive Use of RDRs Increased Financial
    Systematic Risk ········· 204
6.4 Reducing the Reliancey on RDRs ········· 205
  6.4.1 Canceling the Assignation of NRSROs and Reducing the Citation
    of Rating in Regulations ········· 205
  6.4.2 Strengthening the Supervision on Conflict
    of Interest in Rating ········· 208
  6.4.3 Intensifing the Duty of Rating Agencies ········· 210

Chapter 7 The Inspiration of American RDRs on Chinese RDRs ········· 213

7.1 The Development of Rating in China ········· 213
  7.1.1 Rating Survey in China ········· 213
  7.1.2 The Current Status of Rating Agencies in China ········· 215
7.2 The RDRs in China ········· 217
  7.2.1 The RDRs in Security Supervision ········· 217

7.2.2　The RDRs in Banking Supervision ………………………… 218
7.2.3　The RDRs in Insurance Supervision ………………………… 218
7.2.4　The RDRs in Local Supervision ……………………………… 219
7.3　The Rational Choice of China about Financial Regulation and Rating Development ……………………………………………… 219
  7.3.1　Encouraging Moderately Compitition in Development Process of Rating Industry …………………………………… 220
  7.3.2　Strengthening Regulation on Rating ………………………… 220
  7.3.3　Utilizing RDRs Prudently …………………………………… 221
References ……………………………………………………………………… 223
Index …………………………………………………………………………… 229
Acknowledgements …………………………………………………………… 251

导　言

马克思曾说过,"假如必须等待积累去使某些单个资本增长到能够修建铁路的程度,那么恐怕直到今天世界上还没有铁路。但是,集中通过股份公司转瞬之间就把这件事完成了"(Marx,1867)。19世纪中期,美国为打开和融合欧洲大陆经济而修建铁路,由此带来的大规模资本需求,迫使铁路工业广泛向社会募集资金(Sylla,2002),正是这种资本集中的强烈需求,及其与生俱来的信息不对称性和风险性,促进了与信用评级相关业务的萌芽与发展,并最终在1909年促成了专业信用评级机构的诞生。

从美国评级发展的历史资料看,信用评级机构在诞生之初,只是众多金融市场参与者中的一个微不足道的小角色,完全依赖其评级结果对信用风险预警的有效性赢得市场。那时没有依赖评级的监管规则——RDRs(Rating – Dependent Regulations)①,在许多市场中,评级机构担当着证明者的角色。

早期信用评级机构能够赢得收费的唯一原因,完全在于公众对评级机构做出的诚实的评级结论在评估投资风险中的价值有足够的信任(Macey,1998)。信用评级也因其能够预先揭示信用风险,帮助资金借出方有效地防范信用风险,而随着金融市场的进一步发展得到了广泛应用,与此同时评级机构通过对大量信息的处理,并将其提纯加工成一份份信用评级报告,增强了资本市场的公共安全(Phillips和Rechtschaffen,1998)。

令人惊讶的是,从美国信用评级的发展历程来看,在信用评级的两个重要发展阶段中(第一阶段,20世纪30年代;第二阶段,自20世纪70年代中期至90年代),尽管评级的信息价值降低,但是信用评级机构却成为越来越重要,而非越来越不重要的金融市场参与者(Partnoy,2001),并在

---

① 所谓RDRs,是指纳入了信用评级基准的金融监管规则。

经历了20世纪90年代至今的发展之后,最终成为当今金融市场的霸主。借用Thomas Friedman的说法,"在我的意识里,这个世界有两个超级霸主,一个是美国,另一个是穆迪(Moody's)。美国可以毁灭你——通过投掷炸弹;穆迪可以毁灭你——通过调低你的债券评级。相信我,这两者说不定哪一个更厉害"(Interview with Friedman,1996)。虽然Friedman的说法不无夸大的成分,但的确凸显了信用评级机构在金融市场中的显赫地位。

目前,美国有三家主要债券评级机构:穆迪投资者服务公司(Moody's Investors Service,穆迪)、标准普尔公司(Standard & Poors,标普)、惠誉评级公司(Fitch Rating,惠誉)。而在1909年以前并没有评级机构,然而,一个世纪后,它们却成了资本市场的支柱。是什么推动了信用评级获得如此令人惊讶的发展?为什么评级在20世纪30年代和70年代发展迅速,而在其他几个阶段发展却相对缓慢?究竟是评级机构积累的信誉资本促进了评级的快速发展,还是急剧增长的以评级为基础的监管需求,直接推动了美国评级业的发展?以消除市场失灵、维护金融稳定、提高资源配置效率为目标的金融监管,究竟在评级的发展中起着什么样的作用?借助对评级发展的分析,我们研究RDRs对金融监管理论有怎样的意义。

如果说20世纪30年代以前评级机构依赖其向投资者提供有价值的信息赢得了其在经济中的重要地位,那么在20世纪30年代之后,评级的发展是否依然仰仗了其评级结果的准确性及其信用风险预警功能?无论信用评级的结论是否能够预警20世纪,乃至21世纪初的数次经济危机,评级机构的重要性都毫无疑义地随着历次经济危机的发生而不断提高。随着RDRs的增加,评级业务的利润也越来越丰厚,从而使得在评级这个缺乏竞争性的市场中,少数佼佼者最终成为市场中的巨鳄,如穆迪和标普。

虽然对评级在风险预警中的作用目前尚难以准确计量,但是放眼评级自诞生至今的一个多世纪的发展历程,自1930年第一个正式的RDRs出台,到1973年以后数以百计的RDRs的广泛应用,一方面,RDRs对评级发展的推动力,无疑是巨大的,但其在推动评级发展的同时,也带来了一系列值得分析的问题,如监管规则在推动评级非理性发展的同时,是否也加剧了信用评级的风险,从而加剧了经济波动?另一方面,RDRs严重限制了评级的公平竞争,不仅促成了评级垄断,更进一步弱化了评级的风险预警功能,加大了评级风险以及金融风险。

如果说金融监管在推动评级发展的同时,弱化了评级的风险预警功能,显然它也增进了金融风险,那就可以说明RDRs金融监管体系不仅未能促进经济、金融的稳定,消除市场失灵,反而增大了经济波动和金融风险;如果金融监管规则促进了评级的垄断竞争,那就足以说明,这种金融监管不仅未能消除垄断,还会在一定情况下推动垄断的形成。

随着经济的全球化,资本市场的国际化也正带动着美国模式国际化,包括美国信用评级模式的国际化。根据巴塞尔银行监理委员会(Basel Committee on Banking Supervision,BCBS)的国际清算银行(Bank for International Settlements,BIS)的报告(2000)中包括的一项调查显示,在美国和其他11个巴塞尔银行监理委员会(BCBS)成员国[①]中,10个在银行监管中借助信用评级;在另外6个令人关注的国家和地区中,[②] 5个[③]借助信用评级监管其银行。该报告进一步显示,这些使用信用评级监管的国家和地区中,除新西兰以外,其他所有国家和地区均有对评级机构的认定标准,以确定该机构出具的信用评级是否达到国家监管使用的目标。由此可见,美国引导下的RDRs的国际应用趋势,正在全球范围内展开。

在全球主要国家金融监管都面临着评级基准问题的时候,研究这一问题,不仅有利于加强评级机构的监管,促进评级的规范发展,也有利于金融监管问题的分析和解决,有利于金融监管理论的发展,有利于全球金融监管现状的改善和金融稳定。

旨在纠正市场失灵、促进金融稳定的RDRs金融监管体系,并未真正实现这些目标,反而导致了监管失灵,增加了金融系统性风险,进一步加剧了金融系统的内在不稳定。非但如此,RDRs监管体系还极大地推动了信用评级的发展,促进评级业务实现了其发展史上一个又一个重要的转折。同时,一方面,由于RDRs监管,加剧了评级的利益冲突,削弱了评级机构努力提高评级质量的激励;它还打破了支撑评级发展的信誉资本规则,助长了评级的道德风险。另一方面,RDRs通过授予特定评级机构监管许可,促进了评级行业的寡头垄断。这些不仅使评级变得更不准确,评级风险增大,还降低了资本市场的资源配置效率,加大了经济、金融体系的风险。

由此分析,金融监管是政府实施的具有公共利益性质的行为。因此,

---

① 包括比利时、加拿大、法国、德国、意大利、日本、卢森堡、荷兰、瑞典、瑞士和英国。
② 包括澳大利亚、阿根廷、智利、中国香港、墨西哥和新西兰。
③ 墨西哥除外。

在公共利益性质的监管中，纳入以利益最大化为目标的市场化主体因素，将金融监管权部分委托或授权给市场化的私主体，难以避免其在履行委托义务时的寻租，在市场化主体的道德风险影响下，更易出现公权力支持寻租的局面。避免对私主体的监管授权，将有助于避免监管失灵。

本书选择了一个独特的视角，结合对美国评级的历史研究及前沿研究，在探讨评级典型发展阶段时，充分梳理了国外的历史文献资料，通过分析RDRs监管对评级发展、评级机构、资本市场、宏观经济等方面的影响，以及RDRs监管所带来的问题，既研究了RDRs监管对评级发展的影响，又通过考察这一金融监管举措各方面的表现，引证国外最新的理论文献、诸多学者理论和实证研究的意见，考察了RDRs监管的有效性问题。

尽管本书力求能以理论分析和实证分析相结合的方式，对评级发展及RDRs监管做更精确的分析，但受条件所限，本书的研究仍然是很初步的。尤其表现在，受时间限制，在历史研究方法下未能更多更好地完整梳理相关文献，又缺乏计量分析所需的必要历史数据，因此本书只能从理论层面上给出逻辑性解释，而无法运用数据分析进行检验，从而尚难以为金融监管理论提供更有力的支持。期待未来能涌现出更多出色的研究成果，对此做出更翔实的论证。

第一章 文献综述

第一节 金融监管理论综述

通常意义上,金融监管是指以政府金融监管部门为主导,通过建立金融市场的专门的行为规则,配合金融机构的内部风险控制和行业自律,来减少市场失灵,保护投资者权益,保障金融稳定,防范金融风险,促进金融市场的竞争性,提高金融资源配置效率的制度体系。

一、金融监管理论的起源及发展

政府的金融监管活动,最早可以追溯到1720年。"南海泡沫"、"密西西比泡沫"事件彰显出当时过于兴盛的证券投机,为防止证券过度投机,英国政府颁布了《泡沫法》。虽然《泡沫法》所代表的金融监管与现代意义上的金融监管并不相同,但其出台确是金融监管开始的标志。之后,受亚当·斯密古典自由主义经济理论的影响,全球经历了自由经济发展的几十年。

受20世纪30年代"大萧条"影响,凯恩斯政府干预经济理论兴起,推动了金融监管理论的发展,但当时的金融监管理论主要集中于对货币和银行的监管。20世纪30年代的金融监管理论受市场不完全性认识的影响,监管的重点主要包含以下几个方面:①限制金融体系的负外部性影响。金融体系具有外部性,其正的外部性在于,若金融机构的金融中介职能能够得以正常发挥,就可通过储蓄和投资规模的提高,促进经济增长;而其负的外部性则表现为，一旦金融机构破产，则其破产的外部影响及由于其破产所引发的连锁性反应，可能通过货币紧缩抑制经济增长，而这种负外部性不能通过"庇古税"补偿，也难以通过市场机制消除，因此，金融监管被认为是消除金融体系的负外部性的重要手段。②维护金融体系健康稳定。金融体系具有公共品特性，对经济体系而言，稳定、公平有效的金融体系是一种公共品，不可避免地会存在"搭便车"现象，各类经济主体在乐享该公共品带来的好处的同时，缺乏有效维护该公共品的激励，作为金融监管主体的政府被认为应当通过维护金融体系的健康稳定来维护这一公共品。③维持金融机构适度竞争。一方面，金融机构的规模经济特点决定了其自由竞争将最终导致高度集中和垄断，从而带来效率损失；另一方面，自由竞争的优胜劣汰原则决定了金融机构激烈的同业竞争最终可能导致金融体系的不稳定，进而危及经济稳定。由于自由竞争与金融稳定、金融效率之间存在明显的替代性，政府有必要通过金融监管维持金融机构的适度竞争。④减少金融体系中的信息不完备和不对称。金融体系中存在严重的信息不完备性、不对称性。信息问题可能导致金融机构陷入困境，加上搜集和处理信息成本高昂，单独的金融个体往往难以承担，政府应当通过金融监管减少金融体系中的信息不完备和不对称。

20世纪70年代，人们开始更关注金融效率，金融自由论的发展对30年代的金融监管理论提出了挑战。然而，20世纪90年代频频发生经济危机，导致金融自由化理论广受批评，尽管至今也没有证据表明，金融自由化是金融不稳定的原因。

总体来说，美国的金融监管经历了"自由放任—加强管制—金融自由—加强监管"等转折，值得注意的是，每一次转折都是危机后的转折，由此可见，经济危机的发生往往能够暴露出监管中的潜在问题，引致经济危机后的改革，也同时反映出金融监管的滞后性，监管的改革总是滞后于金融发展。

二、金融监管的理论学说

新古典经济学理论认为，金融市场存在垄断、负外部性、公共产品特性等特征，这些可能导致市场失灵，并且各类金融主体之间存在严重的信息不对称性，而这些问题的存在会导致金融市场的不稳定和低效率，造成金融资源的不合理配置，加大市场风险；而通过政府管制，可以在一定程度上消除这些问题，从而纠正市场失灵，使资源配置效率达到帕累托效率（Stiglitz，1971，1993；Varian，1996）。

监管目标是金融监管的核心。金融监管目标的变化直接影响着金融监管理论的发展。20世纪30年代的金融监管目标主要是提供稳定的、弹性的货币供给，维护银行体系的稳定，70年代的金融监管目标则更注重金融效率问题，近年来，金融监管目标则更关注金融风险、安全与效率。人们通常认为，现代金融监管的目标在于维护一国金融体系的安全和稳定。在此基础上，可以进一步细化为几个方面，如保护以投资者为代表的金融市场参与者的利益、为金融业创造竞争环境、维护金融市场竞争性、保障货币政策得以顺利实施、增进金融资源配置效率、促进金融稳定和经济发展。

有效的金融监管是指能够实现预期的监管目标的监管，金融监管的有效性又可以通过以下方面进行评价：金融的稳定性、金融业的竞争性、发现和解决金融问题的及时性、风险处置的及时有效性、监管成本的高低、被监管机构的监管寻租等。

现有的金融监管理论从大体上可以分为两大类：一是监管有效论；二是监管失灵论。

其中，"监管有效论"，主要论证了金融监管的重要性，认为金融监管是必须的，否则，可能引致一国经济的巨大损失，甚至导致灾难性后果。具有代表性的学说是"金融脆弱说"和"公共利益说"。

"金融脆弱说"以Minsky（1982）、Kregel（1997）等学者为代表，该学说认为，利润最大化目标会促使银行增加系统内风险性业务和活动，致使系统内在不稳定性增加。因此，有必要监管银行的经营行为。Friedman和Schwartz（1986）及Diamond和Rajian（2001）则从银行及金融机构的流动性方面研究表明，银行及其他金融机构存在较强的脆弱性。

"公共利益说"则认为，金融市场存在失灵，政府实施监管是为了社会公共利益，是对市场低效率的一种反应。主要原因在于：①金融业具有一定的自然垄断倾向；②金融企业具有较强的外部性；③金融市场的参与者之间存在较强的信息不对称，会导致产生"柠檬问题"。正是基于此，政府应当采取金融监管措施，以增加公众福利，弥补市场缺陷导致的效率损失，从而得到更合理的收入分配状态。该学说认为，金融监管是用于矫正市场的非完备性，如垄断、外部性、传染性、脆弱性等引起市场失灵的一系列制度安排（Stigler，1971；Xavier和Rochet，1997）。公共利益监管理论以三个基本理论假设为前提：一是监管是为公共利益服务的；二是监管者拥有完全信息；三是监管者具有公信力。

"监管失灵论"认为，现实中，监管活动容易受到利益集团、监管者利益等多方面的影响，从而无法有效实现监管目标，反而可能造成市场的过度反应及经济的剧烈波动，导致监管失灵。具有代表性的理论有"监管俘获论"、"监管成本收益论"、"监管寻租论"、"监管供求论"、"政府掠夺论"等。

其中，"监管俘获论"以 Stigler（1971）、Peltzman（1976，1989）、Becker（1983）等学者为代表。他们通过对"公共利益监管理论"的假设一提出修正，提出了这一理论。他们认为，从"监管者是为公共利益服务"的假设，分析监管有效性问题，缺乏对监管者自身目标函数的分析，而这恰恰是导致监管失效的原因。"监管俘获论"认为，政府监管并非是基于为公共利益服务的目的，被监管企业通过对监管者的自利动机进行寻租，使监管者成为被监管者的俘虏，使其制定满足特定利益集团需求的监管政策（俘虏立法者），并以此为目的执行监管（俘虏执法者），最终使得政府监管成为特定产业集团（被监管者）获取垄断利润的工具。芝加哥学派的经济学家 Peltzman（1976）进一步发展了该理论。他说，在无监管的情况下，被垄断企业获取垄断利润，在有监管的情况下，监管者获得法律上处理垄断利润的"垄断权"，致使被监管者有影响监管立法和监管的激励，力争对其有利的监管，并与监管者分享垄断利润。Becker（1983）进一步指出，监管实质上是一种利益集团之间的竞争。

"监管成本收益论"并不简单地肯定或否定监管，而是认为监管是特定个人和集团需求，并由政府供给的一种产品。因此，金融监管活动类似于其他经济活动，有成本和收益，并将监管给社会带来的总收益及政府监管的总成本看做是监管的社会收益和成本。该理论认为，如果收益大于成本，人们会更加支持监管；否则，就会反对监管。对于"监管寻租论"[1]、"监管

---

[1] Krueger, Anne O., "The Political Economy of the Rent-Seeking Society", American Economic Review 64 (3), June 1974, 291–303; see also Gordon Tullock, "Rent-Seeking", Aldershot: Edward Elgar, 1994.

供求论"、"政府掠夺论",本书不做介绍。

此外,以 Stiglitz（1987）、Stern（1997）为代表的学者还通过修正"公共利益监管理论"关于"监管者无所不知,即其拥有完全信息"的假设,提出了"信息不对称论"。

三、金融监管理论的分析

金融监管有效论,从不同角度论证了金融监管的必要性和重要性,并认为金融监管缺失会引发严重的经济后果。而监管失灵论,则对金融监管的有效性做了诠释,从不同角度对监管失灵现象作了分析,认为政府的金融监管不仅没有消除市场失灵,保障金融稳定,而且也没能消除垄断,提高资源配置效率。分析现有金融监管理论的主要成果包括：

第一,阐释了政府进行金融监管的原因及理论基础。根据现有金融监管理论,虽然政府在金融监管过程中,可能由于存在监管者利益而会在为公共利益服务的方向上稍有偏离,但不管怎么说,政府作为金融监管者,其所谓的监管者利益,大多并不涉及营利性,因此,从一定意义上说,政府的金融监管虽然可能不完全是以公共利益服务为目标的,但其仍有别于以营利性为目的的市场性行为,这种监管行为仍具有公共性和非营利性特征。

第二,现有理论通过研究指出,金融监管虽然定位于消除市场失灵,但效果显然并不理想,市场失灵并没有因为金融监管而消失,甚至都很难得出金融监管在抑制市场失灵方面有效的结论。还有不少理论充分证明,金融监管不仅难以消除市场失灵,反而在某种程度上会加剧这种失灵。

第三,20 世纪 90 年代之后的金融监管理论,通过实证分析说明,金融监管的效率也不理想,即使在支付了较高的监管成本后,监管收益却不大。

本书将在现有金融监管理论的基础上,进一步借助行业发展研究的角度,分析金融监管的有效性问题、监管的外部性问题,及其对行业发展的影响。

第二节 评级发展的综述

一、美国评级发展的简要回顾

现在美国有三家主要的评级机构：穆迪（Moody's）、标普（Standard & Poors）和惠誉（Fitch）。其中，穆迪是唯一一家独立的法人评级机构；标普隶属于麦格劳—希尔公司（McGRAW-Hill），评级业务只是其众多金融信息服务业务的其中之一；惠誉隶属于一家法国公司（FIMALAC）。三大评级机构的发展简况如下：

穆迪（Moody's），1909年由约翰·穆迪组建创立。

从1909年创立时起，开始对铁路债券进行评级。

1913年，开始对公用事业和工业债券进行评级。

1918年，穆迪开始对美国城市及其他市政的债券进行评级。

1928年10月，穆迪公司上市。[1]

1924年，穆迪几乎占据了美国债券市场评级100%的市场份额。

1962年，穆迪被邓白氏公司[2]（Dun & Bradstreet）吞并。

2001年，邓白氏和穆迪两家公司又分拆成各自独立的上市公司。

标普（S&P's），是由成立于1860年的普尔出版公司（Poor's Publishing Co.）[3]和成立于1920年的标准统计公司（Standard Statistics Co.）两家评级机构于1941年合并成立的。

1916年，普尔出版公司（Poor's Publishing Co.）介入评级业务，开始发布第一份评级。

1922年，标准统计公司（Standard Statistics Co.）开始为公司债券评级。

1940年，标准统计公司介入市政债券评级业务。

---

[1] Ludovic Moreau, "A Century of Bond Ratings as a Business", July 2009.
[2] 1933年，由Bradstreet Co.（成立于1849年）和Dun & Co.（成立于1857年）合并成立。
[3] 普尔出版公司1860年成立时，是一家出版公司，直到1916年其发布评级报告才正式成为一家评级机构。

第一章 文献综述

1940年，开始市政债券评级。

1941年，合并成立了标普。

1966年，标普被麦格劳—希尔公司（McGRAW-Hill）公司收购。

1969年，标普开始对商业票据进行评级。

1941年，标准普尔公司（S&P）成立后，成为穆迪公司的主要竞争对手。

惠誉（Fitch），1913年由约翰·惠誉（John K. Fitch）创立。

1924年，惠誉开始使用AAA到D级的评级系统对工业证券进行评级。

1997年，惠誉被英国评级公司IBCA合并，其97%的股权被IBCA持有，合并后的实体最终被法国公司FIMALAC购买，其在纽约和伦敦均设有总部，2000年底之前，惠誉都称自己为惠誉IBCA。

2000年6月，惠誉购买了1933年成立的达夫菲尔普斯（Duff & Phelps），但达夫菲尔普斯一直保持着其独立的商标。

2000年12月，惠誉兼并了汤姆森银行观察（Thomson Bank Watch）。

经过一系列购并之后其似乎更愿意被称为惠誉。

在这三家主要评级机构之外，还有几家规模较小的专业评级机构，如贝氏（A. M. Best），专注于评估保险业和保险公司承担保险义务及偿付其债务的能力；雷斯金融（Lace Financial）聚焦于混合银行、其他存储机构和小型保险公司评级；KMV为北美、欧洲和太平洋沿岸地区的银行、保险公司和其他借款机构提供估算借款公司违约概率的服务；伊根琼斯评级公司（Egan-Jones）提供关于美国公司债务的信用评级和研究服务。

此外，Gilbert Harold（1938）指出，20世纪初期，在美国之外，也出现了债券的评级系统，欧洲至少有一个债券评级系统。但毫无疑问，美国评级发展是全球评级发展的典型代表，其发展历程能够反映评级在全球的发展；因此，受篇幅所限，本书仅以美国评级的发展历程为基础，分析评级发展，对美国之外其他国家和地区的评级机构不再赘述。①

---

① 美国之外其他国家评级机构的角色，特别是欧洲的评级机构，请参考Carsten Thomas Ebenroth & Thomas J. Dillon, Jr., "The International Rating Game: An Analysis of the Liability of Rating Agencies in Europe, England, and the United States", 24 J. LAW & POL'Y INT'L BUS. 783 (1993).

二、关于评级发展的综述

从美国评级发展的历史资料看,信用评级机构诞生之初,只是众多金融市场参与者中一个微不足道的小角色,完全依赖其评级能够有效地对信用风险进行预警而赢得市场。

Levich、Majnoni 和 Reinhart(2002)说,评级的发展不同于资本市场的发展,其发展有着独特的历史和经济背景。荷兰 1609 年开始买卖债券,要比 Moody's 发布第一份评级报告早差不多 3 个世纪,英国的债券交易也要比其早 2 个世纪。据 Sylla(2002)考证,1789 年前美国基本上还是个濒临破产的国家,之后就像英国超越荷兰一样,到 1795 年,美国就已超越了英国,拥有了较强健的公共金融体系,如建立起了债券和股票市场,获得了世界上最杰出的国家经济发展业绩。因此,Sylla(2002)认为,从资本市场的发展看,即使美国的债券交易,也比债券评级早 1 个世纪,而这些债券的发行和交易完全没有评级的参与。而且 Sylla 说,在评级出现之前,资金的贷方、债权人或证券投资者,通常通过 3 个渠道(信用报告机构(Credit Reporting Agency)、专业的金融媒介和投资银行)获取借款人、债务人或证券发行人的信息。从这一意义上来说,在 20 世纪早期美国产生独立评级机构之前——资本市场已经至少存续并发展 3 个世纪了,这说明债券与评级并非相伴而生的,并非发行债券就必须有评级。

Sylla(2002)认为,可以说,在 19 世纪的交易中,信用期扩展所带来的违约率上升,结合美国 19 世纪为打开和融合欧洲大陆经济而修建铁路所带来的迫切资金需求,直接促进了信用评级的诞生。

Hickman(1958)的研究发现,1909 年,美国公司债券市场的规模已几倍于其他国家,但市场中发行的公司债券从未经过任何机构的评级,直到 1909 年 John Moody 才发布了其铁路债券评级。Sylla(2002)指出,Moody 的评级回应了人们希望获得更多、更方便、更具有公共可获得性的关于投资质量的信息的需求。因此,Sylla(2002)认为,从某种意义上讲,债券评级机构融合了之前三者(信用报告机构、专业的金融媒介和投资银行)的功能。

Harold(1938)指出,在 Moody 发布正式的信用评级之前,他们已经有几年发布关于铁路工业的信息报告(Report)的经历。有资料显示,1906~

1907年期间，Moody曾严重依赖于其发布的关于铁路工业的信息报告。比如，Floyd Mundy的"铁路的营利能力报告"（The Earning Power of Railroads）和Carl Snyder的"美国铁路投资报告"（American Railways as Investment），每份报告都包含有详尽的铁路工业统计数据，包括详细的营运数据和金融数据，这些都为其最终发布正式的信用评级奠定了基础，Moody最初发布的评级报告也是关于铁路工业的。直到1913年Moody's才开始对公用事业和工业企业进行债券评级。Poor's对各类工业企业的债券评级则是从1922年才开始的。Hickman（1958）指出，那一时期的评级机构不对不能获取充分信息的业务做出评级，通常也不对不影响公共利益的小规模发行和私募发行进行评级。

在信用评级机构诞生之后，评级经历了一段相对平稳的发展阶段，直至20世纪30年代初期。Harold（1938）指出，1930年时，联邦储备银行开始使用H条款监管州特许成员银行和信托公司，将债券评级应用于其对成员证券投资组合的考核。1931年，美国财政部则通过其货币监理署（OCC）颁布实施了第一个包含评级标准的正式的条例，接受评级作为衡量国家银行债券账户质量的正当措施，这一规则的出台，严重限制了投资级以下债券的市场。其他RDRs很快效仿，此后几年，美国许多州的银行监管人接受了货币监理署（OCC）的做法。

自1940～1973年期间，几乎没什么新的重要的监管条例出台，依赖评级的监管变化很小，同时，Partnoy（2001）认为，在这一段时间里，评级机构的经济地位也没有太大变化，尚未变得明显的重要或有价值。20世纪70年代早期，各家评级机构的规模都还很小，这也使得当1970年宾州中央铁路公司（The Penn Central Railway Co.，Penn Central）8200万美元的商业票据违约、投资者开始要求提供更精细的投资风险的信息时，评级机构因其规模相对较小而不能满足这种需求。Partnoy（2001）说，颇具戏剧性的是，从20世纪70年代中期开始，评级机构却开始变得非常有影响力，并且评级迅速成为一个非常有利可图的行业。与此相应，从1973年起，RDRs的数量开始迅速增长。1973年后，随着RDRs在证券、养老金、银行、不动产及保险等监管领域的广泛应用，评级机构也进入了又一个迅速发展期。

---

① OCC（Office of the Comptroller of the Currency）即货币监理署。

三、关于评级信誉资本研究的综述

Hsueh 和 Kidwell（1998）指出，不少金融学教授主张，债券评级的价值在于其对债券信用质量的证明。然而，要证明债券的信用质量，也许"证明机构"的信用质量是首先需要考查的内容。

Hirschleifer（1971）指出，评级机构通过专业化的收集、分析、检验及散发有关投资风险的信息，消除了单个主体从事这种活动的重复性、浪费性投入。这显然具有规模经济效益。然而，这种对风险信息的传播和散发机制能够有效运行的前提，是人们对评级机构的信任，因此，McGuire 推论，评级是一种"信誉"驱动的竞争性业务。评级机构只有使其评级达到精确、可信的程度才能生存（House，1995）。

Stover（1996）通过对认证机构的研究指出，认证机构是以确认资产品质为目标、收集和加工信息的机构。而要想使其"认证"对外部投资者而言可信，"认证机构"就必须满足三个标准：第一，必须拥有支撑其认证活动的信誉资本。换言之，如果认证机构建议的公平市场价超出报出价格，就会减少其可信度，这将导致认证机构损失未来的人际关系。第二，其"错误认证"的信誉资本损失必须超过认证机构因错误认证之所得。第三，认证机构的服务必须是昂贵的，并且其认证成本必须与发行公司的信息不对称有关。Partnoy（1999）对此分析说，如果根据信誉资本理论来分析，那么信用评级机构正好满足这三个条件：第一，评级机构拥有支撑发行评级的信誉资本；第二，若做出错误评级，则其损失应当比收益大；第三，评级成本高昂，并且若欲使评级中包含更多有价值的信息，就要克服发行人和投资者之间的信息不对称。

不少学者认为，现代的信用评级业务是以信誉驱动的，并具有竞争性。如 Choi（1998）认为，在许多市场中，评级机构在没有监管规则干预的情况下充当着认证主体的角色，例如，标普和穆迪认证公司债的信用风险。Husisian（1990）认为，一份评级报告的特有价值，就像会计师的意见，在于其对被评级对象的金融数据独立的、可靠的评价。Macey（1998）说，实际上，评级机构能够收取评级费用的唯一的原因在于，公众对其评级的完整性（Integrity）有足够的信任，认为其在评估投资风险中有价值。Phillips 和 Rechtschaffen（1998）认为，信用评级通过把大量信息精炼到评级报告中强化了资本市场基础设施。评级反映了评级机构对发行人兑现义务能力的判断,这些信息对潜在投资者来说通常是关键的,除非承担巨额成本,否则,无法通过其他渠道获取;Rhades(1996)指出,评级机构则可以以比各自独立的潜在投资者更低的成本,处理信息流,并将其精炼成对投资者有用的评级报告来解决这一问题。换言之,如果没有评级机构,那么投资者独立开展上述研究的边际成本将超出其边际收益,如此一来,发行人就必须支付更高成本,以使其证券得以在市场中凸显出来,以吸引投资者投资这些证券。评级机构生产的载有证券信息的产品增进了资本市场的效率,因为,评级机构拥有更专业化、更经济的信息处理技术,并能够将精炼的信息迅速有效地传递给资本市场。Gilson(1984)则指出,更一般的理解是:第三方认证机构的繁荣,是基于它们为向购买者传递有价值的信号而维持自身良好声誉的能力。

Partnoy(1999)及其他信誉资本论者认为,信誉资本与评级紧密相关。类似于Michelin①或消费者报告机构(Credit Reporting Agency)这样的评级服务的幸存或繁荣,是基于它们获取和保持信誉资本的能力。而在调查和决策过程投入更多精力的评级机构,会因其能够生产更加精确和有价值的报告,而获取更多信誉资本。House(1999)及标普的一个公开陈述还指出,信用评级与信誉资本密切相关还有另一个衍生性的原因:信用评级机构的成功和运行依赖信任和可信度。每一个信用评级机构的生存都依赖于其评级客观、准确的信誉。个人或机构投资者在做出是依赖某个评级机构的信用评级还是更看重自己独立调查的决策时,首先会考查该评级机构积累的信誉资本。②

Estrella et al.(2000)指出,市场对评级机构的关注,可以促使评级机构更诚实。因为,从长远来看,由于投资者会常常在评级机构之间进行比较,也会将相应的评级与违约率做比较,因而,市场关注能够起作用的原理是基于任何冒险或不诚实的评级机构最终会被发现。短期里,如果接受

---

① 指法国知名轮胎制造商米其林公司,其出版的《米其林指南》(*Le Guide Michelin*)是美食及旅游指南书籍的总称,其中以评鉴餐厅及旅馆、书皮为红色的"红色指南"(Le Guide Rouge)最具代表性,所以有时《米其林指南》一词特指"红色指南"。除了红色书皮的食宿指南之外,还有绿色书皮的"绿指南"(Le Guide Vert),内容为旅游的行程规划、景点推荐、道路导引,等等。
② "Credit–Rating Agencies. AAArgh!", ECONOMIST, Apr. 6, 1996, at 80.

申请评级的评级机构太过慷慨的话（出具膨胀评级），那么，主动评级也可以作为一个市场检验法则。原因在于，从历史角度来看，尽管主动评级通常意义上会低于申请评级，但如果申请评级过于高，则可能说明出具申请评级的评级机构在评级中存在问题。从这一意义上来说，信誉资本在约束评级机构行为方面，是有效的。

按照标普自己的话说，①"可信度是脆弱的，标普的运作没有任何政府授权、传讯能力或任何官方权威，作为一个中介机构，它只有一种权力——借助文字符号表达自己的观点"。而使评级机构表达的观点可信的，正是其具有的信誉。根据 Estrella et al.（2000）的观点，这种信誉必须通过在各个领域长期成功评级的记录赢得。

总之，根据"信誉资本"理论，信用评级与金融市场中大量的其他评级并无太多不同。信用评级机构生存在信息提供商之间的竞争性市场中，它们自身的存亡取决于其信誉资本的存亡。

四、关于评级信息价值研究的综述

根据 Rhodes（1996）的说法，评级机构因其可以以比各自独立的潜在投资者更低的成本处理信息流，并将其精炼成对投资者有用的评级报告，从而解决因信息获取和加工成本巨大、单个投资者从事这一活动的不经济问题，同时，解决发行人不得不支付高昂成本以凸显其投资优势的问题。

而评级机构作为专业机构，其收集、加工、处理、传递的信息是否准确、及时、有效，是否足以反映被评级债券的信用风险，评级报告所载信息和评级机构对这些信息评价所增益的价值是否被投资者和市场认可，以及评级机构获得这种信息价值是否支付了高昂的成本，则需要更多的市场研究。

如 Stover（1996）的研究发现，评级机构对备用信用证支持的免税的公司债（Tax-Exempt Debt）的评级，首先基于支持银行的不可撤销承诺的信用证。他们这一发现说明，虽然银行良好的信誉质量可能没有直接地传递到市场上，但是银行在质量证明功能上仍优于评级机构。换个角度来说这

---

① Standard & Poor's Debt Ratincs Criteria: Industrial Overview Ⅲ (1986) [hereinafter Debt Ratings Criteria], at 3.

一问题,比如,Stover(1996)指出,虽然从银行取得备用信用证可以减少融资成本,但这种减少功能的实现,没能直接实现,却要借助反映到债券的评级上来实现。这似乎使得评级机构的作用有些荒唐,它们既不收集新信息,也不产生新信息,只是将公开或获得的信息写进评级报告里。

第三节 依赖评级的监管规则(RDRs)综述

一、RDRs监管的变迁

1930年以前,没有以评级为基础的监管制度。Harold(1938)认为,直到1930年,联邦储备银行使用H条款监管州特许成员银行和信托公司,将债券评级应用于对成员银行证券投资组合的考核,使它成为第一个将债券评级应用于监管的机构。与此同时,美国的不少州指定特定的债券为储蓄银行和信托基金的"合法"投资债券。Harold(1938)指出,这些规则导致储蓄银行和信托基金被迫将大量资金投入购买这样的合格证券——被认可合法的证券;而不能购买之前他们曾购买过的证券,包括收益较高的证券,因为,这些证券未被指定为"合法"的证券。

1931年,美国财政部则通过其货币监理署(OCC)颁布实施了第一个包含评级基准的正式的条例,接受评级作为衡量国家银行债券账户质量的正当措施,并特别规定BBB级(或相当于BBB级)以上的债券可以其购入成本持有,BBB级以下等级的债券则需作部分的账面价值削减。① 其他RDRs很快效仿。此后几年,美国许多州的银行监管人接受了货币监理署(OCC)的做法。

1936年2月货币监理署(OCC)正式发布第7节修订之后的5136条例,进一步限制和控制银行自有账户投资证券的购买和卖出。House

---

① Mimeographed ruling issued by J. W. Pole, then Comptroller of the Currency, not dated, although other references indicated that the ruling was made on September 11, 1931, see 133 The Commercial and Financial Chronicle 1672 (Sept. 12, 1931).

(1999)指出，1936年之后，美联储（Federal Reserve，FR）和美国证券交易委员会（Securities and Exchange Commision，SEC）发布的条例，完全禁止银行、养老基金和保险机构持有低等级的债券；Partnoy（2001）指出，之后的金融监管者则要求基金对其持有的任何低于投资级的债券收取资本费。RDRs对资本市场和评级机构均有深远的影响。Harold（1938）指出，在货币监理署（OCC）颁布H条款之前，许多银行对评级低于"BBB"级的债券均有投资，因此，Harold（1938）认为，RDRs的出现极大地缩减了"BBB"级以下债券的市场空间，并明显增大了"BBB"级和"BB"级债券之间的信用价差。

在1940~1973年期间，RDRs没什么变化，也没有新增重要的RDRs，而从1973年起，RDRs的数量则开始迅速增长。20世纪70年代信用危机之后，美国证券交易委员会（SEC）修订了规则15c3-1，首次将评级纳入正式的证券监管规则中，并因此指定特定评级机构为国家认可统计评级机构（Nationally Recognized Statistical Rating Organization，NRSRO），[①] 回答了采用RDRs不得不考虑的问题，即谁的评级应当被用于监管目的的问题。当评级在监管中被广泛应用的时候，因为各个独立的评级机构对同一债券的评级不可能完全相同，所以，需要确定，谁的评级更有效力？

Partnoy（1999）说，1973年后，在证券、养老金、银行、不动产及保险监管等各自独立的几个领域，以评级为基础的条例（Rules）、公告（Releases）和规章（Regulations）不下几百种。[②] White（2002a）说，由此，监管规则也开始倾向于有利于国家认可统计评级机构（NRSROs）的在职者们。

二、RDRs对评级发展的影响的研究综述

众所周知，1909年之前没有评级机构，然而一个世纪后，它们却成了资本市场的支柱。是什么推动了评级机构获得如此令人惊讶的发展？为什么它们在20世纪30年代和70年代发展迅速，而在其他几个阶段发展却相

[①] Notice of Revision Proposed Amendments to Rule 15c3-1 under *the Securities Exchange Act of* 1934, 1973.

[②] 注：本书中将以评级为基础的条例（Rules）、公告（Releases）和规章（Regulations）等具有监管效力的文件统称为RDRs。

对缓慢？对此，Harold（1938）认为，20世纪30年代前，评级机构依赖其向投资者提供有价值的信息，以增进其重要性；Partnoy（1999）认为，但是，在30年代之后，1936年颁布实施的RDRs，为评级机构创造了更有价值的"监管许可"，而20世纪70年代实施的众多RDRs，则如同有效地授予了评级机构数百个"监管许可"。

RDRs能够潜在地改变评级机构面临的激励。在没有RDRs时，对发行人来说，评级的唯一价值在于其能够向潜在的投资者传递可信的证券信用品质的信号；然而，一旦有了RDRs，当信用评级是决定某个投资者可否购买特定债券的条件时，状况就发生了改变，评级传递的最重要的信息不再是可信的证券信用品质的信号，而是是否符合监管要求的信息，本质上成为一种监管信号，因此，Estrella et al.（2000）认为，RDRs为评级提供了监管激励。

Partnoy（2001）的观点认为，评级机构变得越来越重要，其利润越来越丰厚，不是因为它们能生产更有价值的信息，而是因为它们在销售更有价值的"监管许可"。Bruner和Abdelal（2005）说，评级机构有一个意义重大并且问题极大的影响力源泉：评级被应用于美国的监管规则中，其他很多国家也是如此。White（2002a）认为，美国证券交易委员会（SEC）指定国家认可统计评级机构（NRSRO），限制了评级机构的公平竞争，造成被认可为国家认可统计评级机构（NRSROs）的评级机构因其特殊地位获得超常利润。本书将依据美国评级发展的几个典型阶段的历史资料和数据信息，进一步研究分析美国评级发展的根本动因，并进一步解释这一动因的理论与事实依据。

针对监管规则的作用与问题，Partnoy（2001）认为，RDRs是次优的，应当被淘汰，或者可用以信用价差为基础的法规（Credit Spread-Dependent Regulation）取而代之。Bruner和Abdelal（2005）认为，可以通过两种途径减少在直接市场监管中采用RDRs，虽然它们有利于美国的监管政策制定者。

一些学者认为，RDRs的广泛应用导致了评级的一个重要转变：评级的时间点从债券发行后，转向债券发行前。在这些RDRs应用之前，评级机构很少对发行前的债券进行评级，所有评级均是在债券发行之后进行的，而RDRs的实施，激励债券发行人在债券发行之前获得信用评级。因为，根据House（1995）的说法，20世纪30年代的危机之后，债券发行人被迫求助于评级机构,将信用评级作为证明其即将发行的债券品质的保证,他们对评级机构实际收集到的信息状况则不加考虑。

自1930年起,RDRs为监管者服务了很多年,且其应用领域不断被拓展。这也使得,此后的年份里,评级变得越来越普遍,以至于Harold (1938)引述说,在1936年的货币监理署(OCC)的规则实施的短短四五年后,评级的权威评论员说,"评级机构一致宣称评级的用途比以往更大,并且对评级的使用和依赖正逐年增长"。

Partony (1999)依据监管许可理论,认为现代评级机构已不再满足认证机构的三个标准。在RDRs监管下,信用评级在某种程度上已成为了"监管许可",评级机构生产评级,更像是在销售"监管许可",而非生产"风险评估证明"。

三、RDRs监管下评级风险研究综述

没有RDRs时,Choi (1998)指出,在许多市场中,评级机构作为中介机构担当着证明者的角色。如标普和穆迪的评级是对公司债信用风险的证明。Husisian (1990)也认为,在一定程度上信用评级与会计师的意见类似,它的特别价值在于其独立性及其对被评级对象财务数据的可靠评估。Macey (1998)说,在没有推行RDRs之前,事实上信用评级机构能够赢得收费的唯一原因,完全在于公众对评级机构做出的诚实的评级结论在评估投资风险中的价值,有足够的信任。Phillips和Rechtschaffen (1998)也指出,信用评级因其能够预先揭示信用风险,帮助资金借出方有效地防范信用风险,而随着金融市场的进一步发展得到了广泛应用;与此同时,评级机构通过对大量信息处理、提纯加工成一份份信用评级报告,增强了资本市场的公共安全。

Partnoy (1999)指出,金融经济学家们曾通过理论研究和轶事证据暗示,随着时间的流逝,信用评级已经变得更不准确了,特定评级分类里的债券信用价差有了显著变化。匹兹堡大学教商务管理的教授Lehn (1995) (穆迪的顾问之一)曾总结说,只有75%的评级程序是基于统计信息和方程的,另外25%则是主观的。Partnoy (1999)还指出,保险监管者,特别是美国全国保险官协会(NAIC)的证券估价办公室(The Securities Valuation Office, SVO)的许多专家认为,评级像"后视镜"分析。哥伦比亚大学商

学院教授 Bruce N. Lehmann 也指出，评级"是信用质量的滞后指标"。也有证据表明，一些评级机构有意对资产支持交易发布不准确的评级（Partnoy，1999）。

诸多学者也对评级是否包括了有价值的信息做了研究。正如 Pinches 和 Singleton（1978）所说的，如果评级机构有能力在投资者完全清楚证券发行人财务和运营地位的变化之前，预言这些变化，那么信用评级就包含有市场在此之前不知道的信息。而如果评级有信息价值，那就表现出其对证券定价和证券收益的影响。然而，事实证明，评级机构在具备了特别的信息优势的情况下（不受规则 FD 限制），生产的评级并不具有有价值的信息，只是反映了市场中已经体现出的信息。如 Pinches 和 Singleton（1978）指出，20 世纪 30 年代后期对信用评级的研究，证实了 30 年代研究的发现：信用评级几乎不生产信息或不生产有价值的信息，仅仅是反映早已纳入市价中的信息。而 Pinches 和 Singleton（1978）通过对 1950~1972 年期间的 207 只公司债券评级变化的研究，发现评级的变化产生的信息几乎没有或完全没有信息价值。很矛盾的是，Partnoy（2002）还指出，信用评级的信息价值减少同时伴随着评级机构市值的增长。评级近年来的业务扩张、利润增长是显而易见的，而评级的准确性降低、风险预警能力下降也因危机而显露无遗。这当然导致信用评级信息价值降低，不能准确评级的情况上升。

另外，从 2001~2002 年出现的一系列公司财务丑闻，到次贷危机引发的全球性金融危机，再到欧债危机，无处不显示出评级机构存在着严重的道德风险。这无疑增大了评级风险，对此，Piazolo（2006）认为，评级机构的利益冲突可能导致了评级预警能力的下降。证券发行人支付评级费，事实上，创造了潜在的及明显的、严重的利益冲突。Skreta 和 Veldkamp（2008）检验了那些在将债券销售给短视投资者时，为获得最高定价购买最高评级的发行人挑选评级的"摘樱桃"原则（Cherry - Picking）。① 在他们（2009）构建的模型中，发行人确实在证券发行前购买评级。这种购买，在被评级资产是复杂资产，以致风险评估会随评估人不同而不同时，更有价值。Benmelech 和 Dlugosz（2009）则引证了，评级膨胀是由于评级购买。Gutner（1992）则认为，出具膨胀评级对评级机构来说，所得到的好处是真

---

① 原意指投资者直接从其他投资者被证明有效的投资组合里挑选股票，从而在很大程度上减少自己的研究投入，降低自身风险的方法。这里指发行人挑选最优评级的行为。

实的，并且是唾手可得的，因此会对它们充满吸引力。这些道德风险，同样增加了评级风险。

RDRs对评级的推动力无疑是巨大的，但其在推动评级发展的同时，也带来了一系列值得分析的问题。如Hickman（1958）认为，1936年的货币监管署（OCC）的RDRs人为地限制了银行对"BBB"级以下等级债券的投资，结果导致这一条例的出台大大消减了"BBB"级以下等级债券的市场，增加了"BBB"级和"BB"级债券的价差。而通过对结构化金融产品（SF-Ps）的错误评级，更是引导更多的资产投向高风险领域，这些无疑都诱使资产配置效率降低。

此外，评级还对宏观经济有较明显的影响，受RDRs监管影响，评级机构通过评级加大了经济风险。因为，从历史上来看，评级的发展与历次经济波动紧密相关，Ferri、Liu和Stiglitz（1999）研究认为，信用评级存在严重的顺周期性。Hickman（1958）也指出，在多数的经济周期中，在经济上升期评级机构倾向于上调部分债券的信用等级，在经济衰退期评级机构则会相应地下调部分债券的信用等级，结果导致最优秀的高等级债券的净数量随着经济周期扩张和收缩；相反，低等级债券的数量在经济扩张期收缩而在经济收缩期扩张。Hickman（1958）还发现，评级机构的发展，与经济周期的发展相比而言，其与评级市场的发展规律更相符合。评级机构在6个经济周期的扩张阶段，扩张6次，在6个经济周期的收缩期，收缩5次。本书通过对美国评级发展典型阶段的分析，将从以评级为基础的监管的角度，解释其对评级顺周期性的强化作用，进而提示由此引发的评级风险增加。

第二章 RDRs 影响下美国评级发展的典型阶段

尽管评级机构在危机预警中一再失败，但为何评级机构在每次大的金融危机后，会变得更受欢迎，评级也变得更有价值？对此，Partnoy（1999）分析说，有很多理由可以解释这一现象，首先，在经济危机中，用于评价还款能力和还款意愿的信息价值增长；其次，在经济危机中，单个的债权，因债务人不能履行还款义务或不愿履行还款义务而无法得以偿还的概率也在增长。因此，每一轮经济危机的发生，都进一步提升了投资者的风险意识，也迫使债券发行人更加注重借助信用评级来证明其债券的优良品质。因此，经济危机的发生使得投资、融资双方都更加重视作为独立第三方的评级机构出具的信用评级。以至于每一轮经济危机都会为评级机构带来新的发展机遇，导致经济危机后评级几近跳跃式的发展。

然而，同时应当看到的是，由于历次经济危机中，危机爆发前，评级机构不尽如人意的表现，不能预警风险；危机爆发后大量被评级证券急剧的降级，这不仅招致了投资者的广泛批评，也使评级机构信誉严重受损，因而，理性的投资者，没有理由那么快地，又迅速地投入到对评级机构的信任之中，而增加对评级的需求。但事实却是，评级机构每次都能从经济危机中崛起。

不管怎么说，经济危机前后评级的发展状况，往往是美国评级发展的整个历程中最经典片段的浓缩。此外，通过对评级发展历史的深思，Sylla（2002）也指出，宏观经济因素及1920年以来的历史节奏性（Historical Rhgmes），恐怕也是评级发展的重要影响因素。

因此，本书将通过回顾美国评级在经济危机中的作用、表现，及其伴随着经济危机阵痛的发展，深入分析上述问题。

第一节　RDRs 形成前期：评级的萌芽发展阶段

信用评级从其萌芽起，每一步关键的发展几乎都伴随着经济危机或经济的大幅波动。随着 1837 年经济危机的乌云散去，美国的商人们开始意识到，引发经济崩溃以及随之而来的"大萧条"的主要原因，是根源于这个国家支配信贷发放的条件……人们对评价债务人还款能力和还款意愿信息的需求开始不断增长。可以说，1837 年的经济危机使商人们认识到更加清楚、彻底地审查债务人信用风险的必要性。Partnoy（1999）指出，正是这种基于商品交易中卖方及时获取买方相关信息的热望，最终导致了商业信息机构的建立。

一、评级萌生的经济环境

商业贸易的大规模发展，促进了商业评级机构的产生。Sylla（2002）的研究认为，美国早期的商业贸易范围基本限于本地，交易基本上在互相认识的人之间进行。这一时期，由于交易对手信息非常容易获得，因而完全没有信息服务机构。后来，随着商业贸易范围的扩大，交易对手开始从熟识的人扩展到完全不相识的主体，于是，产生了对交易对手信息的需求。但是，由于这时的贸易关系并不复杂，因而这种最初的信息需求，通过很简单的方式即可得到满足。Sylla（2002）说，最初，人们在与不相识的对手交易时，往往需要对方提供一份已知的"合格的人"出具的推荐信，所谓"合格的人"可能是曾经有过商务往来的人，或是潜在供应商，或是消费者所在社区的一位受尊重的人，如一位银行家或律师，这样的模式最初也能够解决这种简单商业贸易中的信息需求问题。

从对这一时期的历史资料分析来看，商务贸易中的信息服务基本上靠简单的个人信誉维系，而资本市场上的债券融资之所以能够实现，则基本上是源于投资者对债券发行人的声誉的认可。随着美国商人商务范围和规模的进一步增大，最初那种完全依赖个人信誉维系的信息服务模式，越来

第二章 RDRs 影响下美国评级发展的典型阶段

越不能满足交易双方对对手方的信息需求。于是,在 19 世纪 30 年代,催生了一种新机构——专业的信用报告机构。

Harold(1938)在研究中发现,1837 年经济危机的受害者——路易斯·塔班(Lewis Tappan),一个纽约丝绸和纺织品供应商,他在丝绸生意中收集了许多现在的和潜在的客户的详细信用信息,包括许多大型商业企业的信用信息。当他发现市场中存在对商业信息的这种迫切需求时,决定专业提供商业信息。于是,他在 1841 年组建了一个商业信用评估机构(The Mercantile Agency)。该机构在全美国范围内通过代理人网络收集信息,并向订阅者销售关于商业信用状况(Business Standing)和商务信用价值(Creditworthiness)的信息,还通过商业的信用状况调查,为商业交易商寻找信用良好的客户和合作伙伴。Harold(1938)认为,Mercantile Agency 是美国第一家商业信用机构;Sylla(2002)说,Mercantile Agency 所提供的服务与商业信用评级直接相关。

Sylla(2002)和 Moreau(2009)的研究均显示,1859 年商业信用评估机构(The Mercantile Agency)被 Robert Dun 接管,成为"R. G. Dun & Company",并于当年发布了第一份商业评级报告。Moreau(2009)还指出,19 世纪 70~80 年代,"R. G. Dun & Company"的评级报告的订阅者(Subscribers)迅速增长,从最初的 7000 增长至 40000。到 1900 年时,它已报告了 100 多万笔业务。

Sylla(2002)说,在第一家商业信用评估机构(The Mercantile Agency)诞生之后不久,律师出身的约翰·布拉斯特(John Bradstreet)在 1849 年组建了另一家商业信用评级机构"布拉斯特资信评估公司"(Bradstreet Co.),它于 1857 年出版了在现在看来世界上最早的《商业评级手册》(*Commercial Rating Book*)。

Moreau(2009)说,"R. G. Dun & Company"和"布拉斯特资信评估公司"(Bradstreet Co.)在 1933 年合并成为著名的邓白氏公司(Dun & Bradstreet,D&B)。

这一时期的商业评估机构,评估的对象主要是企业的商业信用,服务于企业间的商业往来活动,其信用评估活动还未发展到对债项偿还能力的评价,从这一意义上说,它们与现代的征信公司更加类似,还不是现代意义上的信用评级机构。

另外,铁路公司的大规模发展,促使产生了专业的金融出版机构。Sylla

(2002）说，19世纪20年代后期，铁路出现之前，美国竞争性的法人企业就已经得到了大规模发展，并超越了其他国家。而铁路公司是美国的，也或许是世界的第一大企业。Sylla（2002）说，19世纪的大部分时间里，美国所面临的迫切资金需求几乎都是为修建铁路募集资金的需求。尤其是1850年以后，随着铁路公司的规模增大，其资本需求也更加旺盛，铁路公司修建铁路的业务开始扩张，逐渐进入到那些不稳定和不发达的地区，而这些地区通常很少有银行或投资者愿意对此投资。处于资金饥渴中的企业发现，解决美国铁路公司融资问题的办法是发展一个包括国内市场和国际市场的巨大的债券市场，以使美国铁路公司可以通过发债融资。当然，从公司债券市场的发展史来看，早期的几十年实质上确实是铁路债券市场。因此，Sylla（2002）说，债券准确地说，可以被看做是一项来自美国的金融创新，后来才扩展到其他国家。Goldsmith（1985）则指出，事实上在穆迪开始进行债券评级前，美国的公司债券市场已经比其他国家的公司债券市场大几倍。

1849~1862年，Henry Varnum Poor（1812~1905）担任铁路工业的专业刊物——《美国铁路日报》的编辑，他收集和公开系统化的铁路所有权信息，铁路公司的资产、负债和收入信息，《美国铁路日报》由此形成了自己独特的模式，成为专为投资者服务的刊物。1860年，Poor还出版了《美国铁路和运河史》（*History of Railroads and Canals in the United States*），尝试汇编关于美国铁路公司金融与营运状态的全面信息。南北战争后，Poor和他儿子Henry William创建了H. V. 和 H. W. 公司，Poor出版的《美国铁路手册》（*Manual of the Railroads of the United States*），数据每年进行升级。[①] 最早出现于1868年的《美国铁路手册》年刊，发布了美国主要铁路公司7年的财务和运营统计数据。Sylla（2002）说，此后几十年，《美国铁路手册》被广泛认为是铁路公司信息的权威来源。

Sylla（2002）还认为，这一时期，与商业信用评估机构和专业的金融期刊相似，甚至比这两者更重要的，另一个扮演着信息服务者角色的机构，是投资银行。他认为，专业信用报告机构（Credit - Reporting Agency）、专业的金融期刊（Specialized Financial Press）和投资银行（Investment Banker）是放款人、债权人和股权投资者获取借款人、债务人和公司发行的股票信

---

① Standard & Poor's traces its history back to this publication.

息的主要途径。他说，某种意义上1909年由穆迪首创的债券评级机构，综合了这三者所提供的信息服务功能。

笔者个人认为，与专业信用报告机构（Credit-Reporting Agency）和专业的金融期刊（Specialized Financial Press）的信用信息服务功能相比较，投资银行虽然在一定程度上也提供部分涉及信用的信息，但其并不以提供信用信息为目的，提供信息对投资银行来说，也不是一项专门的服务，提供相关信息恐怕只是其协助发行人发行证券的手段而已。因此，投资银行算不上真正意义上的信用信息服务机构。

二、评级萌生的原因：资本市场需求

Harold（1938）指出，1890年约翰·穆迪（John Moody）创办了"穆迪资信评估公司"，对铁路企业债券提供财务信息服务，并自1906年起，开始工业报告的出版业务。1906年和1907年时Moody曾严重依赖其出版的《铁路工业报告》，包括Floyd Mundy编写的《铁路工业营利能力分析》（*The Earning Power of Railroads*），以及Carl Snyder编写的《美国铁路投资分析》（*American Railways as Investment*），每一种报告都包含了精心制作的铁路工业的统计数据，以及详细的运营和财务数据。

Harold（1938）指出，Moody也曾是一名华尔街分析师，他注意到了商业信用评级的成功。Wakeman（1984）认为，Moody是因为相信迟早会有人出版工业统计手册而开创这一行业的。Harold（1938）指出，那时Moody还意识到，虽然当时美国已有了对债券依其质量和畅销度分成不同的组的做法，尤其是被像保险公司这样的大型投资机构分组，但是在美国，还没有人尝试用符号作为投资等级；然而，他认为，虽然当时在美国没有，但国外已经发展了符号，如在维也纳应该已存在一个债券评级体系，并且他相信在柏林也有。而且当时在欧洲非常有名的《奥地利统计年册》（*The Austrian Manual of Statistics*）就使用了符号。Harold（1938）说，Moody是受到了商业信用评级的启发，最终将商业评估机构的这些简单的评估方法应用到债券评级上。他认为，如果他能够针对每种债券，将那些分析报告中的复杂数据合成为简单的评级符号，他就能通过向公众销售这些评级而发财。

Harold（1938）说，Moody生产信用评级的想法形成时，当时很多其他的银行家反对他的计划，他们认为，Moody本来可以利用这些交易的"内部信息"赚取超额回报,而不是去公开地炫耀它。根据 Moody（1933）自己的陈述,在 Moody 还在考虑他的评级计划的时候,一个"华尔街的老掠夺者"向他建议说：你这个年轻的梦想家,为什么要扔掉你花十年时间学来的游戏规则呢？为什么把有关公司事实的信息以一本书的价格卖给公众呢？这么做,你会告诉他们如何稳扎稳打,如何赚钱,但你自己却什么收获也没有。而且如果你公开太多的事实,就没什么内部信息可以留下来运作了,你会毁坏我们的游戏。自己用你的那些信息吧,别傻得像个慈善家,慈善赚不到钱。

当然,从另一角度来说,Moody 将他所有的信息用于开展债券评级业务的理性,还在于他自己并没有足够的资本来直接利用这些内部信息通过交易赚钱。对 Moody（1933）来说,虽然一个拥有资本的人,可以利用这些内部信息获得短期利益,但一个没有资本的人（像 Moody）,却能够通过以一本书的形式大规模销售这些信息赚取更多长期利益。Moody（1933）还说,那时其他那些可能有融资路径的银行家,他们很高兴于能够利用所掌握的内部信息赚取到短期利润；因此,他们反对 Moody 评级的想法,而且抗拒评级,甚至威胁 Moody 和他的评级机构。

Harold（1938）指出,Moody 最初的尝试并没成功,他的公司于 1907 年的恐慌中因偿付能力出现问题而被迫出售。但他并没有屈服,1908 年他重组了他的公司。House（1999）指出,Moody 对出版业务进行了改革,在 1909 年,他出版了《穆迪铁路公司投资分析信息手册》（*Analysis of Railroad Investments*）,这是第一个债券评级方案；通过该手册他首次向社会公开发表了穆迪公司对铁路公司信用状况的分析。该手册一出版,就受到很多投资者的好评。

Pinkes（1997）指出,Moody 最终在 1914 年创建了穆迪投资服务公司,1922 年正式组建了评级部。Sylla（2002）则认为,Moody 借助他的铁路债券评级,回应了公众获取更广泛、更便利的,公开可得的关于投资质量的信息的需求,因而他的公司得以生存和发展。

Moreau（2009）经过考证认为,作为评级的自然发展,1916 年第一个新的入行者——普尔公司（The Poor Company）进入债券评级业务领域。1922 年第二个新的入行者——标准统计（Standard Statistics）进入评级行业,它也是一家金融信息公司。1924 年第三家新的入行者,也是最后一家进入早期的评级行业的公司,是惠誉出版公司（The Ficth Publishing Company），事实上，惠誉出版公司自1913年起就是一家证券报价出版商。

评级机构自诞生时起，始终强调评级对公司债券内在品质的长期评估有效，也即对发行人在未来一个长时期内对抗违约和资本损失的能力的评估有效，他们从不透露他们获得评级结果的详细因子及权重。

三、RDRs形成前评级的自由发展

评级最初的发展相对比较缓慢，其全部收益来自向评级订阅者收取的订阅费用，最初评级的业务领域仅限于铁路债券评级，后来评级机构逐渐将评级业务领域拓展至公用事业债券评级和工业债券评级等领域。评级发展的早期，没有特别的市场竞争环境，其业务规模的扩大也几乎完全依赖于投资者自然存在的风险控制需求的增加。

1. 评级业务分析

Sylla（2002）说，自1909年穆迪公司发布第一份评级报告起，早期穆迪公司的全部评级业务都集中于对美国铁路债券的评级。Pinkes（1997）指出，穆迪公司的首次评级，是对超过250只铁路债券的评级。随着被评级的铁路债券数量的增加，Hickman（1958）指出，到1912年时，经Moody's评级的铁路债券面值占当时全部未清偿铁路债券总面值的94%。同时，由于当时，铁路债券是债券的主要构成部分，当时的铁路债券数量占当时未偿债券总量的60%，因而，可以说，1912年时，穆迪公司的评级业务覆盖范围超过全部工业债券总数的55%。1913年，穆迪公司扩展了其评级的业务领域，除铁路债券外，开始对公用事业债券和工业债券进行评级。Pinkes（1997）说，1918年，穆迪公司开始对美国城市及其他市政的债券进行评级。

1916年，第二家进入评级行业的公司——普尔出版公司（Poor's Publishing Company）开始发布评级报告。1922年，第三家进入评级行业的公司——标准统计公司（The Standard Statistics Company）开始发布评级报告。创办于1913年的惠誉（Fitch Publishing House）最初是一家出版公司，不涉及评级业务，从1924年起，惠誉开始使用"AAA"到"D"级的评级系统对工业证券进行评级。

Hickman（1958）指出，随着评级机构开始对铁路债券以外的债券进行评级，被评级债券占全部债券的百分比从1916年的88%上升至1924年的99%。而且，他认为，就覆盖范围而言，评级发展的高峰发生在1924~

1935年期间,那时,超过公司直募债券全部面值98%的债券都曾被评级机构评级。Hickman(1958)经过研究发现,在评级发展的早期,评级机构通常不对几乎无关公共利益的小规模债券发行、私募发行,以及无法获得评级所需的足够信息的债券进行评级。

图2-1给出了1900~1944年有高等级和低等级评级的未偿债券的数据信息。[1]

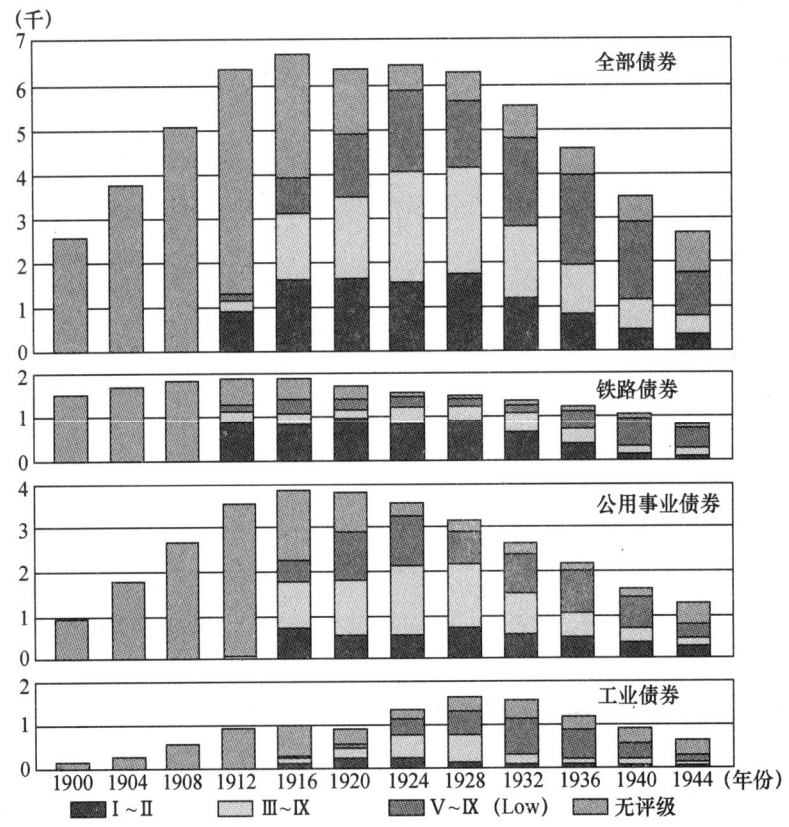

图2-1　1900~1944年有高等级和低等级评级的未偿债券的数量

---

[1] Hickman, W. Braddock, *Corporate Bond Quality and Investment Performance*, Princeton University Press, 1958.

从图2-1可以直观地看出，评级从1920年起经历过一段较迅速的业务增长，并在1928~1931年进入高峰期，之后在1932~1935年和1936~1939年两个四年期里，评级债券数量的下降，应当与"大萧条"期间债券发行数量降低、未偿债券大量陷入严重违约、"大萧条"后经济的持续低迷有关。

表2-1是1908~1929年有机构评级的债券的占比情况。①

表2-1　1908~1929年评级机构评级的债券面值所占百分比

发行年度	全部债券面值（美元）	被评级的债券面值所占百分比（%）	获得Ⅰ~Ⅳ评级的债券所占百分比（%）
1908	1112.1	23.1	79.7
1909	1264.0	43.8	81.3
1910	1,133.2	24.9	74.3
1911	1,299.5	30.2	85.1
1912	1,396.9	23.7	71.5
1913	1,167.6	65.4	84.2
1914	1,193.4	65.5	73.9
1915	1184.8	77.1	86.4
1916	1485.0	77.5	86.1
1917	1228.6	73.7	77.1
1918	800.4	75.2	85.7
1919	1038.7	94.1	81.0
1920	1448.0	97.4	87.6
1921	2074.6	98.0	84.7
1922	2270.2	98.0	75.3
1923	2118.2	94.3	81.7
1924	2227.0	99.2	83.9
1925	2202.4	97.6	83.3
1926	2724.8	98.4	81.7
1927	3856.8	99.5	82.3
1928	2997.0	97.0	73.0
1929	1957.7	94.1	73.8

---

① Hickman, W. Braddock, *Corporate Bond Quality and Investment Performance*, Princeton University Press, 1958.

根据表2-1的数据可以看出,在1924年至"大萧条"发生前,评级机构进入活跃期。当时美国的经济形势一片大好,经济持续稳定增长,这一点也可以从未偿债券数量上看出来。在经济形势的影响下,投资者投资积极性高涨,因此,评级机构对大部分未偿债券都做了评级。

表2-2是1912~1928年全部未偿债券中,高等级债券与低等级债券的相关数据。[①]

表2-2 1912~1928年未偿债券中高等级债券与低等级债券的四年期百分比分布

开始年度	复合评级				全部票面价值（百万美元）
	Ⅰ~Ⅱ（%）	Ⅲ~Ⅳ（%）	Ⅴ~Ⅸ（Low）（%）	未评级（%）	
全部债券					
1912	40.6	9.7	4.9	44.8	15303.3
1916	49.9	23.4	14.7	12.0	17226.6
1920	51.9	27.6	15.9	4.6	18085.1
1924	48.3	34.3	16.4	1.0	21035.3
1928	47.4	38.0	13.3	1.3	26476.5
铁路债券					
1912	69.0	16.7	8.5	5.8	8828.3
1916	63.5	16.0	14.8	5.7	9662.1
1920	67.9	21.1	7.8	3.2	9630.5
1924	70.0	19.1	10.6	0.3	9727.0
1928	72.3	19.9	7.3	0.5	10647.3
公用事业债券					
1912	0.5	0.1	0.1	99.3	4268.3
1916	27.9	38.4	18.7	15.0	5277.9
1920	23.5	38.2	32.7	5.6	6074.4
1924	27.6	49.1	22.6	0.7	7202.3
1928	33.9	50.1	15.5	0.5	10214.4

[①] Hickman, W. Braddock, *Corporate Bond Quality and Investment Performance*, Princeton University Press, 1958.

从表 2-2 的数据可以看出，在所有有机构评级的债券中，最高两个等级的债券占了相当大的比例，这也反映出评级机构对当时公司状况的乐观估计。而低等级债券的数量则极低，可以推测的是，在这些有机构评级的低等级债券中，原来评级较高，而由于财务状况发生变化后被调低等级的债券应当也占相当可观的比例。

2. 评级市场分析

通过分析，Harold（1938）认为，从评级诞生到 20 世纪 30 年代前期，评级行业没有实质性的准入限制，那一时期积累开展评级所需的相关统计资料和数据的成本也不是过分的高，并且评级机构退出的门槛也不高。

这一时期的评级有以下几个显著的特点：

第一，这一时期的评级，完全处于信誉监管之中，信誉资本理论支撑着评级机构的生存和发展。评级机构不能做出精确、可信的评级，通常也就无法生存很久。其中的原因，正如 Partnoy（1999）所说，在一个拥有较低准入门槛的市场中，发布不准确评级会将评级机构自身置于危险之中。因为，评级机构每签发一份评级，它的名字、诚实度和可信性都将面临整个投资界的检查与批判。信誉因素在这样的环境中尤为重要。

然而事实上，在这种没有进入门槛的现状下，20 世纪 20 年代以后，唯一进入评级市场的美国机构也只有达夫菲尔普斯（Duff & Phelps）一家，并且它虽然成立于这一时期，却并未在这一时期提供评级服务。①

第二，这一时期的评级机构完全依赖于投资者的评级订阅费，评级的收费模式即为投资者付费模式。McGuire（1995）指出，在这一时期，评级机构完全依赖投资者缴纳的会员费获取收益。

第三，在这一时期，评级机构之间相互竞争。McGuire（1995）说，那时评级机构之间相互竞争，通过竞争来赢得它们各自独立的、诚实可靠的声誉。Partnoy（2001）还认为，整个 20 世纪 20 年代，评级机构之间之所以通过竞争努力赢得各自的独立的、诚实的、可信的名誉，主要是因为这一时期它们的收入完全来自会员费。

此外，评级机构作为信息中介，它们的评级无形中成为了信息的定

---

① 虽然 Duff & Phelps 自 1932 年起就开始研究公用事业公司，但它并未提供正式的评级，直到 50 年后，在 1982 年它才开始广泛提供公司债券评级。

价机制。有价值的信息被纳入评级中，无价值或不可信的信息则不被考虑。

四、RDRs 形成前评级的影响

Hickman（1958）指出，这一时期（指 RDRs 形成之前），评级机构在将公司债券根据它们的投资品质进行排列方面是有效的。Partnoy（1999）认为，总的来说，这一时期债券投资者支持并欢迎评级，投资中介机构非常喜欢将高等级债券作为可以买入的投资选择。因此，Hickman（1958）说，只有最高四个等级的债券适于商业银行投资。

Partnoy（1999）说，评级发展的早期，与投资者对评级支持、欢迎的态度相反，债券发行人反对评级，就像他们曾经反对最早的商业信用评级一样。一些发行人甚至把评级机构视为其公司业务的侵入者。不过，即使发行人反对评级，Harold（1938）认为，他们为赢得市场投资者，也只好开始向评级机构提供一些有价值的信息，包括非公开的信息。这增加了流入评级机构的信息的数量和质量，使它们可以获得非公开的信息，这对评级机构来说意义重大，使它们可以生产更加准确的评级，从而增加自身的信誉资本积累。

然而，如此一来，原本不与发行人接触的评级机构，开始了与发行人的直接接触。伴随着与发行人的接触，评级机构开始产生了道德风险。但这并未改变发行人对评级的排斥和敌对，这一时期发行人并不主动追求评级。

第二节 20 世纪 30 年代后 RDRs 的兴起：评级的第一个迅速发展阶段

人们通常认为，20 世纪 20 年代的评级行业是一个竞争性的行业，那时没有 RDRs 的影响，投资者对评级的需求，仅仅是因为它可以帮助他们识别风险。

20 世纪 20 年代美国经济增长迅速，经济的繁荣部分地掩盖了其信用风险，也使得投资者盲目乐观；虽然评级机构对大多数债券进行评级，但是，那一时期投资者的评级需求并不旺盛,评级也一直停滞不前。

一、危机前评级的状况

历史资料表明,20世纪30年代以前,评级的发展很缓慢,而在30年代"大萧条"和RDRs的影响下,一度刺激了评级的发展。

1. 评级的市场状况

McGuire(1995)说,20世纪20年代末,美国债券市场有总面额超过260亿美元的约6000只债券,这些债券中的绝大多数均有评级机构的评级。穆迪公司的历史介绍,以及Pinkes(1997)也都提到,到1924年时,信用评级几乎覆盖了整个美国债券市场。

对此,Hickman(1958)说,被评级机构评为高等级(Ⅰ~Ⅳ级)的债券的绝对和相对数量自1912~1928年均处于持续上升中,从总额77亿美元,占全部未偿债券面值的50%,上升到总额226亿美元,占全部未偿债券面值的85%。

从表2-1中数据可以看出,自1920年起,被机构评级的未偿债券面值占全部未偿债券面值的比例就达到了97.4%,1921~1929年期间,除在1923年、1929年两年里这一比例稍低,分别为94.3%和94.1%之外,在其他年份里,有机构评级的债券面值占全部未偿债券面值的比例都维持在97%以上,到1924年时,这一比例更是达到了99.2%的高峰。

从有评级机构出具信用评级的债券的状况来分析,在所有有评级的债券中,评级为Ⅰ~Ⅳ级的债券的占比,自1912年危机结束后,一直增长,直到1920年时达到了其峰值87.6%,而后则一路呈下跌趋势,到1929年时,这一比例仅为73.8%。这一数据也说明,从总体上看,虽然20世纪20年代美国经济形势总体向好,但从评级数据看,这种形势自1920年起,已经发生了转折。

总体来说,20世纪20年代,机构评级较受投资者欢迎,而发行人对于评级,却相对地比较反感。

2. 信用评级自身的发展

通常,债券评级倾向于揭示该笔债券的违约或逾期的可能性。Gilbert Harold(1938)认为,信用评级体系和信用等级设置到1929年时已相当成熟,评级结果根据被评级的金融工具信用质量的高低,被分为几个等级。与许多其他评级类似,在信用评级实践中,通常对最高等级署字母"A"或数字"1",用"A1"表示一个高但不是最高的等级。按照降序排列,依次是"B"或"2",然后是"C"或"3",依此类推。

Partnoy(2001)指出,1929年及之前,评级机构信用等级(Scales)的设置,和等级种类基本相似。每家机构都同时使用序数(Ordinal,如A、B、C、D)和基数(Cardinal,如AAA、AA、A)两种方式,以这两种方式相结合来标示债券的信用等级。各家机构也都在每个信用级别里,进一步再细分出三个子级,如在"A"级中再细划出三个子等级,在"B"级中再细划出三个子等级等。因此,基本上可以将每家机构的评级符号一对一地与其他机构的评级符号匹配对应。

表2-3给出了1929年时,各评级机构的信用等级符号以及各自的对应关系。①

表2-3 主要信用等级符号

惠誉	穆迪	普尔	标准	主要意义
AAA	Aaa	A**	A1+	最高信用品质
AA	Aa	A*	A1	高信用品质
A	A	A	A	次高信用品质
BBB	Baa	B**	B1+	信用品质好
BB	Ba	B*	B1	一般信用品质
B	B	B	B	有一定投机性
CCC	Caa	C**	C1+	投机级
CC	Ca	C*	C1	高度投机
C	C	C	C	极度投机
DDD		D**	D1+	信用品质低或弱
DD		D*	D1	规模小或非常弱
D		D	D	几乎无价值

此外,Partnoy(2001)还讲到,虽然各评级机构之间的评级结果并不完全一样,但它们的评级结果大致相关,各家机构的信用级别中均有一定

---

① Harold, Gilbert, "Bond Ratings as an Investment Guide: An Appraisal of Their Effectiveness", June, 1938, at 11.

程度的评级膨胀。在当时的债券评级中,绝大多数债券的评级均为"A"级,只有极少数债券的评级为"C"级或者更低。

从一项研究中抽取的代表性样本如表2-4所示。①

表2-4　1929年7月15日各家评级公司债券评级的分布

评级	惠誉	穆迪	普尔	标准
A+	147	97	68	78
A	64	63	89	93
A-	80	99	110	104
B+	40	59	61	40
B	17	25	22	26
B-	4	2	7	16
C+	3			4
C				
C-				
D+				1
Unrated	8	18	6	1

从表2-4的数据中还可以看出,对那些规模较小或实力较弱的公司的债券,以及投机性较强的债券,投资者应当是认为自己能够识别,因此,购买此类评级的需求较低。因此,与此相对应,从评级结果上看,评级机构对此类债券的评级数量很少。

二、评级在20世纪30年代危机中的表现

因为评级机构与大多数个人和机构投资者一样,没能预见数以百计的债券价格的急剧下降,以及债券违约率的上升,所以,1929年"股市大崩盘"之后,许多债券的评级被降低。

作为例证,Harold(1938)指出,1929年经济危机发生前,四家评级

---

① Harold, Gilbert, "Bond Ratings as an Investment Guide: An Appraisal of Their Effectiveness", June, 1938, at 11.

机构①对芝加哥洛克群岛与太平洋（铁路）债券（The Chicago Rock Island & Pacific）均给出它们的最高信用级别。而1929~1933年则对这只债券给出它们的第二高的信用级别，1934年这只债券陷入违约。类似的例子还有很多。

Hickman（1958）指出，1928年末，以票面价值计，铁路债券中，占全部未偿债券92%的债券被评为高等级债券，到1940年时，只有占39%的债券仍被评为高等级债券。公用事业债券1928年后的评级也有所下降，但不像铁路债券评级下降得那么剧烈。以票面价值计，1928年Ⅰ~Ⅳ级未偿债券占全部未偿公用事业债券的84%，到1936年时，仅占到68%。但公用事业债券在20世纪30年代后期，基于其在"大萧条"期间的出色表现，评级有所上升。工业债券的统计数据则反映出，1920~1940年工业债券评级的波动激烈。1920年初，工业债券通常被认为有良好的品质，当时，以票面价值计，未偿工业债券中评级为Ⅰ~Ⅳ级债券的比例为86%，而公用事业债券的这一数字则仅为62%。但受1920~1921年急剧的经济收缩影响，许多工业债券遭遇违约威胁，对工业债券的投资意见下调。1929年后，对工业债券的投资意见更是急转直下，因此，到1932年时，只有44%的工业未偿债券的评级是Ⅰ~Ⅳ级。

Hickman（1958）还指出，当时以票面价值计，在1916~1935年，52%的债券发行时曾被评为Ⅰ级或Ⅱ级，到1936~1943年，只有26%的债券发行时被评为Ⅰ级或Ⅱ级。相应地，评为Ⅲ级和Ⅳ级的债券的占比则从33%变为35%，评为Ⅴ~Ⅸ级的债券的占比从11%变为37%，发行时未评级债券的占比则从5%变为2%。表2-5给出了以票面价值计算，发行时各级债券占比的数据。

表2-5　1916~1943年发行时债券等级的阶段性比较数据

时间	Ⅰ~Ⅱ（%）	Ⅲ~Ⅳ（%）	Ⅴ~Ⅸ级（%）	未评级（%）
1916~1935	52	33	11	5
1936~1943	26	35	37	2

---

① 四家评级机构是指1909年创立的穆迪（Moody's），1916年入行的普尔公司（The Poor Company），1922年入行的标准统计（Standard Statistics）和1924年入行的惠誉出版公司（The Ficth Publishing Company）。

可见，随着时间的推移，评级虽然更加普遍了，发行时有评级的债券占比不断增加，但是，发行时被评为高等级的债券数量却有所下降，被评为低等级的债券数量上升，相对来说，投资级以下的债券的比例上升更是明显。经济中债券的整体品质降低。

然而，Hickman（1958）说，自1928年开始的每个四年期中，均有相当大比例的高等级债券被降级，却很少有低等级债券被升级。而且自1931年起，铁路工业违约现象非常严重，由于重组和清算进程缓慢，以致大量铁路债券被评级机构降级。工业企业违约也很严重，但主要集中于1931～1933年期间。最终，工业企业违约导致，1928年被评为Ⅰ～Ⅳ级的工业债券的40%，以及1932年被评为Ⅰ～Ⅳ级的工业债券的19%，在后来的四年期里被降级。另外，由于许多工业企业违约问题很快被解决，因而，有很大比例未偿的低等级工业债券在1932年和1936年又被升级。

而且根据Hickman（1958）的研究，除1916～1919年市内电轨（Street Railway）存在严重违约之外，市政债券因评级稳定一直保持最佳纪录。

三、"大萧条"冲击下凯恩斯政府干预理论的兴起催生RDRs监管

自18世纪起，亚当·斯密的古典自由主义经济学一直是主流经济学说，严重影响着美国经济发展。古典自由主义经济学崇尚自由放任，反对政府干预。经济系统中，承担金融监管职责的只有中央银行，并不存在其他金融监管机构。由于古典自由主义经济学的理论和政策主张不能解释"大萧条"的发生，也无法提出有效政策主张帮助克服危机过后的严重萧条，由此广泛引发了对该理论的怀疑，因而，"大萧条"成为了古典自由主义经济学的终结者。

凯恩斯政府干预经济理论则从"大萧条"中崛起，通过帮助经济走出萧条阴影，进而成为主流经济学。受"大萧条"影响最严重的美国，开始对经济实行政府干预，金融监管则首当其冲。与危机发生前，仅有中央银行控制货币发行，并行使部分信用管理职能相比，危机后，政府开始了对金融机构微观行为的严格监管。

第一次世界性经济危机的沉重打击，促使经济管理者们觉醒。1931年美国政府对"大萧条"进行调查并认为，商业银行从事证券业务对联邦储备体系造成损害，并且这种行为对"大萧条"负有责任。这使得政府开始

意识到对金融机构投资者进行风险监管的重要性，各种以"金融市场失灵"为基础的金融监管理论快速发展起来。这一时期的金融监管更倾向于政府直接管制，并以金融体系安全为主要监管目标。

艾伦·加特（1999）指出，在派克罗（Peara）听证会上，美国最大的银行、投资公司等金融机构，对于它们存在的包括疏忽、缺乏对投资质量的关注、信息披露不充分、内幕交易、欺诈及不当的利益冲突处置等在内的不良行为做了陈述。Cargill、Garcia和浦寿海（1989）指出，国会还发现了"股票掺水"，从而使人们对金融市场产生了严重的不信任。这也是为什么，虽然危机前政府基本不干预金融业发展，但是在危机后，政府却开始对金融机构进行"无微不至"的监管，甚至将金融机构的具体经营范围、经营方式等列为危机后金融监管的重要内容。

20世纪30年代经济危机后，政府对金融监管的强化，直接表现在两个方面：一是制定并出台了一系列金融监管法律和规则，对金融业实施立法管制。如美国国会和监管当局颁布的《1933年银行法》（又称《格拉斯—斯蒂格尔法》）、《联邦储蓄制度Q条例》、《1935年银行法》、《1933年证券法》、《1934年证券交易法》、《投资公司法》、《1938年曼罗尼法》（是《1934年证券交易法》的延伸）、《1939年信托契约法》等。二是新设了一批重要的金融监管机构，如根据《格拉斯—斯蒂格尔法》，1933年设立了提供存款保险的联邦存款保险公司（FDIC）；根据《1934年证券交易法》，1934年创立了美国证券交易委员会（SEC）。

"大萧条"中大量银行破产倒闭，股票市场大崩盘，以及金融机构促使危机深化的不良行为，均引发了对金融机构强烈风险监管的需求。"大萧条"后，基于金融监管微观化思想，使监管者们在对金融机构具体经营行为的风险监管中应用评级。而最初在金融监管中应用评级，则是为了决定如何对金融机构所持有的有信用风险的证券的价值评估。由于1929年"大萧条"后的资产价格紧缩，导致诸多美国金融机构的资产平衡表出现问题。于是，银行监管者们，将目光移向了经济中早就存在的信用评级机构，开始赞同信用评级机构对债券风险的意见，以致后来将评级作为监管基准引入监管规则之中。

Flandreau、Gaillard和Packer（2009）指出，信用评级最初在监管中的应用，是在"大萧条"发生之后。美国银行体系在"大萧条"的冲击下支离破碎。美国各不同银行的监管主体不同，国家银行（National Banks）在

第二章 RDRs影响下美国评级发展的典型阶段

联邦注册，并由联邦财政部的货币监理署（OCC）负责监管。州银行在各州注册，并由州政府当局负责监管。决定加入联邦储备体系的银行则由联邦储备银行负责监管。受"大萧条"后无数银行破产的冲击，从20世纪30年代开始，对所有的银行监管都开始依赖评级。他们（2009）还指出，在"大萧条"后出现违约大潮，以及1931年债券品质直线下降的情况下，作为银行的监管者，货币监管署（OCC）在1931年采取了一个紧急的决定，创立了基于信用评级来评估美国国家银行债券组合的规则。这一决定对评级机构产生了严重依赖。此后，1936年，当货币监管署（OCC）限制银行购买较低信用评级的证券时，其对评级机构的依赖进一步加剧。这昭示着RDRs开始正式启用。

由此，逐渐形成了纳入评级基准的金融风险监管体系，以限制金融机构投资者对评级机构认定的高风险债券的投资行为。

因此，可以说RDRs的兴起，是"大萧条"冲击下，凯恩斯政府干预理论的果实。

四、监管需求刺激下RDRs的兴起

20世纪30年代，评级迎来了对其发展有重要影响的第一个重要改变。在20世纪30年代的经济危机中，随着1931年美国财政部开始根据银行所投资的债券品质评价银行的声誉（所谓的债券品质是指评级公司所描述的债券品质），RDRs开始形成，而后RDRs所涉及领域被不断放大，对评级之后的发展产生巨大影响，评级开始走向监管支持下的兴旺。

1. 早期启用的RDRs

根据Osterhus（1931）的说法，纽约联邦储备银行在1930年时开始应用已有的信用评级来确定成员银行报送的报告中该银行资产组合中的债券的品质的权重。这一权重随着债券评级的降低而降低。如信用评级为顶级范畴的证券权重为100%，根据信用等级的级别的降低，权重依次为90%、80%和50%。Harold（1938）指出，1930年联邦储备银行使用H条款监管州特许成员银行和信托公司，将债券评级应用于其对成员证券投资组合的考核，成为第一个将债券评级应用于监管的机构。H条款负责监管联邦储备体系中的州银行和信托公司，规定"通过会员申请，联邦储备委员会会着重考虑申请银行或信托公司的金融状况以及其管理人员的一般品质"。① 美联储（FR）对州特许银行成为其成员的条件规定，州银行"经营业务和增长实力要始终充分考虑其存款人的安全"。②

Osterhus（1931）还曾为此设计了一套基于信用评级衡量银行全部投资组合的方法，将证券的"安全度"或"需求度"用一个"需求权重"数字表示。

之后不久，1931年9月，作为银行的监管者的美国财政部（The United States Treasury Department），为了监管银行的债券投资风险，通过其货币监理署（OCC），为应对在德国金融危机和英镑危机影响下急剧下降的债券价格所带来的问题，发布了第一个纳入评级基准的正式条例，该条例于1931年生效。③ 该条例采用信用评级作为权衡国家银行债券账户质量的正当措施。Flandreau、Gaillard和Packer（2009）说，根据这一规定，全部联邦、州和美国市政证券，以及其他信用评级属于前四个等级的本国和外国证券，银行可以以面值入账，其他证券和违约债券应以市价入账。这一规定，事实上对"BBB"级以下等级的债券实施了盯市制度，这不仅对受监管的机构投资者的债券投资选择造成重大影响，还严重地影响着债券市场。因此，该条例一出，即受到广泛关注，《华尔街日报》（*The Wall Street Journal*）头版也有专文报道。④

Harold（1938）指出，根据当时《华尔街日报》的报道，这一规则使1930年已存在的管理规则规范化了，并受到市场参与者的支持和赞同。

之后，很多法律和规则引入了纳入评级基准的监管规定。其中，《1935年银行法》和《联邦储备法》还规定，州银行不能对自己持有的有价证券进行信用评级。这一规定，实际上赋予了评级机构"独立第三方"的法律地位。

1936年2月货币监理署（OCC）正式发布修订之后的美国议会法案5136章第7段，像修订后的《1935年银行法》（*The Banking Act of 1935*）

---

① Federal Reserve Board, Regulation H., Membership of State Banks and Trust Companies 5 (1930).
② Conditions of Membership in the Federal Reserve System, at 1 (mimeographed bulletin, Federal Reserve Board, Washington, 1933).
③ 虽然有资料显示这一规则制定于1931年9月11日，但当时货币监理署（OCC）发布的油印的规则没有标注日期。see 133 The Commercial and Financial Chronicle 1672 (Sept. 12, 1931).
④ Wall Street Journal Article, "75% of Bank Bond Valuations Safe", Sept. 12, 1931, at 1, 5.

308 章一样。修订后的 5136 章第 7 段指出,"以下规定为进一步限制和约束银行自有账户购买和出售投资证券而发布,作为修订后的法令的特别限制和约束……(3)购买投资证券禁止有明确和显著投机性的投资,并禁止购买比那些有明确和显著投机性的债券更低标准的投资证券。此处使用的术语可在正规评级手册中找到,当对要购买的证券的合格性有疑义时,这种合格性应当有两个以上认可的评级手册支持"。① 这一规则虽然隐晦,但却实际上明确地指定了银行可投资证券应当是评级机构评级手册中投资级以上信用等级的证券。银行监管者,由此完全禁止了银行投资低于"投资级"② 的债券。之后,《联邦储备法》第 9 章要求州成员银行应当遵守相同的限制。③

1938 年 6 月 27 日,财政部(The Secretary of the Treasury)、联邦储备体系的董事会(The Board of Governors of the Federal Reserve System)、联邦储蓄保险公司董事局(The Directors of the Federal Deposit Insurance Corporation)和货币监理署(OCC)特别发布了一个联合决议,规定第一类(Group Ⅰ)证券可以账面价值持有,这些证券被描述为"投资特征明显,或主要不是投机性的市场债务"。根据此决议,第一类证券仅限于那些信用评级为最高四个等级的债务,以及有相似品质的未评级债务。不满足评级测试的证券——第二类(Group Ⅱ)证券应以市场价格评估,在计算净资本时扣除其净贬值部分的 50%。第三类和第四类(Groups Ⅲ and Ⅳ)证券(即 Securities in Default and Stocks)以市价评估,在决定银行的净资本时扣除全部净贬值。④

White(2008)指出,在货币监理署(OCC)调整银行监管规则之后,20 世纪 30 年代和 40 年代,许多州的保险监管者也接受了货币监理署(OCC)的做法。其中,50 个州的保险监管者们效仿了这一方式。他说,州保险监管者们希望他们所监管的保险公司有与其风险性投资匹配的足够的

---

① Regulations governing the Purchase of Investment Securities, and Further Defining the Term *Investment Securities as* Used in Section 5136 of the Revised Statutes as Amended by the *Banking Act of* 1935, Sec. Ⅱ, issued by the United States Comptroller of the Currency, Washington, February 15, 1936.
② "投资级"也即 BBB 级,目前,BBB 级依然是投资级债券与投机级债券的分界点。
③ Paragraph 7 of Section 5136 of the Revised Statutes of the U. S., as amended by Section 308 of the *Banking Act of* 1935.
④ Federal Reserve Bulletin, July 1938, P. 565. The Executive Committee of the National Association of Supervisors of State Banks later subscribed to the resolution, but some of the states did not adopt it and continue to adhere to traditional valuation policies.

净资本。为达到这一目标，州保险监管者们，也建立了最低资本要求，并在对保险公司债券投资的监管中，也嵌入了评级基准。

Harold（1938）指出，之后美国全国保险官协会（NAIC）在全国性保险监管层面上，也将其对保险公司的资本要求与保险公司投资组合中债券的信用评级相联系。其他领域的 RDRs 很快效仿，RDRs 由此开始被广泛应用。

2. RDRs 的影响

Harold（1938）曾指出，在 1936 年的 RDRs 出台之后，产生了不少抗议，抗议论点包括，此条例对中型公司和小型公司不公平，因为，该条例更强调规模而不是价值；并且该条例会诱使银行产生一种安全错觉，好像它们只要依据信用评级就可以安全地购买和持有债券，即使这样的评级只是基于过去的业绩，并不能必然准确地预言未来的业绩。

密苏里州银行家协会（The Missouri Banks Association）就曾表达了他们对此的关注：①

"我们进一步相信，授权那些私有评级机构判断什么是合理的投资构成，是史无前例的，它们的历史记录也完全不能对它们能够正确行使这种授权提供保障。"

实际上货币监理署（OCC）似乎也意识到了这一 RDRs 会产生潜在的错误影响，因此，1936 年 5 月 5 日，它又做了关于评级不能决定合格性的问题说明。1936 年 5 月 22 日，J. F. T. O'Connor，那时的审计主任，在一次对加利福尼亚银行家协会的讲话中也说：②

"对银行资金进行适当投资产生的责任，现在跟过去一样，是落在银行的董事们肩上的。审计署从未，也不准备将这一责任授权给评级机构，或以任何方式暗示：这一责任，可以被当做是，能够通过仅仅查明某个特定证券属于哪个特定信用等级而完全履行。"

即使如此，货币监理署（OCC）的规则影响仍是非常大的，Harold

---

① Resolution of the Missouri Bankers Association at its 46th annual convention, Kansas City, Mo., May 5, 1936.

② See Gilbert Harold, "Bond Ratings as an Investment Guide: An Appraisal of Their Effectiveness", June, 1938, at 11.

(1938)说，因为，在这些 RDRs 颁布之前，许多机构，尤其是银行，购买低于"BBB"级的债券，这一条例的出台，大大消减了"BBB"级以下等级债券的市场。Cantor 和 Packer（1995）的研究发现，根据 1936 年纽约证券交易所的信息，当时挂牌的 1975 只债券中的 891 只债券的评级低于"BBB"级。Harold（1938）还指出，当时由于"BBB"级以下等级债券的市场空间受限，RDRs 还明显地增加了当时市场中"BBB"级和"BB"级债券的价差。Harold（1938）则认为，1936 年 2 月 15 日，货币监理署（OCC）对银行监管的 RDRs 的发布，导致当时市场上约 2000 只上市和公开交易的债券中，超过 1000 只由于达不到货币监理署（OCC）的"投资级证券"要求，而不能被银行持有，因此，货币监理署（OCC）的 RDRs 在一天的时间里，消减了银行可以购买的全部公开交易债券的一半。

House（1995）指出，在 1936 年之后，无论是美联储还是美国证券交易委员会（SEC）发布的规则，都开始完全禁止银行、养老基金及保险公司持有低等级的债券。Partnoy（2001）进一步指出，后来的 RDRs 要求基金对其持有的低等级债券收取资本费。之后，各领域更多 RDRs 的出台，则基本上完全禁止银行、养老基金、保险公司和其他机构持有低等级（即投资级以下等级）债券。

House（1995）还陈述了一个事实，即在这些 RDRs 出台之前，评级机构不在债券发行前评级，它们只对发行后的债券评级。这些 RDRs 为债券发行人创造了在债券发行前获得评级的激励，或者说直接刺激债券发行人在债券发行前获得评级。为了使其债券能够被受监管的机构投资者们投资和持有，债券发行人开始将评级作为其债券品质的权威性证明，开始"被迫"积极配合，并向评级机构寻求评级，并不管评级机构究竟创造了什么信息价值；这从本质上改变了发行人对评级的态度。

Partnoy（2001）认为，这些条例毫无疑义明显地增加了得到一个好信用评级的额外价值，尤其是增加了得到一个最低为"BBB"级的评级的额外价值。毋庸置疑，在这些条例生效之后，信用评级变得更加重要，也更有价值。从当时的实践情况来看，由于货币监理署的规则的发布，低于投资级的债券，几乎永远都别想卖给银行，这在债券圈子里成为常识。

事实上，当两个重要的金融市场参与者——银行和保险公司都被迫关注评级，并根据评级变化购买和售出证券的时候，其他债券市场的参与者们，肯定也想知道评级信息。果然，在 RDRs 的影响下，那些年评级变得越来越普遍。以至于 Harold（1938）说，在货币监理署（OCC）的规则发布几年以后，一位信用评级的首席评级员写道：

> "评级机构一致确认，现在债券评级的应用，比以往更广泛，并且对评级的使用和依赖正逐年增长。"

3. RDRs 应用中存在的问题

不同于 20 世纪 30 年代之前，信用评级重要性的增长主要是因为评级机构为投资者提供新的信息，Partnoy（2001）认为，RDRs 创造了"监管许可"，这些"许可"为评级机构带来利润，尽管它们的声誉不足以支持这种利润增长……评级机构变得更加重要，评级也变得更加有利可图。导致这种结果的原因，不是因为它们可以生产更有价值的信息，而是因为它们开始出售更有价值的"监管许可"。

Harold（1938）评价说，货币监理署（OCC）对条例修订，创造了迄今为止最有价值的"监管许可"，而这正中评级机构的下怀。大约 2000 只上市和公开交易的债券中，有 1000 多只达不到货币监管署（OCC）的"投资级证券"要求，这足以反映出这一规则的巨大影响力。对 20 世纪 30 年代监管变化做认真审视，其结果同样支持监管许可的观点，那时，美联储实际上对成员银行持有债券的品质，拥有无限的监管权力。①

早期的美国金融监管者们创造了评级需求，但他们自己并没有详细说明评级机构的身份，也没有授予任职资格。然而，正如 Jeffery 和 Posner（2010）说的那样，在 20 世纪 30 年代的监管规则中，对可以在监管中应用的信用评级的要求太模糊，在所有的 RDRs 中只是规定参考"认可的评级手册"（Recognized Rating Manuals）；这一模糊的说法，难以保障作为金融监管基准的信用评级的品质。

White（2002）说，由于在缺乏任何对评级机构能力证明的情况下，无法阻止"伪造"评级公司的评级在金融监管中的应用，而它们可以在任何时间、任意地提供"投资级"以上的评级给任何证券，因而，请求上市的

---

① Conditions of Membership in the Federal Reserve System, at 1 (mimeographed bulletin, Federal Reserve Board, Washington, 1933); Membership of State Banks and Trust Companies, Regulation H, at 5 (Federal Reserve Board, Washington, 1930).

证券发行人相信,把讲述其金融故事的机会直接给那些有足够概率提高其评级的机构,可以更好地降低其发行成本,使其花费更合理。

这一点,后来成为了 1975 年,美国证券交易委员会(SEC)确定国家认可统计评级机构(NRSRO)分类的主要原因。

五、危机后 RDRs 影响下评级迅速发展

1. 评级的地位提升

20 世纪 30 年代第一次世界性经济危机的爆发,给停滞的评级带来勃勃生机。经济危机导致的公司、企业破产倒闭规模空前,大量债券出现违约,投资者在遭受惨重损失后,开始逐渐认识到经济的不稳定性、投资风险的必然性。投资者风险意识的觉醒,直接刺激他们对信用评级的需求大幅提升,信用评级机构在一夕之间经历了"青蛙与王子"的转变。穆迪在 1931 年《工业年册》的前言中,曾这么说道:

> "支撑投资证券评级的基本想法……曾是站在投资的角度,为各种债券和股票的相对安全与稳定提供一把权威的钥匙。"①

尽管在 20 世纪 30 年代早期,大量债券的信用评级发生了急剧变化(大多数是降级),债券市场价格对负面信息的反馈存在值得考虑的滞后,信用评级对此类信息的反馈也需要时间,但是在那一时期,信用评级机构依然毫无疑义地成为了债券市场中受尊重的重要机构。实际上在 RDRs 的支撑下,那一时期评级机构对证券市场的投资者和债券发行人两方面都变得更重要了。Partnoy(2001)曾指出,20 世纪 30 年代,随着投资者对高昂的债券违约率和信用风险的担忧增加,他们的评级需求的确增加了。就像 Harold(1938)用以描述信用评级在这一时期风行的,那些有趣而又带有传奇色彩的轶事中所说的那样,1934 年"美国任何地方的买家在购买债券前,都一定会问'这只债券评级如何'?"然而,投资者的评级需求增加之后,仍然远不足以支撑评级在经济危机后的发展,RDRs 才是 20 世纪 30 年代经济危机后,评级快速发展的最重要支撑。

---

① 引自 Moody's, Manual of Industrials Ⅶ (1931).

Partnoy（2001）还曾指出，有理由怀疑那个时期，评级机构生产有价值信息的能力。评级机构声称它们的信息来源于独特的渠道，但其大部分信息显然来源于可以公开获得的投资新闻。并且，这一时期，评级机构与发行人之间的接触还相对较少，能够获得的内部信息也非常有限。在这一时期，评级机构也没有明显改变其评级方法。

2. 评级的使用者增加

Harold（1938）曾说过，在20世纪20年代，各类机构仅以有限的几种方式使用信用评级。银行仅用信用评级检验自己在业务中的发现；保险公司不太重视评级，它们更多地依赖自己的分析师；工业公司咨询评级，则是因为评级被公认为具有巨大的宣传价值。

McGuire（1995）认为，1929年股市大崩盘之后的几年，随着投资者变得更关注债券的高违约率和信用风险，使得投资者对信用评级的需求有所增加。但是，显然穆迪和其他评级机构的评级也并未能对危机做出预警，其评级在"大萧条"期间也大量被降级，被市场参与者认为评级准确性明显降低。因此，从正常意义上来讲，评级在这阶段实现跳跃性发展的可能性不大。

Harold（1938）曾指出，事实上，20世纪30年代纽约的大银行基本上都有自己的客户评价体系，他们仅用评级检查他们自己的调查，只有小一点的乡村银行一直几乎完全依赖评级，将其作为对自己拥有或拟购买的有信用风险的证券组成部分配置投资的一个权威指引。

然而，在货币监理署（OCC）的规则发布之后，随着诸多RDRs的发布，却使这种状况明显改观。Harold（1938）说，"几乎所有的商业银行、投资银行、保险公司、信托投资公司，以及从大西洋到太平洋、从加拿大到墨西哥的投资受托人都请教评级机构"。根据Harold（1938）的研究，后来竟很难找到一家不使用评级的银行，实际上几乎没有银行不使用评级。Harold（1938）还引注了一则轶事，一个银行家，因为坚持只买"AAA"级的债券，其绰号甚至叫做"3A詹姆士"。他就像是数以千计的职业银行家中崇拜信用评级的典型。Harold（1938）说，另一个事实是，那一时期，评级影响之重要性，还可以从一个小的事实中反映出来，当时几乎所有的经纪人事务所的阅览室或大厅里，都陈列着一本或更多本评级年册。

这些都充分说明，评级已成为了证券经纪人的重要参考信息，他们不得不在业务中参考评级。证券经纪人对评级参考，更重要的原因，应该不是评级能够有效评价债券的风险或是评级包含了多少有价值的信息，而是评级具有监管价值，会影响到机构投资者的投资选择，从而对该只证券的市场产生重要影响。

当然，也有公司非常重视评级，如 Grafton（1992）指出，也有机构把评级看得非常重要，以至于它们在制定内部方针时也依赖评级。如信托公司，它们非常依赖评级，一些受托人根据条款被限制将其资金投到某个指定评级或该级以上的证券上。Harold（1938）说，甚至有一些信托机构基于正式签署的信用评级限制允许投资的范围。然而，这些机构却都并非 20 世纪 30 年代的投资市场中的主要角色。

但是，Harold（1938）表示，大的保险公司并不重视评级，它们更多地依赖自己的分析师，保险公司相信它们的观点已经考虑了最近的、更高质量的信息。当然，它们也不是完全忽视评级，在大的保险公司，也会考虑评级信息，主要是因为，评级被认为具有"公认的宣传价值"。因为，由于 RDRs 的存在，评级和评级机构的地位都有所提高，良好的评级甚至成为了对证券品质的宣传工具，从而会影响到这只证券的市场畅销性。

20 世纪 30 年代早期，市场价格经常受到评级变化的影响，产生波动。然而，与此相比较，Osterhus（1931）指出，在 20 世纪 30 年代期间评级机构重要性增加的同时，学术研究及轶事证据却都表明，评级的变化的影响像其对被评级债券的价格变化的影响那样，趋于平淡。这也从另一个角度说明，评级重要性的增加，机构投资者对评级的关注，可能与评级的有效价值信息没有太大关系。至少市场中重要的机构投资者是被迫关注债券评级的，很重要的原因是由于 RDRs 的存在，根据 White（2007）的说法，因为债券发行人，如果希望其债券符合银行或保险公司的债券投资要求，那就不得不获得评级。而受 RDRs 监管的机构投资者们，更不用说，他们不得不关注评级，购买和持有符合 RDRs 监管要求的信用等级的证券，以免承担不利的监管后果。

虽然事实反映出，20 世纪 30 年代评级的变化对债券价格的影响越来越小，但毕竟这种影响还是存在的。或许可以再进一步考虑，在 20 世纪 30 年代的资本市场中，银行和保险公司是两大最重要的机构投资者，即使是现在，也没有机构可以与这两者的投资影响力抗衡。而那时，这两大机构投资者都是 RDRs 的监管对象，如果债券的评级一旦发生变化，那么，一方面，会影响到它们是否会做出购买的决策；另一方面，如果这只债券本身是它们所持有的债券,而其评级下调至投资级以下时,显然这两大机构最可能的选择是将其持有的债券尽快变现,而考虑到它们投资资金量的影响,评级的变化对这两大受监管机构的投资决策的影响,显然也足以影响债券的价格。因此,即使是在评级的变化对债券价格产生影响的原因之中,RDRs 也应当是很重要的原因。

3. 业务覆盖范围迅速扩大

评级变化的大潮,仅就覆盖范围而言,发生在 1924~1935 年期间。那时,以票面价值计,超过全部直接发行的未清偿公司债券的 98% 有信用评级。当时,公开发行的四种主要的公司债券分别是直募债券(Straight Issues)、收入债券(Income Issues)、设备债券(Equipment Issues)和其他债券。其中,直募债券是指那些有固定息票和单一到期日的债券,它们是机构评级的主要对象。收入债券,类似于普通股,由于它们没有明确承诺收益和到期日,因而可以自动展期。设备债券则通常是分期偿还的。而采用私募方式发行(Private Placements)的债券则通常不被机构评级。表 2-6 给出了 1924~1939 年,未评级债券面值占各自债券面值总额的四年期百分比。[①]

表 2-6　1924~1939 年未评级债券面值占各自债券面值总额的四年期百分比

时间	全部债券(%)	铁路债券(%)	公用事务债券(%)	工业债券(%)
1924~1927	1.2	0.1	0.4	3.1
1928~1931	3.4	0.9	0.7	11.2
1932~1935	6.8	9.7	2.6	14.2
1936~1939	3.3	1.2	1.3	8.0

从表 2-6 中的数据可以看出,1924~1927 年时,全部未评级债券所占的百分比为 1.2%,各领域的未评级债券所占的百分比也都相对较低。在经济危机期间,这一比例有所上升,应当与评级机构在经济危机期间由于大量评级被降级而信誉受损有关。

还可以看出,在 RDRs 启用之后,1936~1939 年这一期间,未评级债券

---

① 数据来源于,Hickman, W. Braddock, *Corporate Bond Quality and Investment Performance*, Princeton University Press, 1958.

面值占全部债券面值总额的比例则大大降低，多数债券开始载有信用评级。与 1928~1931 年这一个四年期相比，1932~1935 年这一个四年期中，未评级债券数量则出现了跳跃性的增长，之后的 1936~1939 年这个四年期，则维持上一个四年期的评级状况。这些无疑都说明，从 1935 年起，自 RDRs 兴起之后，评级更受重视，无论是投资者需求的增加，还是 RDRs 监管导致的需求的增加，都使得评级机构愿意为更多的债券评级（长期里，没有需求，评级机构不会承担成本为更多债券评级）。对于公开市场中未评级债券的数量相对来说越来越少这一现象，在没有其他因素可以解释这一现象的情况下，RDRs 的出台，无疑是个很好的解释。RDRs 的出台，解释了为什么评级更受重视，以及评级业务量增长的重要原因。

Hickman（1958）曾经描述过一个现象，当时以票面价值计，总计占全部债券面值相当大比例的债券，是评级为Ⅰ~Ⅳ级的债券，例如，1936~1939 年这一比例为 62%，这些高评级债券和债务人资产大于 2 亿美元的债券构成了纽约证券市场的上市债券。导致这种现象产生的一个原因，可能是因为，这一时期铁路债券在全部债券票面价值中仍占相当大的比例，而铁路债券是典型的长期债券，如果在评级为Ⅰ~Ⅳ级的债券中，铁路债券占比较大，而在存续期间这些债券又未被降至这一级别以下，或虽有降级但又回升至这一信用等级，那么这就会意味着在Ⅰ~Ⅳ级债券中，有一定比例的债券长期里未清偿；这一特点也会导致从数据上来看，评级为Ⅰ~Ⅳ级的债券的市场占比会由于此类债券中长期债券占比较高的原因，而略大于评级为Ⅴ~Ⅸ级的债券的市场占比①。

4. RDRs 刺激下评级产生短暂繁荣

20 世纪 30 年代"大萧条"过后，投资者风险意识提高、评级需求增加，以及金融监管者们对评级行业的监管需求增加，这些力量带动了危机后评级的发展。

第一个方面，由于 20 世纪 30 年代 RDRs 之中并不存在对评级行业的准入限制，因而 30 年代危机过后，随着评级重要性的增加、评级市场的扩大，也促使了一批较有影响的新评级公司的诞生。如 1933 年，达夫菲尔普斯评级公司（Duff & Phelps Co.）成立。同年，"Dun & Co."与"Bradstreet

---

① 中长期债券被评为Ⅰ~Ⅳ级的占比较高，清偿期又较长，加上每年新发行的Ⅰ~Ⅳ级债券的数量，从而使Ⅰ~Ⅳ级未偿债券的总量大于Ⅴ~Ⅸ级债券。

Co."合并成立邓白氏公司（Dun & Bradstreet Co.）。

第二个方面，20世纪30年代前，评级机构并不对发行前的债券评级，从市场来看，Harold（1938）指出，说明这一问题的一个标志是，那时的信用评级只对二级市场的证券有价值，而对初级市场新发行的债券则没什么价值（评级机构的信息本该在那儿更有价值）。然而，这种状况却在20世纪30年代的RDRs启用后，彻底改变了。

第三个方面，评级机构进一步扩大了其评级业务，到1935年、1936年，评级债券的面值占全部债券面值的比例进一步增大。如1933年、1934年，受"大萧条"影响，评级机构评级的未偿债券面值占全部未偿债券面值的比例下跌为84.3%，而到1935年时，这一比例则增长至96.4%，1936年，这一数字更是突飞猛进地增长为98.8%，创造了"大萧条"发生以来，机构评级的未偿债券面值占全部未偿债券面值比例的最高值。

Hickman（1958）研究指出，由于1930~1940年期间违约现象非常之多，并遍及各地，结果导致，自1928年开始，每个四年期里都有很大比例的高等级债券被降级，却几乎没有低等级债券升级。他指出，这一时期出现了一个非常有意思的现象，评级机构也开始特别警告投资者，不要将评级作为考查债券是否具有投资吸引力的指导。为此，可以再回顾一下，19世纪末、20世纪初Moody创建评级业务时的初衷，让Moody放弃直接利用这些信用信息赚取短期利益，而考虑采用信用评级销售这类信息的模式以赚取长期利益的最重要原因。首先，他是基于投资者能够利用评级指引投资而赚钱的最根本理念创造了信用评级；其次，正是由于评级可以作为投资者的投资指引，他们才愿意购买这个产品，使评级有了市场需求。然而，在诸多RDRs出现之后，可能信用评级这一产品不会再面临没有需求的困境了，因此，评级机构已经可以警告投资者，不要把信用评级作为投资的指导。那么，评级的价值究竟是什么呢？如果评级不适宜作为投资的指引，Moody创造评级的价值又何在？

六、早期机构评级之外的债券评估方式

Sylla（2002）说，Hickman的工作对我们来说，一个很有用的方面是，他依据作为"未来质量"度量措施的三种不同形式的评级来分析债券市场经历，这对投资者而言可能是有用的。这三种评级分别是：第一，独立的

机构评级，这种评级的结果是穆迪、标普（或其两个前身标准和普尔）、惠誉三家机构评级的复合均值；第二，美国缅因州、马萨诸塞州和纽约州的监管当局认可的对储蓄银行的法定投资列表（Legal Investment Lists）①；第三，依据特定债券的收益价差超过同期一个公司债券的"基本"或最低收益做出的市场评级（Market Rating）。Sylla（2002）还指出，这三种"未来质量"度量措施在那一时期，从预言较小的违约或较大的违约两个方面来说，执行结果都非常好，并权衡了风险与回报（即违约风险越大，收益越大）。

1. 法定投资列表（Legal List）

1931年以后，其他包含信用评级的条例迅速产生。许多州银行监管者在此后几年陆续接纳了货币监理署（OCC）的监管模式。不少州指定特定的债券为储蓄银行和信托基金的"合法"投资债券。Harold（1938）认为，这些RDRs使储蓄银行和信托基金的大量资金被迫投入购买这样的合格证券——被认可"合法"的证券；相反地，储蓄银行和信托基金不能购买之前它们曾购买过的，也本来可能会购买的证券，甚至包括一些炙手可热的高评级证券，因为这些证券未被指定为"合法"的证券。

Hickman（1958）指出，虽然法定投资列表（Legal Lists）的声誉后来有所下降，但直到1958年时它们仍然被缅因州、马萨诸塞州和纽约州等地的许多储蓄银行以外的投资者参考。

2. 市场评级（Market Ratings）

市场评级，一般是通过每日报价，以预期品质为序不间断地对公司债券进行排名。市场评级通常以简单的收益价差，或以某一特定证券在某一特定日期承诺的到期收益与具有相同到期日的非常好的公司债券的承诺收益之间的代数差来反映这种排名（或等级）。

Marshall、Pigou、Lavington及许多其他经济学家认为，市场评级是以收益的风险溢价为基础的评价（Hickmam，1958）。

3. 机构评级与法定投资列表、市场评级

Hickman（1958）认为，上述三种证券预期品质的考察手段，都能够有效地排列违约风险。预期品质与违约率的负相关，在采用机构评级、法定投资列表（Legal List）、市场评级及其他的品质考察手段时，几乎反映一致。

他举例说，例如，机构评级和市场评级都曾深刻地反映1929~1932年

---

① 即政府以法律形式确定的评级。

的经济衰退,其中,市场评级的净降级数量攀升至 1930 年的 30 亿美元和 1931 年的 71 亿美元,机构评级的净降级数量在 1930 年和 1931 年均超过 30 亿美元。

通过比较,还可以发现三种证券品质的评估手段,存在几个有意思的不同。Hickman（1958）研究的大多数时间系列中的数据显示,市场评级（Market Ratings）比机构评级（Agency Ratings）和法定投资列表（Legal List）更不稳定,从这一意义上观察,可以看到,全部未偿债券中,在给定时间段开始时被市场评级评为高等级债券,在该时间段结束时仍被市场评级评为高等级债券的债券比例,低于基于法定投资列表和机构评级中相应的比例。这是因为,市场评级对债券市场情况极其敏感。

Hickman（1958）说,市场评级是如此的敏感,以至于市场评级通常比其他评级更能迅速反映债务人的信誉变化。表 2-7 给出了 1900~1943 年期间债券的违约率的相关数据。[①]

表 2-7　1900~1943 年债券在存续期的违约率、收益、损失率

机构评级	违约率（%）	承诺收益（%）	实现收益（%）	损失率（%）
Ⅰ	5.9	4.5	5.1	-0.6
Ⅱ	6.0	4.6	5.0	-0.4
Ⅲ	13.4	4.9	5.0	-0.1
Ⅳ	19.1	5.4	5.7	-0.3
Ⅴ~Ⅸ	42.4	9.5	8.6	0.9
未评级	28.6	4.8	4.6	0.2
法定列表	**违约率（%）**	**承诺收益（%）**	**实现收益（%）**	**损失率（%）**
缅因州列表中的债券	7.1	4.0	4.9	-0.9
不在缅因州列表中的债券	19.2	5.5	5.5	0.0
马萨诸塞州列表中的债券	7.6	4.0	4.7	-0.7
不在马萨诸塞州列表中的债券	18.5	5.4	5.5	-0.1
纽约州列表中的债券	9.0	4.0	4.5	-0.5
不在纽约州列表中的债券	18.8	5.5	5.5	0.0

---

① Hickman, W. Braddock, *Corporate Bond Quality and Investment Performance*, Princeton University Press, 1958.

第二章 RDRs影响下美国评级发展的典型阶段

续表

市场评级	违约率（%）	承诺收益（%）	实现收益（%）	损失率（%）
低于0.5	10.5	3.8	3.9	-0.1
0.5~1	13.9	4.5	4.7	-0.2
1~2	20.7	5.4	5.5	-0.1
2或更高	32.4	9.3	9.5	-0.2

表2-7第一栏的数据是发行时的复合评级、发行时的法定投资列表（Legal List）和市场评级对应的存续期间违约率。存续期间违约率是质量的可追溯的考察手段：代表以票面价值计，每一个预期质量类别中，在发行后清偿前的任意时间，违约债券占全部债券的比例。

第三节 20世纪40年代起RDRs影响弱化：评级发展的停滞阶段

20世纪30年代的经济危机，为评级带来了发展的转机，随着RDRs的启用和危机后投资者风险意识的提高，使得两次世界大战期间评级经历了迅速扩张。然而，Partnoy（2001）指出，评级在这一阶段的发展却非常短暂；Moreau（2009）认为，到20世纪30年代末评级就又迎来了困难时期。虽然这非常令人困惑，但是历史的确又一次重演，① 经济危机过后，一方面，资本市场状况变化，投资者评级需求减少；另一方面，更重要的是，RDRs监管放大了资本市场因素对评级的影响，从而使RDRs在30年代的影响被极大地弱化。Crochett、Harris、Mishkin和White（2004）说，到20世纪40年代和50年代，评级机构的影响力下降，评级的发展进入停滞阶段，开始了徘徊，直到60年代末70年代初才又重获生机。

一、高等级债券规模滞后使RDRs影响弱化

20世纪30年代末40年代初时，在美国资本市场上，高等级债券规模

---

① 有些类似于在1907年经济恐慌中，评级业经历了诞生和初步发展，之后便归于沉寂。

相对于市场对高等级债券的投资需求来说，严重滞后。虽然，简单而言，高等级债券规模滞后自身仅说明这一时期债券评级的业务规模相对缩小了，但是在 RDRs 监管下，这一资本市场特征的影响却并非如此简单。在 RDRs 监管下，诸多 RDRs 将高等级债券规模滞后的影响作用放大，并进而使 RDRs 的影响弱化。一方面，资本市场中高等级债券绝对规模变小，而受 RDRs 影响对此类债券的绝对需求却增加，由此引发的供需矛盾加重。而在此影响下，RDRs 限制投资对象的减少，会弱化 RDRs 的限制条款的市场影响力。另一方面，受制于 RDRs 监管，这些对高等级债券的需求，在缺少可选择的投资对象的情况下，会逃离受监管市场，同样会弱化 RDRs 监管条款对资本市场的影响力。

事实上，从美国债券市场的发展来看，即使在高等级债券①的相对和绝对规模处于持续的增长中的 1912~1928 年期间，市场上的高等级债券规模也不可能与市场对这些债券的投资需求相匹配。例如，1912~1928 年期间，未偿债券中前四个等级的债券规模扩张了 194%。然而，互助储蓄银行的存款数量在这一期间却翻了一番，也即增长了 200%；同时，Hickman（1958）指出，人寿保险公司的净储备②几乎增长了 400%。以这两大最重要的机构投资者的可投资资金规模的增长来看，高等级债券的增长规模远远难以与之匹配。正是因为这一时期，没有 RDRs 限制，于是这些机构投资者们，除了可以选择高等级债券之外，还可以适度投资"投机级"债券，以获得较高收益。

另外，根据美国资本市场的发展状况看，自 20 世纪 40 年代起，债务证券市场融资的比例整体降低，使得公开发行债券的绝对规模下降。图 2-2 给出了从 1945 年起，作为信用融资手段之一的债务证券的发展情况。③

从图 2-2 可以看出，自 20 世纪 40 年代开始，债务证券规模大幅下降。债券市场整体规模变小，使得高等级债券绝对减少。

Hickman（1958）的研究发现，1935 年后，高等级债券的相对规模和绝对规模开始持续萎缩，除了 1936 年、1938 年，高等级债券的占比超过 90% 以外，1935~1944 年期间，高等级债券的相对规模处于持续的下跌之中，

---

① 此处的高等级是 W. Braddock Hickman 所指复合评级的 I~IV 级。具体请参见 Hickman, W. Braddock, *Corporate Bond Quality and Investment Performance*, Princeton University Press, 1958.
② 净储备是指储备 + 累积股息 - 保险费付款通知单 - 债务。
③ 图表引自 Ludovic Moreau, A Century of Bond Ratings as a Business, July 2009.

以至于到 1944 年时，高等级债券（前四个等级）仅有 137 亿美元，仅占全部未偿债券的 60%。这一数字与 1928 年相比，说明高等级债券的规模近乎缩小了 40%。数据资料显示：1944 年，被评级的大规模债券中，67% 被评级为Ⅰ~Ⅳ级，而被评级的小规模债券中，这一数字却只有 39%。而与此相对应的是，1935~1944 年期间，主要类型的储蓄机构的可投资资金量却在不断扩张。

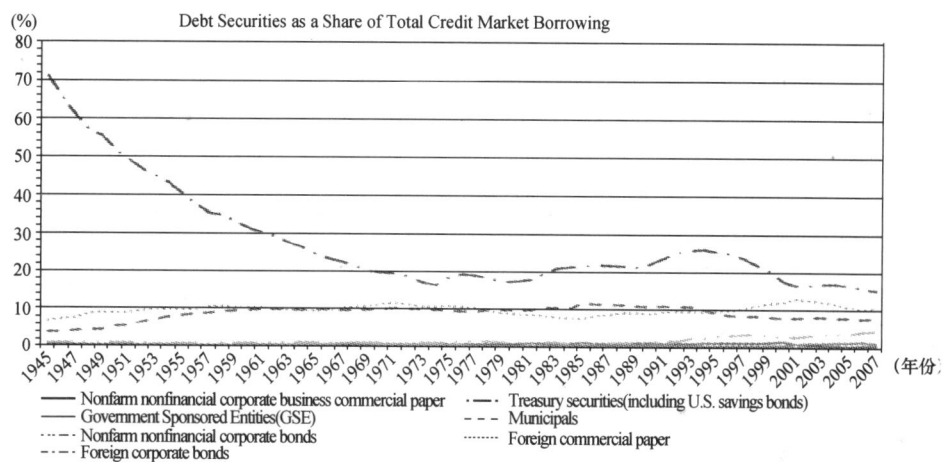

图 2-2　1945~2007 年信用市场中债务证券的发展

资料来源：Board of the Federal Reserve. Flow of Funds tabl L2.

如上述分析，如果没有 RDRs 的监管限制，那么高等级债券市场的绝对和相对的缩小这一事实，也仅能说明债券评级的业务规模相对缩小了，或是全部债券的整体品质下降了。高等级债券的供给与投资需求增长的不匹配，可以通过"投机级"债券的供给弥补。然而，自 20 世纪 30 年代兴起的 RDRs，通过直接限制，或者通过对"投资级"以下债券实行特殊的净资本计算办法限制受监管的机构投资者，投资"投资级"以下的债券。如此一来，不仅人为地增加了对高等级债券的投资需求，更使得对"投资级"债券的需求被刚性化。在高等级债券供给严重不足，而受监管的投资者又有大量资金受 RDRs 影响被限制投资"投机级"债券的情况下，受监管的机构投资者，在可投资的债券供给不足、RDRs 监管限制两方面的作用下，正如 Hickman（1958）指出的，选择了将相当可观数量的资金投入到政府债券市场、抵押市场，或投资于通常不被机构评级的直募金融产品，从而游离于 RDRs 监管之外。

受监管的机构投资者，受高等级债券供给不足及 RDRs 影响，在客观上，远离投资受限的债券市场，将更多资金投入到不受 RDRs 限制的市场之中，这种被 RDRs 监管限制的投资选择，无疑相当于弱化了 RDRs 对资本市场的影响力，也就弱化了 RDRs 对评级的影响，降低了对评级的关注度和市场需求。

二、投机级债券市场萎缩使 RDRs 影响弱化

Yago[①]说，"投机级"债券（Speculative Bonds）又被称做高收益债券（High-Yieldbonds，HY）或垃圾债券（Junk Bonds）。他指出，垃圾债券始发于 18 世纪 80 年代，垃圾债券市场的历史几乎和公共资本市场的历史一样悠久。事实上，在 20 世纪 30 年代的 RDRs 出台之前，机构投资者们也都投资 "BBB" 级以下的债券。

而受 20 世纪 30 年代 RDRs 的影响，"投机级"债券市场一度低迷、萎缩，甚至消失。RDRs 出台之后的一段时间里，Yago[②]指出，那时公共市场中新发行的债券，都是投资级以上的债券。市场中仅有的投机级债券，基本上都是原来发行时被评为"投资级"以上信用等级的"折翼天使"；均是因发行之后发行人财务状况恶化，被降级为投机级的债券。投机级债券市场的萎缩可以直接归因于 RDRs 监管，因为，RDRs 极大地限制了投机级债券的市场空间，并大大削弱了投机级债券的流动性。对投机级债券的市场需求减少，降低了投机级债券发行人的发行积极性，在这两方面作用的交互影响下，投机级债券市场严重萎缩。

然而，投机级债券市场的萎缩，甚至消失，又反作用于市场，使 RDRs 的监管效力弱化。一方面，当公共市场中交易的债券几乎都是投资级以上的债券时，自然弱化了投资者和监管者对信用评级的关注；另一方面，投机级债券市场的萎缩，也说明在现实中，受监管的投资者几乎不可能投资于投机级债券，无论对监管者还是受监管的投资者来说，RDRs 监管也就显

[①②] Glenn Yago, Junk Bond, The Concise Encyclopedia of Economics, http://www.econlib.org/library/Enc/Junk-Bonds.html.

得不那么重要了，当不存在被禁止的投资对象时，RDRs 监管也就失去了原有的光芒。这种现状从一定程度上弱化了 RDRs 对市场的划分和限制所带来的影响，当然也弱化了 RDRs 对评级的影响。

三、违约率下降、直募增加均使 RDRs 影响弱化

美国经济经历了"大萧条"的复苏之后，进入了一个较长时间的发展阶段。与 1930~1940 年期间广泛存在的违约现象相比，Hickman（1958）发现，从 1940 年起，到美国参加第二次世界大战前，无论是铁路工业、公用事业，还是工业债券都有良好的表现。Crochett、Harris、Mishkin 和 White（2004）研究认为，那一时期，债券价格相对稳定，几乎没有违约。这种市场的美好，不仅降低了投资者对评级的关注度，也降低了监管者对评级的关注度，导致 20 世纪 40 年代和 50 年代评级被关注程度降低。从另一个角度来看，经济的高涨，违约率的下降，当然还包括平稳的债券价格，这些因素无疑也都降低了信用评级对资本市场的影响。这两个方面应当都是 RDRs 对资本市场和评级影响力下降的重要原因之一，Partnoy（1999）曾把这一阶段描述为评级机构的艰苦期和紧缩期。

从历史来看，这一期间也鲜有新的 RDRs 出台，并且这一时期垃圾债券市场仍处于"消失"状态。这两点反映出 20 世纪 30 年代 RDRs 对资本市场的不当影响在这一时期被弱化，必然也弱化了 RDRs 对评级发展的影响。

另外，据估计自 1900~1930 年，全部以私募方式发行的债务证券只占全部债务证券的不到 35%，① 而 Atkinson（1967）指出，在 1948~1965 年期间，半数的债务证券通过私募方式发行。前文曾指出，私募方式发行的债券，通常无需评级机构进行信用评级。因此，诸多的债券改为私募发行，无论是规避 RDRs 监管，还是只是因为经济状态的良好，使私募发行变得容易，发行人可以节约更多发行成本，无论是哪种原因，私募发行的增加应该也是导致评级业务量减少、评级在这一阶段发展缓慢的原因之一。

---

① Proposed SEC Rule 146：The Quest for Objectivity.

四、评级进入停滞发展期

可以再从评级业务规模的变化来具体研究评级在这一时期的发展。表2-8给出了1934~1943年期间，评级机构评级的债券面值占全部债券总面值的百分比。①

表2-8　1934~1943年评级机构评级的债券面值所占百分比

年份	全部债券面值（百万美元）	有评级债券面值所占百分比（%）
1934	581.3	84.3
1935	2314.9	96.4
1936	3666.1	98.8
1937	1561.6	97.5
1938	1960.1	94.2
1939	2213.1	95.0
1940	2416.4	86.4
1941	2005.2	72.6
1942	897.7	69.4
1943	809.5	71.3

从表2-8可以看到，自1936~1939年期间，评级机构评级的债券面值均占到全部债券面值的94%以上，而自1940年起，这一比例则开始下降，1943年则跌至71.3%，说明自1939年之后，评级的发展的确出现了一个拐点。

再来看看不被评级机构评级的债券的相关数据。表2-9给出了20世纪30年代"大萧条"前至1943年期间，主要类型债券市场中，未评级债券面值占各自债券面值总额的四年期百分比情况。②

---

①② 数据来源于，Hickman W. Braddock, *Corporate Bond Quality and Investment Performance*, Princeton University Press, 1958.

第二章 RDRs影响下美国评级发展的典型阶段

表2-9 1924~1943年未评级债券面值占各自债券面值总额的四年期百分比

时间	全部债券（%）	铁路债券（%）	公用事业债券（%）	工业债券（%）
1924~1927	1.2	0.1	0.4	3.1
1928~1931	3.4	0.9	0.7	11.2
1932~1935	6.8	9.7	2.6	14.2
1936~1939	3.3	1.2	1.3	8.0
1940~1943	22.6	4.0	17.9	39.7

从表2-9中的数据可以看出，1924~1927年时，全部未评级债券的百分比为1.2%，各领域的未评级债券的比例也都相对较低。在经济危机期间，这一比例有所上升，与评级机构在经济危机期间由于大量评级被降级而信誉受损应当有关。但是，在1936~1939年，这一比例则大大降低，并在1932~1935年的四年期与1936~1939年的四年期之间形成了跳跃性的降低，这无疑与1935年RDRs的兴起有关，RDRs颁布之后，主要受金融监管的要求，更多的债券被评级。

到1940~1943年时，未评级债券的比例则骤然升高，这不仅是与RDRs的直接影响弱化有关，还应当与受RDRs的投资限制要求，更多债券转向私募发行（无需评级机构评级）有关。但无论如何，这一时期评级业务的覆盖显然降低。

当然，债券市场的平稳，违约率的下降，无疑也降低了投资者的风险意识。因此，当美国经济在"大萧条"过去再度步入高涨之后，在投资者风险意识下降和RDRs影响弱化的双重影响下，评级的发展就再度步入到徘徊状态。

对此，Partony（1999）还认为，20世纪30年代初之后，评级机构的衰退的部分原因，可能也是它们不能生产有价值的、准确的信息。

第四节 20世纪70年代后RDRs的深化：评级的第二个迅速发展阶段

20世纪30年代的"大萧条"之后，凯恩斯主义的兴起为解决当时空前严重的危机与失业问题，提供了新思路，凯恩斯本人也因此被誉为"大萧条"的终结者。在政府干预经济等措施影响下，美国经济逐步复苏。之后，第二次世界大战又极大地改变了世界经济格局，第二次世界大战后，美国经济迅速崛起。从第二次世界大战结束到 20 世纪 60 年代初期，美国经济始终处于大大小小的经济波动之中，1961～1969 年美国经济则进入了一个罕见的持续（超过 104 个月）高速增长期。国民生产总值和工业生产年平均增长率分别达到 4.3% 和 5.8%。1960 年，美国国民生产总值为 5037 亿美元，1970 年则上升到 9741 亿美元。

然而，美国经济的高速增长并未能在 20 世纪 70 年代得以继续。由于越南战争耗资巨大，加上在凯恩斯的政府干预经济政策指导下，长期赤字财政政策的负面影响逐渐显现，美国的国际收支恶化，通货膨胀不断加重。1971 年美国出现了 19 世纪以来的第一次外贸逆差，美国国际收支状况的恶化，致使不少政府机构将持有的美元兑换成黄金，投机商更是大量抛出美元。为了应付外汇市场大量的美元抛售、抢购黄金和德国马克等所引起的美元危机，防止美国黄金储备枯竭，改善外汇收支状况及应对通胀，1971 年 8 月尼克松政府宣布，暂停按照布雷顿森林体系的规定以每盎司黄金换 35 美元的价格给美元持有国兑换黄金的承诺。至此，以美元为中心的布雷顿森林货币体系瓦解。然而，这未能终止危机的发展，随之而来的石油危机引发了美国第三次银行危机，不仅使美国进一步深陷滞胀的泥潭，还将危机蔓延到其他西方国家，由此引发了更大面积的危机，结束了世界经济长达 20 多年的"黄金"发展期。

一、危机前评级的基本状况

20 世纪 60 年代，美国经济曾迎来了一个迅速增长期。一方面，始于第二次世界大战后的商业票据市场在这一时期增长迅速，Cantor 和 Packer（1995）认为，投资者的信用风险意识依然不高，大多数投资者仍处于那种可以信任任何一个知道名字的公司发行的商业票据的状态，他们倾向于假定，只要一家公司的名字"家喻户晓"，那么，其信用风险就应该是可接受的。他们指出，那时商业票据的发行也几乎完全不必考虑信用质量。另一方面，在第二次世界大战后诸多公司的收益变得更稳定也更高的情况下，有了更多可用于投资的内部资金。再者，由于市场的稳定，市场融资在一定程度上被机构融资所取代。正如 Sylla（2002）所述，之前多通过发行债券融资的商业银行也改为通过长期借款融资。加上，20世纪70年代初，商业票据市场已形成规模，债券和票据因其高效且成本低廉而逐渐成为受政府和企业青睐的融资手段。债券和票据市场变得更加活跃。

虽然投资者仍然未足够重视这些商业票据的信用质量，但是随着公司债券市场的活跃性增加，在1969~1971年时，公司债券的价格波动及信用价差波动也达到了一个小高峰，这在一定程度上提升了投资者对评级的关注。评级业务范围在这一阶段也开始新一轮的扩张，穆迪公司（Moody's）开始对商业票据和银行存款评级。

并且，1970年美国国民抵押协会进行了金融创新，他们开始以抵押贷款组合为基础资产，发行抵押支持证券——房贷转付证券，顺利地完成了第一笔资产证券化交易。自此之后，资产证券化很快被广泛应用于各个领域，证券化资产的信用评级也成为了评级机构最重要的业务领域。

二、评级在20世纪70年代危机中的表现

Partnoy（2001）认为，1940~1973年期间，监管许可没什么增长，RDRs也没有太大变化，没有新增RDRs。同时，像上面讲到的，评级也未能变得更加重要或有价值。当然，评级在经历了20世纪40年代和50年代几乎停滞式的发展后，Crochett、Harris、Mishkin和White（2004）认为，到了60年代和70年代，当利率波动和信用价差波动变得活跃时，这种状况有了改观；另外，这一时期的业务规模也开始增长。

Partnoy（2001）指出，当1970年宾州中央铁路公司（Penn Central）的8200万美元的商业票据违约时，投资者开始要求更复杂水平的风险研究；评级机构由于当时规模依然相对较小，并且没有实质性的信誉资本，尤其是在其未能预警这次违约的情况下，不具备满足投资者这一需求的条件。

1971年，美国国际收支状况恶化，布雷顿森林体系解体；受1973年信用危机冲击、对越战争经费致使财政支出剧增，和国内经济高通胀、高税率几个方面的影响，美国经济于1974年进入严重衰退。与之前的经济危机的明显区别是，在这一次经济危机中，破产倒闭的不仅有一般工商企业，也有市政部门和信用较好的企业，甚至有最高信用等级的企业。如宾州中央铁路公司（Penn Central）在倒闭前，其发行的商业票据被评级机构评为

最高信用等级。

Wigmore（1990）及许多其他研究者发现，公司债券，尤其是那些投机级债券的总体违约率在20世纪70~80年代大大上升。Blume、Lim和MacKinlay（1998）则认为，信用评级机构实际上过分强调了它们的评级标准，而正如Lucas和Lonski（1992）报道的那样，正是那些评级标准导致了20世纪80年代后期信用等级下降数目的大幅增长。Chunsheng Zhou（2001）认为，1971~1981年期间，全部被评级的公司的一年期平均违约率为0.30%。

当然，20世纪70年代和80年代债券的总体违约率的上升，在某种程度上也与垃圾债券市场的迅速扩张有关。受自20世纪30年代兴起的RDRs的影响，低于投资级的债券市场一度低迷，但是自70年代起，该市场有所进展，80年代更是进入了一个发展的小高峰。此类债券的违约率相对较高，因此，在对这一时期违约率的计算中可能也受到这一因素的影响，违约率有所增高。

Pinches和Singleton（1978）通过对1950~1972年期间的207只公司债券评级的变化的研究，发现评级的变化产生的信息几乎没有或完全没有价值。他们认为，这些变化仅能反映已经反映到股票市场价格里的那些评级发生变化的公司大约一年到一年半以前的信息。换言之，股票市场价格基于新信息变化与相应的债券评级变化之间的时滞超过一年。①

Picnhes和Mingo（1973）及Reilly和Joehnk②（1976）均列举了当时媒体对评级机构表现的关注，他们指出，在这一时期的金融杂志上，有不少关于信用评级变化对市场价格影响的研究，其部分原因，也是因为这一时期评级机构的表现太糟糕了。

Pinches和Singleton（1978）说，近年来，债券评级机构面临越来越多的审视，因为它们明显未能提供准确的风险预报，没能对即将发生的与公司相关的财务困难预警。例如，它们并未能就宾州中央铁路公司（Penn Central）破产向投资者提出警告，甚至在Penn Central申请破产前夕，国家信用评级办公室（The National Credit Office）还给予了其最高的短期评级。

---

① Not surprisingly, investors could not profit by acting upon the announcement of a change in ratings, because the market already had discounted such information. See Pinches & J. Clay Singleton, 1978.

② George E. Piches & Kent A. Mingo, "A Multivariate Analysis of Industrial Bond Ratings," 28 J. FIN. 1 (1973); Frank K. Reilly & Michael D. Joehnk, "The Association Between Market – Dominated Risk Measures for Bonds and Bond Ratings", 31 J. FIN. 1387 (1976).

三、Penn Central 破产诱使 RDRs 的深化

美国证券交易委员会（SEC）的工作之一就是计算为保证证券经纪商（Brock-Dealer）的安全，它们应当保持的资本数量。它希望经纪商持有足够的资本，以防范风险。Bonewitz（2010）指出，正是基于这个原因，美国证券交易委员会（SEC）才想要限制经纪商对风险资本的持有。

为此，1973年，美国证券交易委员会（SEC）根据《1934年证券交易法》，提议修订经纪人/交易商的最低净资本规则，即 Rule 15c3-1。Jeffery 和 Posner（2010）指出：首先，美国证券交易委员会（SEC）希望其提出的对经纪商的净资本要求对经纪商所持有的资产组合的风险敏感。于是，美国证券交易委员会（SEC）效仿了其他引入 RDRs 的金融监管者，将评级引入了其对交易商的净资本监管规则之中，作为监管基准。其次，正如 Bonewitz（2010）所说的那样，与其他金融监管者相似，美国证券交易委员会（SEC）自己也缺乏评估信用风险的能力，于是，在 Rule 15c3-1 的修订中，美国证券交易委员会（SEC）将这一职责授权给了信用评级机构。在对 Rule 15c3-1 的修订中采用了信用评级作为风险指示器。

修订后的该规则要求，经纪商持有的商业票据、不可转换债券和不可转换优先股中有两家评级机构出具的"投资级"评级的金融工具，在计算净资本时，可享受一致的优惠待遇，即以账面价值计算；对经纪商持有的其他金融工具（没有两家评级机构出具的"投资级"评级的金融工具）则在计算净资本时，实施一定的"折扣"（Haircut）。从而在计算经纪商的净资本时，将评级机构的信用评级嵌入了监管规则。所谓"折扣"是指，在计算要求经纪商持有的净资产时，要求经纪商对其持有的某一金融资产的市场价值扣除的百分比。基于经纪商持有的证券的信用评级，Rule 15c3-1 规定了不同档次的"折扣"[①]，具体采用哪一档次的折扣则要依据评级机构的信用评级而定。

然而，美国证券交易委员会（SEC）与其他金融监管者们的不同在于，它注意到了宾州中央铁路公司（Penn Central）破产案。这一破产案曾震惊了持有大量宾州中央铁路公司（Penn Central）的商业票据的华尔街经纪商

---

① 17 C.F.R. § 240.15c3-1 (1998).

们。Fight（2004）曾指出，当时穆迪的母公司邓白氏的另一个子公司——国家信用办公室（The National Credit Office）对宾州中央铁路公司（Penn Central）商业票据的评级为其最高的短期评级。而宾州中央铁路公司（Penn Central）还有超过600只未清偿的商业票据有评级，并且这些商业票据全部都被评为短期评级中最高的信用级别。他说，正是对宾州中央铁路公司（Penn Central）危机的恐慌，使美国证券交易委员会（SEC）考虑到，在商业票据市场中，相互竞争的标普和穆迪在它们的商业票据评级中都应用过一个信用排列系统，但是这个系统并未广泛流行，原因是当国家信用办公室给予了被评级证券最优评级时，任何发行人都不愿意选择一个给出更低信用等级的评级（标普和穆迪曾用过的信用排列系统做出的信用评级低于国家信用办公室给出的评级）。这一事实使美国证券交易委员会（SEC）意识到，不同的评级机构之间评级质量可能相差千里。

并且，像Jeffery和Posner（2010）所说的那样，美国证券交易委员会（SEC）也很担心，20世纪30年代的监管规则中，对监管中依据的信用评级，仅规定依据"认可的评级手册"，而所谓的"认可的评级手册"这一规定太过模糊。而市场中那些"伪造"评级公司，又可能对那些评级本应为"DDD"级的公司承诺，给予它们"AAA"级评级。这样一来，监管规则中所谓的"认可的评级手册"这一模糊规定，不能直接排除对那些"伪造"评级公司出具的信用评级的依赖，如果经纪商选择声称那些公司出具的评级也是"认可的"，那么，美国证券交易委员会（SEC）对此就会难以确定。

正如White（2002）所说的，美国证券交易委员会（SEC）认为，如果缺乏任何对评级机构能力的证明，就无法阻止"伪造"评级公司的评级在监管中应用，而这些公司又可以在任何时间，任意地提供"投资级"评级给任何证券。而这种状态，显然不利于RDRs监管目的的实现，甚至会导致监管目标完全无法实现。因此，如果不阻止"伪造"评级公司的评级在监管中的应用，那么RDRs监管就会形同虚设。于是，作为对信用危机之后"伪造"评级的回应，美国证券交易委员会（SEC）在两年后，也即1975年，在15c3-1规则1973年修订稿的基础上，在该规则公布之前，将其对评级机构能力的认可条款，嵌入到规则15c3-1之中，规定"折扣"规则所采用的信用评级必须是国家认可统计评级机构（NRSROs）出具的评级。

正如White（2007）所述，美国证券交易委员会（SEC）在其公布的规则 15c3－1① 中，创造出一个全新的监管分类：国家认可统计评级机构（NRSRO），并规定美国证券交易委员会（SEC）有权认可特定的评级机构为国家认可统计评级机构（NRSRO）。② 自此，国家认可统计评级机构（NRSROs）签署的信用评级成为了美国证券交易委员会（SEC）金融监管的基准，并由此成为其他无数 RDRs 的基准。但是，并没有任何规则中显示这一术语的明确定义。Rule 15c3－1 采用了国家认可统计评级机构（NRSRO）这一术语，但并没有对其做出定义，而其他规则则都是简单地在参考 Rule 15c3－1。③

可以说，规则 15c3－1 是第一个将国家认可统计评级机构（NRSRO）的概念引入了金融监管规则，将国家认可统计评级机构（NRSROs）签署的信用评级纳入联邦证券监管法律体系。该规则提出，根据国家认可统计评级机构（NRSROs）对金融资产所签署的信用等级的不同，适用不同的折扣比率。此后，诸多金融监管者，基于 20 世纪 70 年代初期经济危机的经验，也都认为，由于投资者对信用评级的依赖会使评级本身的质量风险被市场放大，进而增加投资者风险和经济波动的风险，因而，有必要淘汰那些评级质量较差的评级机构，而以评级结果准确性高、评级质量好的机构的评级作为监管的基准。故此，很多将国家认可统计评级机构（NRSROs）签署的信用评级纳入金融监管的规章、条例迅速地在联邦和各州立法中被广泛应用，国家认可统计评级机构（NRSROs）的信用评级成为了重要的金融监管基准。

所谓的国家认可统计评级机构（NRSRO），是指那些被认为是评级准确性高、评级质量好的信用评级机构。在 20 世纪 70 年代危机的背景下，穆迪、标普和惠誉三家评级机构，因其卓越的市场表现，而于 1975 年被美国证券交易委员会（SEC）认定为首批国家认可统计评级机构（NRSROs）。其他金融监管者，则只是在监管中引用了国家认可统计评级机构（NRSRO）的评级。

自此，金融监管开始了对国家认可统计评级机构（NRSROs）评级的严重依赖。

---

① 17 C. F. R. § 240. 15c3－1.

② Notice of Revision Proposed Amendments to Rule 15c3－1 under *the Securities Exchange Act of* 1934, Release No. 34－10, 525, 1973 SEC LEXIS 2309 (Nov. 29, 1973).

③ 17 C. F. R. 270. 2a－7, Rule 2a－7, defining the term "as that term is used in Rule 15c3－1".

四、RDRs 的深化

美国证券交易委员会（SEC）在修订 Rule 15c3 - 1 时确立的对特定股票经纪人的"折扣（Haircut）规则"，首次引入了"国家认可统计评级机构"（NRSROs）的信用评级，① 规定"折扣规则"中所采用的信用评级，必须是国家认可统计评级机构（NRSROs）出具的评级。由此引发了金融监管中引用国家认可统计评级机构（NRSROs）评级的大潮。

1. 深化后的 RDRs

1973 年以后，在《1933 年证券法》之下总有以信用评级为监管基准的条例和规则发布，如 Rule 134 和 Rule 436，② 以及证券上市中 Form S - 3③、Forms F - 2、Forms F - 3、Form F - 9④等的应用。

此外，在《1934 年证券交易法》⑤、《1940 年投资公司法》⑥ 以及各种银行业管理规则中，⑦ 均有对"国家认可统计评级机构"（NRSRO）评级的监管应用。

1991 年，美国证券交易委员会（SEC）修订了 1983 年通过的条例 2a - 7 （Rule 2a - 7），要求货币市场基金对次级票据（Second - Tier Paper）的投资不得超过其资产的 5%，对任何特定次级票据发行人所发行的票据的投资，不得超过其资产的 1%。Crabbe 和 Post（1992）说，在条例 2a - 7 中，对所谓"次级票据"的定义，采用了国家认可统计评级机构（NRSROs）的评级作为定义基准，根据该规则规定，商业票据究竟是一级（First - Tier）还是次级（Second - Tier），取决于一家或多家国家认可统计

---

①④ 17 C. F. R. § 240. 15c3 - 1 (1998).

② Item 10 (c) of Regulation S - K.

③ Multijurisdictional Disclosure and Modifications to the Current Registration and Reporting System for Canadian Issuers (MJDS), Release No. 33 - 6902, 56 Fed. Reg. 30, 036 (1991).

⑤ Release No. 34 - 19, 565, 48 Fed. Reg. 10, 628 (1983). 对证券交易法中的 RDRs 分析，详见第四章第一节论述。

⑥ Release No. 33 - 6, 882, 56 Fed. Reg. 8113 (1991); also Release No. IC - 18, 736, 57 Fed. Reg. 23, 980 (1992).

⑦ 12 U. S. C. § 1831e (1996) (activities of savings associations); 12 U. S. C. § 4519 (1996) (authority to provide for review of enterprises by rating organization); 15 U. S. C. § 78c (41) (1996) (definition of the term "mortgage related security").

评级机构（NRSROs）对该票据签署的评级。修订案中以国家认可统计评级机构（NRSROs）的信用评级来定义商业票据的等级的做法，同样为国家认可统计评级机构（NRSROs）创造了监管许可。

《1933年证券法》中的 Rule 415，以及与之相关的对 Form S－3 和 Form F－3 的指引，均允许对至少有一家国家认可统计评级机构（NRSROs）的"投资级"信用评级的发行人，在不可转换债券发行过程中，可以采用 Form S－3 和 Form F－3 注册储架初次发行（To Register for the Shelf Primary Offering）。①

除美国证券交易委员会（SEC）在其金融监管规则中大量引入了国家认可统计评级机构（NRSROs）的信用评级作为监管基准之外，美国全国保险官协会（NAIC）是另一个大量引用评级作为监管基准的监管者。美国全国保险官协会（NAIC）的证券评估办公室（Securities Valuation Office，SVO）的主要使命，是为美国全国保险官协会（NAIC）的成员提供"关联价值表"（List of Association Values），也即对保险公司的证券的质量评分列表，并要求在保险公司准备年报时，使用这些关联价值表（Vigneron，1997）。

虽然证券评估办公室（SVO）自己的数据库中也包含有超过20万只证券，以及超过3万家发行人的数据信息，② 但其依然非常重视国家认可统计评级机构（NRSROs）的信用评级。主要体现在，美国全国保险官协会（NAIC）在计算证券的关联价值时，直接依据国家认可统计评级机构（NRSROs）的信用评级。通常美国全国保险官协会（NAIC）将国家认可统计评级机构（NRSROs）信用等级列表中多个信用级别统一归入一个 NAIC 等级，表2－10 给出了一些国家认可统计评级机构（NRSROs）的信用等级与美国全国保险官协会（NAIC）等级的对照（Vigneron，1997）。

保险公司应当根据美国全国保险官协会（NAIC）的 NAIC 评级，对其持有的证券套用特定的风险资本因子。风险资本因子越高，保险公司必须配备的资本也就越多，其持有该项证券的资本成本也相应地就会越高。例如，

---

① SEC Rule, 17 C. F. R. § 230.415 (2008).
② A Tradition of Consumer Protection, NAIC, 1995, at 8.

表 2-10 NRSROs 机构评级与 NAIC 等级的对照

信用等级	对应的 NAIC 等级
自 A3/A - 级至 Aaa/AAA 级	NAIC 1
自 Baa1/BBB + 级至 Baa3/BBB 级	NAIC 2
自 Ba1/BB + 级至 Ba3/BB - 级	NAIC 3
自 B1/B + 级至 B3/B - 级	NAIC 4
自 Caa/CCC 级至 C/C - 级	NAIC 5
D 级，已经违约或接近违约	NAIC 6

注：上述等级应当是一家或多家国家认可统计评级机构（NRSROs）签署的信用等级。

被评为 NAIC 1 级的证券被赋予一个低风险资本因子：美国直接债务（Direct U. S. Obligations）为 0.0%，他国证券为 0.3%。NAIC 2 级证券的风险资本因子为 1.0%，NAIC 3 级证券的风险资本因子为 2.0%，NAIC 4 级证券的风险资本因子为 4.5%，NAIC 5 级证券的风险资本因子为 10.0%，NAIC 6 级证券的风险资本因子为 30.0%。0.0% 的风险资本因子意味着保险公司不必为会计目的分配它的任何资本给这些债券（Vigneron，1997）。美国全国保险官协会（NAIC）针对购买非"投资级"债券修订了一个高资本收费立法，以阻止保险公司投资高收益私募债券。①

McGuire（1995）指出，保险公司为避免高资本收费，就必须投资"投资级"债券。Partnoy（1997）说，保险公司之所以必须经常参与曾经参与的那些以评级为驱动的交易，导致这种状态发生的重要原因在于，美国全国保险官协会（NAIC）对保险业的监管规则实质上依赖信用评级。

在这种保险监管体系下，McGuire（1995）指出，有证据表明，这一举措的结果导致，债券发行人愿意向评级机构支付额外费用以膨胀其债券的信用评级。他还说，如此一来，对保险公司监管中的 RDRs，最终导致信用评级机构销售权利，以帮助保险公司规避代价高昂的监管条例，而不是销售有价值的信息。

对此，2002 年美国参议院政府事务部的一个统计显示，至少 8 个联邦法律、47 个联邦监管规则，以及 100 个地方法律及监管规则，引用国家认

---

① 常为无评级的债券，其债券品质类似于投机级债券。

可统计评级机构（NRSROs）的评级作为监管基准。联邦层面的监管规则及立法，主要用于限制金融机构的证券投资，也有涉及教育、交通和电信等的规则。州层面的法律和规则，则主要用于限制州立或在该州注册的金融机构的证券投资。

由此可见，RDRs 已经辐射到金融市场的每一个子市场。Partnoy（1999）曾指出，事实上，自 1973 年以来，信用评级已被纳入各种实体领域的数以百计的条例（Rules）、公告（Releases）、规章（Regulations）之中，包括证券的（Securities）、养老金的（Pension）、银行业的（Banking）、不动产的（Real Estate）以及保险的金融监管规则。他认为，这些规则有效地授予了评级机构数以百计的非常有价值的监管许可。White（2005）也认为，以无数的 RDRs 形成的美国的金融监管网络，几乎覆盖了所有被监管的金融机构，如银行、保险公司、养老基金等。使得它们不得不在做出债券投资决策时，关注国家认可统计评级机构（NRSROs）的评级。

通过对欧洲与美国的金融监管的对比，Cooper（1989）说，在欧洲，不管是投资者还是发行人，都不像他们的美国同行那样依赖评级。尽管像 Bartlett et al.（1985）描述的那样，评级机构也在努力拓展其在美国之外的业务数量，但对国际债务的评级仍主要是针对美国投资者。他们认为，欧洲没有那种事实上是强迫公司获得评级的美国式的监管（即 RDRs 监管），欧洲的公司常常不愿增加麻烦，并支付费用去得到评级，尤其是当它们主要在国内市场融资时（不涉及美国投资者）。一个事实是，1989 年，与在美国市场上热火朝天的评级形势相比，标普评级的英国公司仅有 35 家。

2. RDRs 对评级影响的深化

与此前存在的 RDRs 相比较，进一步深化后的 RDRs，对评级的影响力更大，影响面也更加广泛。主要表现在以下几个方面：

第一，近年来随着 RDRs 授予国家认可统计评级机构（NRSRO）的监管许可的价值的巨大突破，国家认可统计评级机构（NRSROs）不再需要像过去那样，生产有价值的信息以维护其信誉质量。实际上，它们也根本不再需要更多的信誉质量。因为，正如 Partnoy（1999）所说的，它们已经能够通过销售监管许可产生的价值盈利并实现增长。

第二，无数 RDRs 在金融监管中的应用进一步增大了信用评级的风险。当国家认可统计评级机构（NRSROs）因为拥有了 RDRs 所授予的监管许可而弱化了它们对积累信誉资本的依赖时，它们几乎无需或根本不用再面对或忧虑出具不准确评级带来信誉损失的风险,也不会因此而丧失业务机会和市场需求。另外,它们却从不准确评级中获得了更多的收益,甚至不准确评级的潜在收益还进一步增加了。

第三,上述两点明确表明 RDRs 导致的信用评级风险增加了,而这一种风险,却由于在其他私人商业契约领域中,有诸多以评级为触发条款(Trigger Clause)的合约而被进一步放大。以评级为触发条款的合约,多要求债务人评级必须达到一定的信用等级,否则,可能导致变更合同或其他重大不利的变化(Material Adverse Changes,MACs)。如安然事件中,其主要贷款银行确定授信额度时要求安然的评级至少为投资级以上,其几个主要债务合同也都有类似的评级要求,否则,债权人有权要求安然提前偿还贷款。而 2001 年初安然的评级的下调,立即触发了一些合同,鉴于当时安然的评级仍保持在投资级以上,绝大多数合同尚未被触发。于是,当时的市场反应是安然正在经历一种临时的流动性危机。而当 2001 年 11 月底,"三大"评级机构同时将安然的评级下调到"投机级"时,由于所有有触发条款的合同均被触发,无奈之下安然只有申请破产。

从这一过程中可以看出,RDRs 的影响本来仅限于与投资相关的特定领域,但因诸多以评级为触发条款的合约的存在,这一影响被扩展到了其他领域。并且这些触发条款往往"仅仅是依据评级变动"。因此,这种影响放大的最终结果是,一方面,将 RDRs 所带来的评级风险引入了各个领域;另一方面,无疑使得这种风险对金融稳定的冲击更大。

五、危机后评级的发展

20 世纪 70 年代,经历了上一阶段休整的评级,进入了一个新的发展阶段,并在此后开始了 30 多年的快速扩张。

20 世纪 70 年代,评级快速发展的一个重要原因,是监管部门在有关监管规则中广泛地纳入了信用评级。1975 年,美国证券交易委员会(SEC)接受标普、穆迪和惠誉三家评级机构为国家认可统计评级机构(NRSROs),并以它们的信用评级作为监管基准,更使得这三家机构的评级业务得以快速扩张,这三家机构迅速成为有国际影响力的评级机构。

虽然信用评级机构因未能准确预见风险,也没能就诸多公司的财务风险向投资者提出警示而备受指责,但是,Pinches 和 Singleton(1978)发现,非常有意思的是，它们却因为系统性地调降了一大批企业证券的信用评级而变得更加活跃、更加引人注目了。并且，White（2002）说，自 20 世纪 70 年代起，RDRs 通过指定国家认可统计评级机构（NRSROs）而限制了符合监管需求的评级供给，相对于评级机构的其他新成员而言，RDRs 更倾向于偏爱国家认可统计评级机构（NRSROs）的现职者，从而在评级市场中，确立了国家认可统计评级机构（NRSROs）与非国家认可统计评级机构不平等的竞争地位。

1. 评级业务扩张

20 世纪 70 年代 RDRs 对评级业务扩张的影响，主要表现在两个方面：一是原有业务领域的业务规模扩张；二是新业务领域的拓展。

Pinches 和 Singleton（1978）指出，1975 年，仅有 600 只新发债券被评级，使得被评级的未偿公司债券数量增至 5500 只。但是，Cantor 和 Packer（1995）发现，自从美国证券交易委员会（SEC）将评级纳入监管之中，在一系列 RDRs 被引入金融监管中之后，信用评级的重要性明显地增加了；自此之后，新债券进入市场时至少有一个信用评级成为了一种市场范式。而在此之前，则并非所有进入市场的新证券都会载有信用评级，且在经历过 20 世纪 40~60 年代的经济发展后，发行人也似乎并不热衷于在证券发行前主动寻求评级。但这种状况却在 20 世纪 70 年代新兴起的 RDRs 启用后发生了改观。

在一定程度上可以说，创造于 20 世纪 70 年代中期的资产支持证券（Asset-Backed Securities，ABS），是 RDRs 监管下的金融创新。通过这种创新可以使无信用评级或低信用评级的资产能够更好地上市流通，由于需要使这些资产获得投资级以上的信用评级，因而产生了信用增级；利用信用增级手段，一系列结构化金融产品（Structured Finance Products，SFPs）被随后创造出来，使得评级的业务领域进一步扩大。结构化金融产品（SFPs）评级，之后竟然成为主流评级机构的主要收入来源。

同时，随着布雷顿森林体系解体，国际汇率更加灵活，进一步加速了经济全球化的进程，债券市场也进入了一个快速发展期，带动信用评级从美国走向世界。20 世纪 70 年代之后，随着资本市场的国际化，评级机构开始对主权国家评级。

2. 收费模式转变

20 世纪 70 年代还是信用评级机构收费模式转变的分水岭，White

（2002）研究发现，20 世纪 70 年代之前，主要的信用评级机构基本上都是通过销售出版物（包括它们的评级报告）及相关资料获取收益，其收入来自投资者支付的评级报告订阅费。然而，到 1968 年时，他说，标普曾开始向市政债券（Municipal Bond）发行人收取评级费用，这是发行人付费模式的首次应用。但是，当时这一付费方式，并未被标普应用于它的其他评级业务领域。

讨论评级收费模式转变问题，有必要对 20 世纪 70 年代初影印机（Photocopying Machines）的发展做一简要介绍。影印机的发展使得复制评级机构售出的评级报告的成本急剧下降，评级机构无法防止报告售出后的"搭便车"问题。Mathis（2008）指出，当许多订阅者可以不付费使用评级时，严重危及到以往所采取的"投资者付费模式"的可行性。

直到 1970 年，宾州中央铁路公司（Penn Central）8200 万美元商业票据违约案的发生，引发了其他短期证券发行人的流动性危机，最终，它们的违约率上升。这成为一个关键性的时刻，使得债券发行人和投资者都开始聚焦于此类发行的风险。White（2002）认为，那时发行人为实现融资目的，急于表明其债券的品质，以安慰焦虑的投资者，这促使它们开始主动寻求评级。

因此，一方面，影印技术的发展，使得许多信用报告订阅者更容易在不付费的情况下，通过"搭便车"使用评级，危及到了"投资者付费模式"的可行性；另一方面，随着发行人对评级服务需求的增加，以及宾州中央铁路公司（Penn Central）8200 万美元商业票据违约案的发生，市场开始更关注风险，以至于提高了对评级机构的关注度。信用评级机构发现，它们可以向发行人收费，因为发行人愿意通过付费获得评级，从而获得市场的认可。正是在这种情况下，像 Cantor 和 Packer（1995）所说的那样，1970 年穆迪和惠誉开始改向发行人收取评级费。1971 年标普也开始就市政债券以外的其他评级业务，向发行人收取评级费。

之后，从 1975 年起，诸多 RDRs 的颁布实施，为信用评级赢得了无限的市场影响力，这使得评级机构最终成功地实现了"发行人付费模式"的转换。自此，向发行人收取评级费成为评级机构的主要收入来源，Pu Liu、Seyyed 和 Smith（1999）的调查显示，这种收入可以占到评级机构总收入的 90% 以上。

3. 信用等级细化

1973 年，惠誉首先对其信用等级符号体系进行了细化，在其从"AA"

级到"B"级的每个普通信用等级中,通过附加"+"、"-"将上述每个普通信用等级细化为三级。其中,"+"表示证券的信用品质排在该等级的高端,"-"表示证券的信用品质排在该等级的低端,无附加符号的则表示居中。

Pu Liu、Seyyed 和 Smith (1999) 认为,1974 年时,标普也对其信用评级体系进行了精确化,在其从"AA"级到"B"级的每个普通信用等级中,通过附加"+"、"-"将上述每个普通信用等级细化为三级。其中,"+"表示证券的信用品质排在该等级的高端,"-"表示证券的信用品质排在该等级的低端,无附加符号的则表示居中。

他们还认为,1982 年 4 月 26 日,为更精确地向投资者说明每个普通等级代表的信用品质,穆迪在其创建 73 年之后,也首次精确了其评级体系,对其从 Aa 至 B 的每个信用等级都增加的修正数字"1"、"2"、"3"进行细分,修正数字分别用于说明被评级债券的信用品质是排在该普通等级的高端、中级还是低端。

在"三大"评级机构分别精确了其评级体系之后,其长期信用评级体系基本上可以一一对应,表 2 - 11 是三大评级机构精确后的信用等级体系。

表 2 - 11　三大评级机构精确后的信用等级体系

惠誉 (Fitch)	标普 (Standard & Poor's)	穆迪 (Moody's)
AAA	AAA	Aaa
AA +	AA +	Aa1
AA	AA	Aa2
AA -	AA -	Aa3
A +	A +	A1
A	A	A2
A -	A -	A3
BBB +	BBB +	Baa1
BBB	BBB	Baa2
BBB -	BBB -	Baa3
BB +	BB +	Ba1

续表

惠誉（Fitch）	标普（Standard & Poor's）	穆迪（Moody's）
BB	BB	Ba2
BB−	BB−	Ba3
B+	B+	B1
B	B	B2
B−	B−	B3
CCC	CCC	Caa
CC	CC	Ca
C	C	C
DDD	D	n/a
DD	n/a	n/a
D	n/a	n/a

注：上表由笔者根据三大评级公司评级信息整理。

4. 行业竞争进入垄断阶段

如果说20世纪70年代之前，美国的评级是自由竞争的话，那么20世纪70年代之后，美国的评级则开始进入了垄断竞争阶段。

20世纪30年代之前，没有RDRs的影响，评级市场中各家评级机构地位相同，其竞争完全自由，评级机构依靠评级对投资风险的准确反映而获得市场信誉，赢得投资者的订阅费用。20世纪30年代之后，随着评级被纳入监管规则，在RDRs的影响下，进一步增加了评级机构的市场竞争力，使它们可以在不完全依赖信誉的情况下，获取更多的业务机会。但是，20世纪30~70年代初期的RDRs，既未设置评级的进入门槛，也未对评级机构进行区别，各评级机构之间仍然处于平等状态，它们之间市场认可度的不同，也主要是因为声誉及评级质量的影响，因此在这一时期，各信用评级机构拥有平等的竞争地位，评级的竞争仍相对自由。

1975年之后，受美国证券交易委员会（SEC）的国家认可统计评级机构（NRSRO）指定的影响，各家评级机构在评级市场中的地位有了显著区别，产生了竞争条件的差异；随着国家认可统计评级机构（NRSRO）被引入大量的监管规则，各家评级机构的竞争地位越发的不同，评级开始进入垄断竞争阶段。据统计，穆迪和标普两家公司合计的市场份额高达80%，包括惠誉在内的三家国家认可统计评级机构（NRSROs）的市场份额则超过95%。①

第五节 21世纪初全球金融危机后RDRs的降温：评级步入调整阶段

2007年初，由美国的次级住房按揭贷款（RMBSs）引发的危机，事实上在2006年春季就已现端倪，次贷危机爆发后，不仅席卷美国、欧盟和日本等世界主要金融市场，给金融机构造成惨重损失，更进而演化成一场全球蔓延的金融危机。

次贷危机则是指由次级贷款证券化而引发的危机。所谓次级贷款证券化是指信用度不高的住房借款人在交付较低金额的首付款后，以所购住房作抵押从房地产金融机构（如房利美、房地美等）取得住房按揭贷款。房地产金融机构为增加其流动性，则将这些住房按揭贷款转给由投资银行组建的特殊目的机构（Special Purpose Vehicles，SPV），由特殊目的机构（SPV）将贷款打包后证券化，根据信用评级公司对打包后证券的评级，按照信用评级的不同，将这些证券分别出售。其中，评级较高的往往出售给保险公司、养老基金、共同基金等投资机构，而评级较低的则通常出售给对冲基金等机构投资者或个人投资者。这些担保债务凭证（CDOs）能够得以证券化的关键环节是评级机构对打包后的证券的信用评级。

次贷危机爆发后，作为次级贷款重要参与方的国际评级机构遭到来自投资者和监管机构等多方的质疑，成为最直接的被批评对象；继安然事件后，评级机构又一次被推向风口浪尖。

一、危机前评级的基本状况

信用评级在20世纪80年代以后，业务发展迅速。穆迪、标普和惠誉更是在评级对象和评级地域两方面均实现了战略扩张。一方面，对债券、票

---

① Variances 32，ENSAE，December 2007.

据、存单、信用证等原有评级对象的证券评级，以及对公司、金融机构的主体评级的传统评级业务领域，实现了业务规模扩张；同时，还大大地扩展了评级的对象，开拓了对财务担保、理赔能力、共同基金、次级证券及国家主权的信用评级。另一方面，随着布雷顿森林体系的解体，促使资本市场全球化进程加快，而债券市场开始从美国走向国际。随着债券市场的国际化发展，穆迪和标普先后将其评级业务的触角伸入到英国、德国、法国、日本等国家，走向国际化。

经过20世纪80年代之后的国际化发展，可以说穆迪和标普已成为主导着全球政府债及公司债的评级公司。① 下面给出了一些支持上述观点的数据：

穆迪（Moody's）：②

2007年度，穆迪公司年度收入为22.59亿美元，净收入为7.015亿美元；拥有雇员3500人，其中，分析师1000人；其评级的对象包括12000家公司发行人、29000家公共财政发行人、96000个结构性金融项目；并与4200家公司保持联系；在100个国家开展评级业务；截至2007年穆迪拥有29个分支机构。

标准普尔（S&P）：③

在全球共拥有雇员8500多名，其中，分析师超过1250人；对超过3800家的公司、国家、地方和金融机构发行人进行信用评级；同时它在100多个国家对超过32万亿美元的债务发行进行信用评级，为世界各地超过220000家的证券及基金进行信用评级；2007年其评级业务总量为51万个，并在23个国家设有分支机构。

惠誉：④

雇佣2100多名专业评级人员；业务覆盖100多个主权评级，1200只公司债券评级，3100个金融机构主体评级（其中，银行1600家，保险公司1400家，金融租赁公司和经纪公司合计100家）；还对45000只债券进行评级跟踪。

次贷危机发生前，评级的迅猛发展，还可以从像穆迪、标普这种大型

---

① Credit - Rating Agencies: Beyond the Second Opinion, Mar. 30, 1991, at 80.
② Sources the Moody's website.
③ 引自标普网站的数据资料。
④ 引自惠誉网站。

评级机构的评级证券规模中直接反映出来。1978年时,标普和穆迪评级的美国公共和私营债券约20000只,价值总计5万亿美元。与此相比,House (1995) 指出,20世纪90年代中期,穆迪评级对20000家公共 (Public) 或私营 (Private) 的美国的发行人评级,并对大约1200家非美国的发行人评级,既有企业又有主权国家,接受其评级的证券价值约计5万亿美元。Pinches 和 Singleton (1978) 则指出,标普的评级数量每种都比穆迪略少,评级的证券价值约2万亿美元。由此可以看出,穆迪和标普在不到20年的时间里,业务规模都发生了翻天覆地的变化。而再与上述2007年的数据相比,则说明评级机构在20世纪90年代到21世纪的第一个十年里,业务规模又发生了一次翻天覆地的变化。这种业务的扩张,恐怕在经济发展史上也不多见,不是哪一个领域的机构都可以有如此的发展机遇。

值得一提的是,作为20世纪70年代的主要金融创新,结构化金融产品 (SFPs) 诞生并开始发展。翻天覆地的变化在20世纪80年代以后,发展迅猛。根据IMF[①]的数据显示,2000年时,美国和欧洲发行的担保债务凭证 (Collateralized Debt Obligations, CDOs)、资产支持证券 (ABSs) 及抵押贷款支持证券 (Mortgage - Backed Securities, MBSs) 约计5000亿美元,而到2007年时这一数据则增长至2.6万亿美元。其中,仅担保债务凭证 (CDOs) 一项的全球发行量,就从2000年的1500亿美元增至2007的1.2万亿美元。结构化金融产品 (SFPs) 是对信用评级依赖性非常强的一类产品,结构化金融产品 (SFPs) 的迅速增长,带动了信用评级的兴旺。而在抵押担保证券中,住宅按揭贷款证券 (Residential Mortgage - Backed Securities, RMBSs) 的增长速度则更为突出,该类证券化产品在2007年美国次贷危机中的重大表现,相信已是有目共睹。结构化金融产品 (SFPs) 评级成为增长最快的评级业务,也最终成为评级机构的最大收入来源。

穆迪的数据显示,1996~2003年期间,其来自结构化金融产品 (SFPs) 评级的收益的增长率,每年都接近30%。2003年时,结构化金融产品 (SFPs) 评级为其带来近4.6亿美元的收益,占其当年收益的40%。结构化金融产品 (SFPs) 评级为惠誉带来的收益,在其总收入中的占比也超过了50%。标普的情况则与惠誉相似 (BIS, 2005)。Partnoy (1997) 指出,20

---

① IMF, Containing Systemic Risks and Restoring Financial Soundness, Global Finacial Stability Report, World Economic and Financial Surveys, Apr. 08, 2008, at 56。

世纪 80 年代末到 21 世纪初的十多年里,美国的债券交易大厅,远超过纽约证券交易所(The New York Stock Exchange)或其他任何股票交易所,成为了金融中介的核心和焦点。

虽然标普和穆迪雇佣着数以千计的专业人士,① 但是与业务的蓬勃发展相比,有趣的是,没有证据能够表明,它们生产评级的方法与其他竞争的信息提供者或分析师相比有明显优势,Partnoy(1997)也同意这一观点。

二、评级在 21 世纪初全球金融危机中的拙劣表现

分析人士认为,美国次贷危机的爆发是"华尔街团队"和系统性风险共同作用的结果,而国际信用评级机构则是最重要的参与者,对危机的发生和发展起着推波助澜的作用。它们是次级贷款证券化产业链中承前启后的关键环节,有效地连接着次级房贷和二级市场。

次贷危机引发的全球性经济危机,不仅给无数次级住房贷款证券化产品的投资者带来重大经济损失,更将全球主要经济体拖入危机,使全球经济陷入严重衰退之中。而评级机构在危机发生、发展、恶化过程中,诸多不能令人满意的表现,引起了社会各界的广泛关注及严厉批评。

对评级机构的批评,主要是针对其在次贷危机发生、发展过程中如下的一些拙劣表现。

1. 未能及时预警风险

次贷危机爆发后,评级机构的风险预警作用广受质疑。因为,对次贷危机的发生,评级机构不仅未能提前预警风险,甚至在危机发生、风险完全暴露后,其对风险的反应也太过缓慢。

诸多迹象表明,美国次级贷款市场早在 2006 年就已经出现了恶化的苗头,然而,评级机构并未对此做出反应,直至危机爆发前夕,评级机构都依然信心满满,结果导致了危机的爆发,并由此引发全球金融市场的剧烈震荡。

Katz、Salinas 及 Stephanou(2009)通过事实表明,评级机构对市场风险反应过慢并不新鲜。从历次危机中评级机构的表现来看,它们长期以来一直如此。它们也许擅长在经济平衡期排列风险,却像是没有在较大经济

---

① S&P DEBT RATINGS CRITERIA, at v.

第二章 RDRs影响下美国评级发展的典型阶段

波动或危机前预警风险的能力。

例如,它们未能预见主权发行人的严重性金融风险,如拉丁美洲(Latin American)债券危机和2001年的阿根廷(Argentina)危机。又如,它们也未能预见诸多知名公司的信用风险,具体事例则不胜枚举。如安然(Enron)、世界通信公司(Worldcom)及帕玛拉特公司(Parmalat),等等。而有趣的是,早在"三大"评级机构对贝尔斯登(Bear Stearns)采取降级行动的一周前,市场即传出其出现了流动性问题,然而,"三大"评级机构并未做出任何反应。直到在上述市场传闻被证实后,"三大"评级机构才不约而同地对其债券做了降级处理。在标普发布"关于次贷危机造成的金融机构资产减值'已近尾声'的研究报告"的次日,即2008年3月14日,为了缓和危机,美联储(FR)和摩根大通银行不得不紧急宣布了一项应急措施——向贝尔斯登(Bear Stearns)提供应急资金。然而,上述报告公布后不过四天的时间,摩根大通银行公布了紧急收购贝尔斯登(Bear Stearns)的计划。由于评级机构对准确评估和反映风险的迟缓,因而它往往是在风险爆发后紧急调降相关的信用评级,只是进一步加剧了风险和市场忧虑;这种状况迫使欲缓解风险的有关方面,不得不在毫无准备和毫无头绪的情况下,匆忙制定和公布挽救措施,这种未经深思熟虑的应急处置措施,究竟会有多大效果,显然很难断言,贝尔斯登的救助案就是一个很好的例证。再如,直到2008年9月15日,即雷曼兄弟(Lehman Brothers)宣布破产当天,"三大"评级机构给予其债券的评级仍为"投资级"评级。

对此,欧盟方面指出,标普、穆迪等国际评级机构对美国次级抵押贷款等衍生投资产品评级存在重大问题,未能及时向投资者警示风险。

2. 大量评级降级处理

Benmelech 和 Dlugosz(2010)指出,从市场结构看,截至2008年12月,美国未偿债券市场债务约11万亿美元,而结构性金融证券的占比超过债券市场总量的35%。这些债券的绝大部分是高信用等级债券,即"AAA"级。事实上,Moody's对其评级的一半以上的结构性金融证券,给予了"AAA"评级。

次贷危机爆发后,"三大"评级机构紧急审视了其所有抵押贷款支持证券(MBSs)和担保债务凭证(CDOs)评级,并紧急下调了一大批此类债券的信用评级。有数据显示,仅2007年7月10日一天,穆迪就对超过400种证券做了降级处理,标普也在同一天将612只证券列为观望,并在之后两天里对其观望的大部分证券做了降级处理。截至2007年7月底，标普调级的债券数量增至600只，穆迪7月调级的债券数量也超过500只，当然都是降级。

随着危机的深化，被降级处理的债券数量进一步大幅增长。继2007年7月的大规模评级调整之后，10月标普又调降了1500只债券的评级。12月标普再调整了6家债券发行人的评级，其中一家的评级甚至下调了12个级距，由"投资级"被直接降至"垃圾级"，这种大批量、大幅度的降级处理，无疑进一步加剧了市场的忧虑。2008年，随着经济、金融状况进一步恶化，2月20日，穆迪将美国第三大债券保险商财务担保保险公司（Financial Guaranty Insurance Company，FGIC）的评级由"AAA"级调至"A3"级，4月穆迪又调低了超过2300只债券的评级。

Benmelech和Dlugosz（2010）的数据显示，2007年和2008年，Moody's评级的结构性金融债券中，共有36346只被调降评级，而被降级的债券中近1/3曾被评为"AAA"级。危机爆发后，"三大"评级机构共调降了数万只抵押贷款支持证券（MBSs）、担保债务凭证（CDOs）的评级，结构性金融证券的信用价值严重恶化。另据金融危机调查委员会（The Financial Crisis Inquiry Commission）的调查显示，截至2010年6月，共计2.5万亿美元的住宅按揭贷款证券（RMBSs）、5640亿美元的担保债务凭证（CDOs）被降级。曾是评级机构收入支柱的结构化金融产品，由于大量评级的下调，成为了次贷危机中的重灾区。

回顾次贷危机可以看出，结构化金融产品（SFPs）在本次危机中作用之重大。无论是如此大规模、大幅度的降级处理，是由于评级机构修正了评级方法，完善了评级技术，还是由于评级机构迫于外界压力或对经济前景的悲观预期而导致了评级不稳定，还是由于评级机构根本从来都未能准确评估结构化金融产品（SFPs）的信用品质，还是由于评级中存在严重的潜在利益冲突，最终的结果，都是在对危机的发展推波助澜。这种作用又体现在以下两个方面：第一，国际评级机构短期内对抵押贷款支持证券（MBSs）和担保债务凭证（CDOs）大规模、大幅度的降级处理，引起金融市场的巨幅波动，加剧了市场恐慌情绪；第二，债券评级的下降必然触发债券发行人一些合同中的评级"触发条款"（Trigger Clause），进一步将信用风险放大。由此，评级成为了危机进一步深化的重要推手。

事实上，结构化金融产品（SFPs）的确复杂，其风险也确实难以评价，

第二章　RDRs影响下美国评级发展的典型阶段

加上在RDRs支持下，评级机构也根本没有什么积极性追求评级的准确性，它们不愿意，或无须付出努力和支付成本去研究这类产品的信用风险，加上受到历史数据不充分的影响，也难以验证对此类产品评级的模型的正确性。结果导致，它们明知自己根本没有能力准确评估结构化金融产品（SFPs）的风险，却为迎合市场需求、赚取高额收益而大量给予了这类产品"AAA"评级。

也有学者认为，评级分析师们自身很难客观分析创新的结构化金融产品的信用风险，难以做到客观评级。于是乎，就对该产品的评级直接沿用了普通产品的评级方法和程序，结果使得对该类产品的评级结果普遍偏高。由此来看，虽然很值得怀疑，信用评级究竟在多大程度上能够反映被评级产品的信用风险，但是评级机构对结构化金融产品出具的偏高的信用评级，却在事实上显然地误导了投资者和监管者们，催生了资本市场泡沫，最终造成次贷危机的爆发，显然，这也就成了情理之中的结果。

三、对RDRs支持下评级的批评

1. 对评级准确性的质疑

次贷危机发生后，众多批评者认为，不准确评级是危机爆发和深化的原因之一。

次贷危机发生前，受经济持续稳定增长的影响，评级机构对信用风险的评价过于乐观，且其应用的许多评级方法和评级模型的基本假设是有错误的。由于结构化金融产品评级主要借助计算机模拟技术，偏重于依赖统计模型，这些模型的主要缺陷之一是它们依赖房产市场抵押违约率和丧失抵押品赎回权频率概率的历史数据，① 但显然自结构化金融产品（SFPs）诞生至今也未经历一个完整的经济周期，因而现在的这些所谓历史数据并不充分。模型的其他缺陷还包括，关于住房市场价格持续上涨的假设，以及与抵押发起人相关的风险因素，以及它在基础抵押贷款池总体风险评价中的可疑的实践。② 此外，Lupica（2008）还说，构成资产池的新资产，随着金融创新不断增加，历史经验数据难以验证新资产之间的违约相关性假设。

---

①② Office of the Special Inspector General for the Troubled Asset Relief Program, Quarterly Report to Congress, October 21, 2009, at 136.

这两方面的原因，都使得新模型的有效性难以得到保证。因此，没有经过比较完整的经济周期的检验，仅利用处于快速发展期的数据，自然也就难保证结构化金融产品的评级质量。太过依赖有缺陷的模型，只会得出歪曲的、不可靠的评级。

对此，美国众议院已要求信用评级机构向投资者提供其信用风险计算的信息。英国、德国、法国和意大利领导人也联合发表声明，以敦促信用评级机构对有关结构化金融产品（SFPs）的风险警示做得更好，否则，可能面临各国统一的管制。

国家认可统计评级机构（NRSROs）还被批评，它们从第三方获取的信息未经其独立核实，就将该信息用于发布结构化金融证券的信用评级。实践中，如 Lupica（2008）所述，国家认可统计评级机构（NRSROs）的通常做法是，完全依靠发行人（Issuers）或承销商（Underwriters）提供关于结构化金融证券基础资产的信息。对此，穆迪和惠誉也都曾公开声明，其没有责任核实收到的信息的准确性。而这也显然增大了信用评级不准确的概率。

次贷危机爆发后，穆迪和标普紧急修正了其评级的技术和方法，并在短期内大量降低结构化金融产品的评级，这一事实也表明，评级机构对结构性金融衍生品的评级技术也缺乏可靠性。

2. 对评级低透明度的批评

自 1909 年穆迪开始公布信用评级以来，评级机构均以评级过程中涉及商业秘密和客户保密信息为由，拒绝公布评级数据和评级方法，甚至也不公布其评级数据的来源。由于结构化金融产品的复杂性，在评级机构不公布相关信息的情况下，其他市场参与者根本就无法了解结构化金融产品的信息，不能对其真正价值做出正确判断。也由此导致，结构化金融产品市场的发展对评级有高度的依赖性。

评级的低透明度，同时决定了结构化金融产品的评级风险一旦暴露就会迅速演变为规模性市场风险。

而结构化金融产品（SFPs）市场对信用评级的高度依赖性则意味着，在这一市场中，一旦发生评级风险，极易瓦解投资者信心，导致大规模市场风险。

3. 对投资人付费模式的批评

20 世纪 70 年代以后，评级收入改为发行人付费模式。评级机构向发行人收取评级费用。并且,通常情况下,评级机构按照发行债券被评定的最终信用级别,按其发行债券市值的一定比例(一般为2‰~3‰)收取评级费用。

虽然评级机构认为在其信誉资本激励机制下,评级机构不会因为要讨好某个发行人,而损害其赖以生存的信誉,因此,它们认为发行人付费模式不会影响其评级的客观准确性,但是,这种收费方式,的确容易引起严重的利益冲突。

一方面,在这种收费机制下,发行人成为实际的委托人,有权选择评级机构和决定是否支付评级费。债券被评定的最终信用等级直接影响发行人的融资成本,因此,发行人倾向于选择能够给予其最高信用等级的评级机构的评级服务。而从评级机构这个角度看,为获得或维系评级业务,评级机构有改善其与发行人关系、出具对发行人有利的评级的激励。另一方面,根据评级的收费机制,最终信用评级越高,评级收费也越高。

因此,无论从开拓评级业务、迫于发行人的压力,还是从获取更多评级费用的角度来看,当前的收费机制,都使得评级机构受利益驱动,倾向于更友好地处理与发行人的关系,给出尽可能高的信用等级。这无疑加大了评级的信用风险。

4. 对SFPs评级方法与模型设置等的批评

Mason和Rosner(2007)指出,值得注意的是,结构化金融产品(SFPs)评级模型与公司和政府债券使用的评级模型相同,这必然导致此产品评级的不准确性。

对此,标普有一段公开的表述,他们为使投资者放心,甚至明确表示其对结构化金融产品(SFPs)评级可直接与传统的债券评级做比较。他们说:①

"我们的评级代表着对信用品质、对全球和对各类债务工具一致的衡量。或者说,评级为"AAA"级的公司债券与评级为"AAA"级的证券化产品显示出同等水平的信用品质。"

然而,事实上,Mason和Rosner(2007)说,结构化金融产品(SFPs)

---

① Standard & Poor's (2007), Ratings Direct Research.

评级与传统债券等金融工具的评级，相同等级的违约率却完全不同。根据标普对信用级别的定义，"BBB"级资产支持证券（ABSs）5年内的违约率为1.255%，而"BBB"级公司债券5年内的违约率仅为2.323%；"AAA"级资产支持证券（ABSs）、公司证券和担保债务凭证（CDOs）7年内的违约率则分别为0.315%、0.420%和0.701%。穆迪公司也存在类似的情况。这说明，事实上，不同类别的资产，同一信用等级的风险并不相同。

此外，评级机构自身在评级过程中也是错误频频。据英国《金融时报》披露，穆迪由于一个电脑程序故障，错误地授予价值数十亿美元的一类复杂证券产品（结构化金融产品）"AAA"评级。穆迪的内部文件显示，公司内部的某些高层职员在2007年初就得知，前一年（2006年）被授予"AAA+"评级的一些证券产品，在修正错误的计算机编码后，评级应当调降四档（也即应调为"BBB"级）。① 但是显然，穆迪并未修正这些错误出具的评级，因为，直到2008年1月前，此类产品仍然拥有"AAA"评级。此后，在信贷危机持续恶化的背景下，这类证券被降级数档。②

此外，Katz、Salinas和Stephanou（2009）指出，有实证资料表明，评级几乎没有信息价值，而且评级调整总是滞后于市场。他们说，虽然评级可能能够非常好地说明相关的信用风险，但它们可能不像绝对风险指示器那么可靠，并且评级很少影响市场价格。事实证明，评级也未能很好地说明信用风险。

四、RDRs监管的降温

安然（Enron）的倒闭，就已经使RDRs监管下，评级机构的道德风险问题浮出水面；次贷危机，无疑是RDRs调整的直接导火索。根据美国证券交易委员会（SEC）的数据，"三大"评级机构对市场上98%的住房抵押担保证券进行了评级，其中，被评为"AAA"级的约占75%，被评为"AA"级的约占10%，被评为"A"级的约占8%，被评为"BBB"及含以下等级

---

① Moody's Errs in Rating Debt Products, 2008 – 05 – 21, Financial Times.
② 引自：http://news.xinhuanet.com/fortune/2008 – 05/28/content_ 8265958. htm.

第二章 RDRs影响下美国评级发展的典型阶段

的仅占7%。① 次贷危机发生后,随着抵押赎回权的丧失以及违约率的急剧上升,"三大"评级机构对其评级的大量债券做了降级处理,这使得自20世纪30年代起就开始依赖评级的美国金融监管者们,不得不认真考虑其高度依赖评级的金融监管,并开始考虑对RDRs监管体系的调整。

在一系列公司丑闻之后,面对评级的道德风险问题,2006年6月12日,美国众议院提过一个旨在促进评级竞争的议案——《缓解少数信用评级机构垄断市场法》(Credit Rating Agency Duopoly Relief Act,CRADRA) HR 2990议案。拟将全国认可制度改为全国登记制度(Nationally Registered Statistical Rating Organization)。这将大大降低评级机构的准入标准。如果这一议案能够最终通过,那必然会削弱RDRs授予国家认可统计评级机构(NRSRO)的竞争优势。然而,虽然该议案在众议院以255∶166的高票通过,但是美国参议院甚至未在该议案的审改期限过期前对该议案进行表决。

1. 信用评级机构改革法案(CRARA)

虽然,1975年美国证券交易委员会(SEC)通过了所谓的"国家认可统计评级机构"(NRSRO)指定制度,但是对评级机构的监管模式并未发生本质上的改变。直到2006年之前,美国信用评级机构的监管都是以自律监管为主导的模式。

在2007年危机爆发之前,美国金融监管部门已经意识到了,鉴于评级在整个金融监管中的重要地位,有必要加强评级监管。并且,在2006年9月29日,美国参议院通过了《信用评级机构改革法案》(The Credit Rating Agency Reform Act,CRARA)。

《信用评级机构改革法案》(CRARA)是信用评级监管改革的分水岭,该法案正式授权美国证券交易委员会(SEC)为评级机构的监管主体。信用评级的监管模式由行业自律走向国家认可统计评级机构(NRSRO)体系下,美国证券交易委员会(SEC)直接监管与行业自律相结合的监管模式。

《信用评级机构改革法案》(CRARA)的首要目的是:①增加国家认可统计评级机构(NRSROs)的责任(Darcy,2009)。②加强对国家认可统计评级机构(NRSROs)的监督,防止未来再发生这样的大公司的失败(前述

---

① 数据来源于中国人民银行发布的《国际金融市场报告》,标准普尔的报告显示,2005~2007年,85%的CDO被评为AAA级。惠誉的报告则显示,截至2007年7月18日,74%的高级CDO被评为AAA级,73.7%的中级CDO被评为AAA级。

的几类大公司的信用危机)(Lynch, 2009);为保护投资者,提高评级质量,为保护公共利益,培育信用评级机构的责任感,提高评级透明度和市场竞争。①《信用评级机构改革法案》(CRARA)的目的还在于,减少进入评级行业的壁垒,在评级所在的这个业务高度集中的行业,创造更多的竞争。《信用评级机构改革法案》(CRARA)规则生效之前,对于想要进入这一行业的新竞争者来说,一个重要的"拦路虎"是,现有大规模评级机构具备被授予国家认可统计评级机构(NRSRO)资格的国家认可的要求。② 而该法案则希望对这一门槛性规定做出改观。该法案的内容主要涉及以下几个方面:

(1) 评级机构的注册、认可和监管。《信用评级机构改革法案》(CRARA)确立对信用评级机构实施注册、认可、监管制度,赋予美国证券交易委员会(SEC)为国家认可统计评级机构(NRSROs)进行注册、认可和监管的权限,清楚地确定了美国证券交易委员会(SEC)对国家认可统计评级机构(NRSRO)监管的权威地位。该法案还建立了一个有条理的、标准化的获取国家认可统计评级机构(NRSRO)指定的程序(Darcy, 2009),细化了国家认可统计评级机构(NRSRO)的注册程序,并对"评级机构"、"信用评级"、"国家认可统计评级机构"等关键术语进行了定义。

《信用评级机构改革法案》(CRARA)的新申请程序规定,国家认可统计评级机构(NRSRO)的申请者必须提供能够代表其评级业绩的统计数据,以及其进行信用评级的程序和方法,并对其所面临的利益冲突,以及申请者解决这些利益冲突的政策做出陈述。③ 申请机构必须连续经营三年以上,并应提供至少十家合格机构投资者所出具的、过去三年里它们曾使用该申请机构信用评级的书面证明。④

(2) 避免利益冲突等实质性规定。《信用评级机构改革法案》(CRARA)要求美国证券交易委员会(SEC)制定对国家认可统计评级机构(NRSROs)的监管制度,要求它们披露与其经营有利益冲突的任何信息。根据《信用评级机构改革法案》(CRARA)的规定,国家认可统计评级机

---

① Proposed Rules for Nationally Recognized Statistical Rating Organizations, Exchange Act Release No. 34 – 57967 (June 16, 2008) (hereinafter Proposed Rules for NRSROs).
② Office of the Special Inspector General for the Troubled Asset Relief Program, Quarterly Report to Congress, October 21, 2009, at 127 [hereinafter SIGTARP].
③④ 15 U.S.C. § 78o – 7 (a) (2) (B) (vi) (2006).

构（NRSRO）申请者应当提供其关于利益冲突的说明，以及其管理利益冲突的书面政策和程序，并规定若美国证券交易委员会（SEC）认为，申请人不能实质性地遵循其申请报告中规定的管理利益冲突的政策，则可以不准予该申请人注册。

《信用评级机构改革法案》（CRARA）还对国家认可统计评级机构（NRSROs）的公司治理做了专门的规定，要求国家认可统计评级机构（NRSROs）指定专门的人员担任合规主管，负责落实有关管理利益冲突的政策和程序，并确保后续的合规要求得到贯彻执行。

《信用评级机构改革法案》（CRARA）进一步明确，国家认可统计评级机构（NRSROs）有信息披露义务，应当确立利益冲突报告和防范机制。当其经营中存在规定的利益冲突时，《信用评级机构改革法案》（CRARA）要求国家认可统计评级机构（NRSROs）应当公开披露该利益冲突，并根据其自己制定的"管理利益冲突的书面政策和程序"，阐明其对这种利益冲突的管理措施，以使投资者能够了解相关信息，并对该国家认可统计评级机构（NRSROs）是否值得信赖做出决定。《信用评级机构改革法案》（CRARA）还增加了对国家认可统计评级机构（NRSROs）运用和滥用公共信息的限制规定。

《信用评级机构改革法案》（CRARA）还要求国家认可统计评级机构（NRSROs）设置并严格实施内部防火墙制度，将评级业务与评级费用洽谈严格分离，实行独立薪酬制度，禁止国家认可统计评级机构（NRSROs）以任何方式兜售其评级服务。

《信用评级机构改革法案》（CRARA）还规定，如果某国家认可统计评级机构（NRSROs）对单个客户提供评级服务的收费，超过该国家认可统计评级机构（NRSROs）年度净收入总额的10%时，或者如果某国家认可统计评级机构（NRSROs）的某一客户，不再将其另一项评级交易委托给该机构时，该国家认可统计评级机构（NRSROs）对该客户现有的证券采取降级或威胁降级的，《信用评级机构改革法案》（CRARA）授权美国证券交易委员会（SEC）有权禁止该国家认可统计评级机构（NRSROs）发布针对该客户的信用评级。[①]

[①] Office of the Special Inspector General for the Troubled Asset Relief Program, Quarterly Report to Congress, October 21, 2009, at 127 [hereinafter SIGTARP].

但是,《信用评级机构改革法案》(CRARA)通过明确地限制美国证券交易委员会(SEC)涉足应由评级机构自己调节的"信用评级的实体业务或程序,以及国家认可统计评级机构(NRSROs)决定的信用评级所依据的方法"(评级方法和评级模型的构造),从而严格限制了美国证券交易委员会(SEC)的监管权力。[1]

《信用评级机构改革法案》(CRARA)希望提高对评级的透明度要求,通过明确规定国家认可统计评级机构(NRSROs)不得滥用优势的竞争地位从事不公平竞争,以期增进评级的竞争。但是,《信用评级机构改革法案》(CRARA)依然通过不支持任何私人诉权,将国家认可统计评级机构(NRSROs)与潜在的诉讼做了隔离处理。[2]

此外,《信用评级机构改革法案》(CRARA)还要求美国证券交易委员会(SEC)制定新的规则,并建议限制评级机构的不当行为,但是显然这些措施的效果并不足够明显,事实上,该法案通过后,评级所存在的问题,并未有太大改观。

2. CRARA下SEC对RDRs的修订

根据《信用评级机构改革法案》(CRARA)的要求,2007年6月,美国证券交易委员会(SEC)制定并发布了避免"利益冲突"的专门规则(Rule 17g-5),并以《对注册为国家认可统计评级机构(NRSROs)的信用评级机构的监管——最终规章》,作为法案配套的实施细则。当美国证券交易委员会(SEC)采用载有关于登记和监督申请国家认可统计评级机构(NRSRO)资格和已获得国家认可统计评级机构(NRSRO)资格的评级机构内容的实施细则时,《信用评级机构改革法案》(CRARA)的操作规范生效。[3] 该规章明确定义了国家认可统计评级机构(NRSRO),提出了国家认可统计评级机构(NRSRO)申请注册、管理档案、报送年度财务报表、避免利益冲突、不公平竞争和信息滥用等方面的具体规定。根据Rule 17g-5,美国证券交易委员会(SEC)有权监管国家认可统计评级机构(NRSROs),负责对国家认可统计评级机构(NRSROs)的注册和资格认定。对已注册的

---

[1] 15 U.S.C. § 78o-7 (c) (2) (2006).

[2] 15 U.S.C. § 78o-7 (m) (2006).

[3] Oversight of Credit Rating Agencies Registered as Nationally Recognized Statistical Rating Organizations, Exchange Act Release No. 34, 55857 (June 5, 2007), 72 FR 33564 (June 18, 2007) (hereinafter Oversight of CRAs).

第二章 RDRs 影响下美国评级发展的典型阶段

国家认可统计评级机构（NRSROs），美国证券交易委员会（SEC）可以通过检查和强化活动等方式进行监管。但是，美国证券交易委员会（SEC）不涉足管理国家认可统计评级机构（NRSROs）使用评级方法，以及生成评级的模型和程序。美国证券交易委员会（SEC）就每年对国家认可统计评级机构（NRSROs）的监管情况向参议院报告。

根据 Rule 17g-5 的规定，申请国家认可统计评级机构（NRSRO）应当具备的条件包括：①有足够的从业人员，充足的金融资源，完善的组织结构。②可靠地开展证券评级业务，确保评级活动不受外部经济压力以及来自被评级机构的压力的影响。③拥有有一定的教育和专业背景的、能够胜任证券评级的评级人员。④运用系统性的评级程序，确保准确、可靠地进行评级。⑤与债券发行方的管理者加强联系，包括接触发行人的高级管理人员。⑥通过内部程序控制非公开信息的滥用。⑦遵守内部控制程序。

关于不公平竞争，Rule 17g-5 规定：①禁止以被评级客户购买评级机构提供的附加服务作为评级服务的前提。②禁止反托拉斯行为。③禁止诱导性、强制性的主动评级的行为（如向客户寄送主动评级账单、费用表及奖励性报酬，告知客户评级级别可能通过与之合作而提高）。

美国证券交易委员会（SEC）对避免利益冲突做出的实质性规定包括：①要求信用评级机构建立、维护并加强合理设计的书面政策和程序来解决和管理可能来自经营业务中的利益冲突。②要求评级机构不得将支付给项目评级分析师的报酬与发行人支付的评级费用挂钩和相关联。③信用评级机构应将其来自单个客户或单个项目的评级收入占其全部收入的比重控制在一定范围内，以保证其经营活动不受单个客户影响。④为降低评级机构对被评级机构的依赖，要求评级机构必须拥有足够的财务资源。⑤限制评级机构与发行商之间可能影响评级公正性的往来，例如，规则禁止评级机构内参与评级活动的工作人员，参与新评级业务的拓展活动，评级机构也不得将其雇员的收入与自身评级业务的发展挂钩或关联。⑥评级机构还必须严格建立评级业务与辅助业务之间的防火墙，严格禁止将评级人员的收入与评级机构的评级服务收入相关联。

另外，由于次贷危机发生后，"三大"评级机构对其评级的大量债券评级做了急剧调整，因而引发了市场参与者和监管机构对评级准确性、评级程序正当性的怀疑，最终导致美国证券交易委员会（SEC）针对"三大"评级机构的评级政策、步骤和具体评级活动，发起了旨在了解评级机构对住房抵押担保证券（RMBSs）及抵押担保债券（MBSs）评级过程的调查。

经过历时10个月的调查，美国证券交易委员会（SEC）于2008年7月8日发布了对"三大"评级机构的审查结果报告。报告指出，尽管评级机构过去有过良好的历史记录，但其在对住房抵押担保证券（RMBSs）评级时，故意使用了错误模型，且评级机构在解决利益冲突、信息披露，以及评级程序的内部管理、商业运作等方面均存在重大缺陷。报告指出"三大"评级机构，助长了经济风险，对次贷危机的形成负有不可推卸的责任。

此外，评级机构未通过及时更新评级，反映证券风险的变化。事实上，评级机构的评级方法总是处于不断的改进中，但它们疏于对已发布的评级进行更新也是导致风险累积的重要因素之一。而且次贷危机爆发，应当谴责的不只是评级机构，美国证券交易委员会（SEC）在2007年之前，就已发现评级机构对结构性金融工具（DFI）的评级存在一些问题，但却没有及时采取行动，说明其对次贷危机的爆发同样负有不可推卸的责任。同时，根据对"三大"评级机构的调查，美国证券交易委员会（SEC）在2008年6月提议要完成以下三项行动。

作为三项相关行动的第一项，2008年6月16日美国证券交易委员会提出了一系列对现有国家认可统计评级机构（NRSRO）相关的监管规则的修订，[①] 该提案的目的在于：①促进信用评级效能统计的公开性和可比性；②增加对结构化金融产品（SFPs）的信息披露；③要求评级机构提供更多的关于决定结构化金融产品（SFPs）信用评级的程序和方法的信息；④通过报告制度加强内部控制程序，处理好结构化金融产品（SFPs）评级过程引起的利益冲突，及减少委员会规则对国家认可统计评级机构（NRSROs）评级的过度依赖，从而增进投资者尽职调查的积极性。[②]

根据该项行动，2008年12月，美国证券交易委员会（SEC）出台了对2007年生效的《信用评级机构改革法案实施细则》的修正案提案，并于

---

① Oversight of Credit Rating Agencies Registered as Nationally Recognized Statistical Rating Organizations, Exchange Act Release No. 34, 55857 (June 5, 2007), 72 FR 33564 (June 18, 2007) (hereinafter Oversight of CRAs).
② Proposed Rules for Nationally Recognized Statistical Rating Organizations, Exchange Act Release No. 34-57967 (June 16, 2008) (hereinafter Proposed Rules for NRSROs).

第二章 RDRs 影响下美国评级发展的典型阶段

2009年2月2日正式发布①对国家认可统计评级机构（NRSRO）相关规则的最终修订稿，并且，提案增加了对国家认可统计评级机构（NRSROs）监管的规则。②发布最终修订规则的目的在于，增加国家认可统计评级机构（NRSROs）使用的评级方法的透明度，加强评级表现的信息公开，禁止可能增加利益冲突的特定评级活动，促进评级记录保存和报告义务。最终稿的内容还包括新的利益冲突禁止、公开义务、报告和评级记录的保存要求。③

此外，美国证券交易委员会（SEC）修订了规则17g-5的（C）款（Paragraph（c）），禁止国家认可统计评级机构（NRSROs）发布或维持下列信用评级：①国家认可统计评级机构（NRSROs）曾对某公司提出过建议的，或是曾对该公司的法律结构提出过建议的，或是曾对该公司的资产、债务提出过建议的，或是曾对被评级的实体或证券发行人的某项活动提出过建议的；②评级费用是通过国家认可统计评级机构（NRSROs）内部，参与评级审批程序或评级程序的人员，协商、讨论或安排的④（修订这段的目的是规定，在参与制定或监控信用评级的信用分析员或其他参与评级审批流程的人员，收取了来自被评级企业，或被评级证券的发行人、承销商或发起人的礼物的情况下，禁止国家认可统计评级机构（NRSROs）发布信用评级或维持现有的评级）。

第二项行动也发生在2008年6月16日，这项行动是，美国证券交易委员会（SEC）提出了一个关于新规则的建议，新规则要求国家认可统计评级机构（NRSROs）将它们对结构化金融产品（SFPs）的评级和其他类型的信用评级，通过出版有评级的报告或使用不同的评级符号进行区别。⑤

目前尚未完成的美国证券交易委员会（SEC）的第三项行动，即建议修订《1934年证券交易法》（*The Securities Exchange Act of* 1934）、《1933年证

---

① See Amendments to Rules for Nationally Recognized Statistical Rating Organizations, Exchange Act Release No. 59342 (February 2, 2009) (hereinafter Amendments).

② Copies of the Final Rules and Proposed Rules can be found at http://sec.gov/rules/final/2009/34-59342.pdf and http://sec.gov/rules/proposed/2009/34-59343.pdf.

③④ Amendments to Rules for Nationally Recognized Statistical Rating Organizations, Exchange Act Release No. 59342 (February 2, 2009) (hereinafter Amendments).

⑤ Proposed Rules for Nationally Recognized Statistical Rating Organizations, Exchange Act Release No. 34-57967 (June 16, 2008) (hereinafter Proposed Rules for NRSROs).

· 93 ·

券法》(The Securities Act of 1933)和《1940年投资公司法》(The Investment Company Act of 1940)下的特定规则。这一行动将终止国家认可统计评级机构(NRSROs)评级在规则中的使用。① 这些修订案一旦通过,必将给美国现在的以评级为基础的监管体系带来翻天覆地的变化;删除或修改以国家认可统计评级机构(NRSROs)签署的评级为基础的监管规则,意味着国家认可统计评级机构(NRSROs)的评级结果将不再作为其监管基准,而它们的评级也将失去监管许可的效力,这不仅会大大减少市场对国家认可统计评级机构(NRSROs)的依赖,也将极大地促进信用评级市场的竞争,改善目前"三大"评级机构的寡头垄断局面。

继2009年2月的规则修订之后,在2009年9月17日的一个公开会议上,美国证券交易委员会(SEC)全体一致通过实施最后的规则,这将进一步加强对国家认可统计评级机构(NRSROs)的监管框架。② 该会议通过的规则包括:①通过保证所有国家认可统计评级机构(NRSROs)能够获取结构化金融产品的信息,允许对其发布主动评级(Darcy,2009);②要求提供年度与潜在的利益冲突相关的合规报告;③修订美国证券交易委员会(SEC)的法规(Rules)和规章(Regulation),以删除对国家认可统计评级机构(NRSROs)签署评级的必然参考;④要求额外披露是否发生了评级购买;⑤要求国家认可统计评级机构(NRSROs)在网上公开披露,自2007年6月26日起,该国家认可统计评级机构(NRSROs)最初制作的所有评级的评级行为历史。③

3. 多德—弗兰克华尔街改革与消费者保护法案

除美国证券交易委员会(SEC)之外的美国监管者们,在次贷危机之后,也开始采取行动修订现有规则或提议新的立法,以期防范信用评级带来的风险。

H. R. 4173法案,即《2009年华尔街改革与消费者保护法案》(Wall Street Reform and Consumer Protection Act 2009,WSRCPA),最早于2009年正式提出,曾被称为美国金融监管改革的"白皮书"。该法案草案被认为是自1929年"大萧条"以来最为彻底的金融监管改革法案。在2009年12月11

---

① References to Ratings of Nationally Recognized Statistical Rating Organizations, Exchange Act Release No. 58070 (July 1, 2008), 73 FR 40088 (July 11, 2008).

②③ Office of the Special Inspector General for the Troubled Asset Relief Program, Quarterly Report to Congress, October 21, 2009, at 144 [hereinafter SIGTARP].

日众议院通过时，H. R. 4173 法案包括：H. R. 1728、H. R. 2571、H. R. 2609、H. R. 3126、H. R. 3269、H. R. 3817、H. R. 3818、H. R. 3890 和 H. R. 3996。该法案受到了诸多反对，并引起了美国国会的激烈争论，经过数次妥协之后，最终在 2010 年 6 月 30 日获得众议院通过，2010 年 7 月 15 日获得参议院通过，并由美国总统奥巴马于 2010 年 7 月 21 日正式签署。通过后的法案全称为《多德—弗兰克华尔街改革与消费者保护法案》（*The Dodd - Frank Wall Street Reform and Consumer Protection Act* 2010，H. R. 4173）（P. L. 111 - 203），① 旨在加强金融监管。

该法案虽在历经周折后最终通过，但初始提案的锋芒已大大衰减。即使如此，它仍然是自"大萧条"以来，改革幅度最大、最全面、最严厉，也算是最彻底的监管改革法案。该法案重点强调了对评级机构的监管，废除了赋予评级机构免责条款的《1933 年证券法案》中的 436（g）款，并设置有"加强信用评级机构监管"专章。

关于监管，该法案授权美国证券交易委员会（SEC）每年对每家国家认可统计评级机构（NRSROs）至少检查一次，检查主要针对其行为准则和处理利益冲突的政策。对由于营销行为对评级产生不当影响，而导致评级机构不能做出诚实的信用评级的，美国证券交易委员会（SEC）有权中止或永久撤销该国家认可统计评级机构（NRSRO）对特定类别证券评级的注册。并且，该法案要求美国证券交易委员会（SEC）设立信用评级监管办公室（Office of Credit Rating，OCR），专门负责制定信用评级机构的问责机制及处罚规则。该办公室可以制定规范的评级方法供评级机构参考，以增加信用评级的准确性。信用评级监管办公室（OCR）负责对评级机构进行年检，并出具年检报告。

关于利益冲突，该法案要求信用评级机构针对利益冲突建立严格的内控制度，将评级分析部门和市场营销部门严格隔离。评级机构的雇员一旦跳槽到承销商或发行证券的机构，评级机构应当评估该雇员跳槽前一年的工作，衡量其发布的评级是否曾受到过利益冲突的影响。并且，该法案指出，信用评级监管办公室（OCR）有权检查国家认可统计评级机构（NRSROs）处理利益冲突的政策是否符合要求。

---

① Baird Webel, Coordinator, *the Dodd - Frank Wall Street Reform and Consumer Protection Act*: Issues and Summary, Congressional Research Service, 7 - 5700, http://www.crs.gov, R41350.

在公司治理方面，该法案要求评级机构应当设立董事会，而且董事会应当包括半数以上（但不得少于两名）的独立董事，并且独立董事中必须有评级的使用者。独立董事需监督以下事项：①评级机构处理利益冲突的政策和规定；②评级机构使用的评级方法和评级程序等。该法案还要求评级机构应当设置专门的合规总监，并且合规总监的薪酬不得与国家认可统计评级机构（NRSROs）的财务表现挂钩，合规总监应当出具年度合规报告。

关于信息披露，该法案要求国家认可统计评级机构（NRSROs）应当每年向美国证券交易委员会（SEC）提交处理利益冲突的政策是否有重大变化的报告，并应向美国证券交易委员会（SEC）报告，其高管人员、参与确定评级的人员、监察人员的职业变化情况。该法案还强调评级机构应当保持信用评级程序和方法的一致性，并公开披露评级的程序和方法。当评级程序和评级方法存在重大问题，或需做重大调整时，应当及时通知评级使用者。

关于法律责任，该法案规定，美国证券交易委员会（SEC）有权对信用评级机构的不当行为定性，并做出处罚。非常重要的一点是，该法案通过废除436（g）款，废除了之前评级机构享有的司法豁免权。通过规定信息使用者享有私人控告权（Private Right of Action），确定了评级机构的民事责任，使得投资者可以"故意或草率"地未能进行合理调查为由，控告评级机构的"失职"行为，要求评级机构承担法律责任。

该法案禁止结构化金融产品（SFPs）的发行人、保荐人或承销人选择为结构化金融产品（SFPs）进行首次评级的评级机构。该法案要求美国证券交易委员会（SEC）在对结构化金融产品（SFPs）进行研究的基础上，提出合适的解决方案。在此之前，由评级机构的行业自律组织以随机或轮换的方式指定结构化金融产品（SFPs）的首次评级机构。但是，该法案没有触及发行人付费模式的调整。

该法案公布后，迫于调整后法案所带来的压力，当然，尤其重要的是，迫于对其民事免责条款的删除所带给它们的压力，在美国总统奥巴马正式签署《2009年华尔街改革与消费者保护法案》（WSRCPA）后，"三大"评级机构分别发表声明，要求证券发行人，在"未获评级机构同意之前，请不要在新发行债券的相关文件里引用其评级报告"，这无疑使得债券的发行锐减。

第二章 RDRs影响下美国评级发展的典型阶段

五、危机后评级的发展

由于在次贷危机发生后,"三大"评级机构对所做的大量债券评级做了急剧调整,因而引发了市场参与者和监管机构对评级准确性、评级程序正当性的质疑。

次贷危机的爆发,其影响是广泛的,不仅产生了对监管角度的影响,导致诸多监管机构开始着手修订 RDRs,而且次贷危机对资本市场的影响也是空前的。

受危机和金融监管的影响,危机后,债券市场的活跃程度大大降低,交易量大幅萎缩。对危机的始作俑者——结构化金融产品(SFPs)市场的打击尤其之大,最初,在危机爆发以后,结构化金融产品(SFPs)市场几乎停滞。虽然2010年该市场有所回暖,但远远未能恢复到2007年之前的水平。基础评级业务和作为其最主要收入来源的结构化金融产品(SFPs)评级业务的大幅萎缩,严重影响了各大评级公司的收益。评级也开始进入调整阶段。

下面以穆迪公司为例,不妨通过穆迪的收入数据来看,危机过后评级机构的业务状况。图2-3给出了1999~2010年穆迪的收入状况。

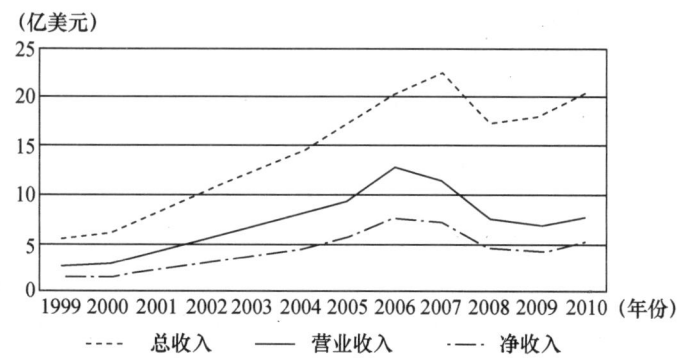

图2-3 1999~2010年穆迪的收入状况

资料来源:笔者根据穆迪公司网上公布的相关报表整理获得。

根据图 2-3 可以看到，穆迪①的总收入，在 1999~2007 年期间持续增加，并且在 2007 年左右达到最高峰。其总收入在 2007 年后出现拐点，开始下降，但在经历了 2008 年和 2009 年两年的徘徊之后，又开始走入上升轨道。从其总收入的变化情况来看，2007 年次贷危机爆发后，评级业务受到影响，其总收入出现拐点应当主要是由于经济因素的影响。而在 2008~2009 年期间，其总收入基本变化不大，应当也是由于这一因素的关系。当然，从 2008 年起，金融监管机构就开始酝酿对 RDRs 的调整，也应当对其总收入的变化有影响。到 2009~2010 年期间，在 RDRs 调整计划的作用下，穆迪的总收入的变化也起色不大。为了更详细地对其收入情况进行分析，图 2-4 给出了 1999~2010 年期间穆迪的主要收入分布状况。

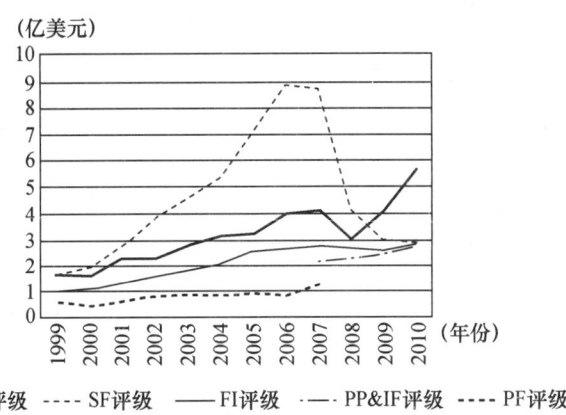

图 2-4　1999~2010 年穆迪的主要收入分布状况②

资料来源：笔者根据穆迪公司网上公布的相关报表整理获得。

由图 2-4 可以看出，自 1999 年起，穆迪的结构化金融产品（SFPs）评级收入是穆迪各类评级收入中增长最快的一项收入。与结构化金融产品（SFPs）评级收入的增长相比，其他的各类评级收入，如公司财务状况评级

---

① 2001 年穆迪才与邓白氏完全分立。
② 其中 CF 评级指公司金融评级，SF 评级指结构性金融产品评级，FI 评级指金融机构评级，PP&IF 评级指公共融资、项目融资和基建融资评级，PF 评级指公用事业证券评级。

收入、金融机构评级收入等均增长缓慢。而与结构化金融产品（SFPs）评级收入的迅速增长相应的是，在2007年之后，受次贷危机及RDRs调整的影响，该项收入锐减，至今仍处于谷底状态。而与结构化金融产品（SFPs）评级收入相比较，公司财务状态评级收入虽然自1999年起至2007年期间增长势头远不及结构化金融产品（SFPs）评级收入，在2007后也有所下降，但该项评级收入在2008年出现拐点，并自2008年起迅速上升。需要说明的是，公司财务状况评级是评级机构最重要的传统评级业务。该项评级业务收入的这一急剧上升，也在一定程度上说明，危机后，在危机中遭受重创的结构化金融产品（SFPs）的市场急转直下的情况下，受监管的机构投资者更倾向于选择公司证券作为投资对象，这在一定程度上导致了公司财务状况评级收入的上升。

在穆迪的财务报表中，另一个有意思的现象，也支持上述分析。在2000年穆迪的财务报表中的收入部分，列在第一项的是公司财务状况（CF）评级，其次是结构化金融产品（SFPs）评级；而到2001年时，其财务报表中，则首先列结构化金融产品（SFPs）评级，其次是公司财务状况（CF）评级。这种排列顺序的变化，一方面自然反映出了这两项评级业务收入数量的变化，即结构化金融产品（SFPs）评级的收入开始大于公司财务状况评级的收入。另一方面也充分说明了穆迪公司对这两项业务的重视程度发生了变化。2001年之前，相对来说，穆迪公司更重视公司财务状况（CF）评级，结构化金融产品（SFPs）评级次之；2001年之后，则发生了逆转，而这种逆转后的排序一直持续到了2009年。2010年时，随着次贷危机过后结构化金融产品（SFPs）市场的崩塌，穆迪的财务报表又悄然将二者各归各位，即仍然首先列公司财务状况（CF）评级，再列结构化金融产品（SFPs）评级。

虽然有数据显示，自2010年以来，评级已有所回暖，但相信在由RDRs构成的金融监管体系最终调整完成之前，评级会始终处于观望状态。至于以后将如何发展，肯定还要看在《2009年华尔街改革与消费者保护法案》（WSRCPA）规制下，下一步美国证券交易委员会（SEC）对其RDRs监管体系进一步调整的情况，当然，也包括其他被要求提交在实施金融监管中对评级依赖程度的机构，对其监管中依赖评级程度的调整的进展。

虽然还难以对美国的评级下一步的具体发展做出清晰的推断，但是可以断言，国家认可统计评级机构（NRSROs），这些被美国金融监管制度宠坏的"小孩"，很难再回到2007年之前RDRs监管支持下自由到为所欲为的状态。美国的金融监管者们，对评级的态度开始不再只是一味地溺爱。

第三章 RDRs 对评级发展的推动作用

RDRs 广泛存在于美国的诸多金融监管规则之中,自 20 世纪 30 年代 RDRs 产生以来,其对评级的影响可谓是巨大的,也对评级的发展产生了直接的影响。Partony (1999) 认为,监管许可理论确实有助于解释 20 世纪 30 年代及自 20 世纪 70 年代中期至今以来,信用评级机构重要性的日渐增长。当然,RDRs 更明显地解释了 20 世纪 70 年代以后,评级机构的迅速扩张。

第一节 金融监管中的 RDRs

Forum (2009) 回顾了信用评级在主要行政区内跨金融领域的应用,发现信用评级主要被用于 5 个目的 (Katz、Salinas 和 Stephanou,2009)。①确定金融机构的资本充足率要求(如 Basel Ⅱ 对银行资产证券化暴露的要求);②资产识别或分类(如对共同基金来说)符合条件的投资工具选择或(对资产经理来说)允许的集中度的确定;③在发行证券化债券或资产担保债券过程中评估资产的信用风险;④确定(如对评级实体等的)信息公开要求;⑤确定债券发售说明书的合格要求(例如,某个被评定为投资级的债券在发行前是否需要接受加快的或自动的监管审查)。他们认为,通过将信用评级纳入监管规则中,监管者们高效地将许多监管功能外包给了信用评级机构,使得现在的评级机构扮演着一个关键角色:实际的"资本市场守门员",尽管它们明显缺乏责任感,也不愿意承担这样的责任。

然而,由于 RDRs 对结构化金融产品 (SFPs) 评级的影响远远超过了其对公司债券评级、主体评级等评级业务的影响,因而,这种强大的影响力主要表现在以下两个大的方面：首先，由于结构化金融产品（SFPs）不同于公司债券，结构化金融产品（SFPs）的生产没有天然的限制，因而，这一特征使得结构化金融产品（SFPs）的承销商和发起人很快意识到，在 RDRs 的监管体制下，借助大量 RDRs 所包含的监管许可，符合 RDRs 投资"适格性"（Eligibility）要求的结构化金融产品（SFPs）能够以各种可能的资产为基础，被"无限地生产"出来。其次，如 Katz、Salinas 和 Stephanou（2009）所说，由于结构化金融产品（SFPs）具有更高的复杂性，并且该类产品的信用评级具有更低的透明度，因而，这两点进一步确保了结构化金融产品（SFPs）市场的参与者对评级更严重的依赖。他们在自身难以考查结构化金融产品（SFPs）风险状况的情况下，几乎完全信赖信用评级的风险评估结果。这种事实状况意味着，只要能够获得较高的信用评级，结构化金融产品（SFPs）就像贴上了品质标签。

于是，在 RDRs 支持下，评级机构忙于准确评估风险，结构化金融产品（SFPs）的发起人和承销商则在急于获得流动性及获利的影响下，推动很容易就能获得高评级的结构化金融产品（SFPs）市场迅速超常增长。当然，也如 Katz、Salinas 和 Stephanou（2009）等与该市场的广泛参与者们共同看到的，次贷危机的经验说明，危机爆发后的大规模的评级降级调整，正像信用评级推动了结构化金融产品（SFPs）市场的迅速发展一样，加剧了这一市场的迅速崩溃。

一、SEC 监管中的 RDRs

自从 1975 年美国证券交易委员会（SEC）将国家认可统计评级机构（NRSRO）签署的评级引入监管规则，[1] 其在金融监管中，对评级的依赖（参考）越来越多。

美国证券交易委员会（SEC）的监管活动对国家认可统计评级机构（NRSRO）的依赖非常严重，引入国家认可统计评级机构（NRSROs）评级的规则也非常多。在其 2003 年向国会提交的关于信用评级机构的作用和功

---

[1] Rule 15c3－1 set forth certain broker－dealer "haircut" requirements. A "haircut" is the percentage of a financial asset's market value a broker－dealer is required to deduct for the purpose of calculating its net capital requirement. Rule 15c3－1 required a different "haircut" based on the credit ratings assigned by NRSROs. See 17 C. F. R. § 240.15c3－1（1998）.

能的报告中指出,美国证券交易委员会(SEC)对被指定为国家认可统计评级机构(NRSROs)的信用评级机构的依赖主要体现在以下三个领域(Sangiorgi、Sokobin 和 Spatt,2009):

第一个依赖的领域与净资本规则相关。由于证券经纪商可能承担因风险和流动性而导致的其所有权持股的损失,为保证证券经纪商的安全性,美国证券交易委员会(SEC)在 1975 年修订的 Rule 15c3-1 中确立的净资本规则规定了证券经纪商相对于其所有权证券持股必须保持的监管资本数量。在经纪商持有的证券是被国家认可统计评级机构(NRSROs)签署的投资级证券时,这一规则允许经纪商持有更少的监管资本。

第二个依赖的领域与限制货币市场共同基金持有风险资产的规则相关。这一规则(Rule 2a-7)要求,货币市场共同基金应将它们的投资限定于短期的、高质量的金融工具的投资。而根据该规则,所谓"高质量的"金融工具的定义是指,有两家国家认可统计评级机构(NRSROs)出具信用评级的证券,并且,这两个评级结果都应是出具该结果的国家认可统计评级机构(NRSROs)的最高的两个信用级别之一,或是与此有相同品质的未评级证券。①

第三个依赖的领域与证券发行的规则有关。如果某一证券,如不可转债、优先证券和资产支持证券,至少被一家国家认可统计评级机构(NRSROs)评为投资级时,那么,美国证券交易委员会(SEC)的规则允许该证券的发行人,可以依据有价证券上市登记表(Form S-3)中,委员会指定的简易表格注册登记上市,而不必满足最低公众持股量测试。

显然,美国证券交易委员会(SEC)所列出的这三个主要应用 RDRs 的领域,均涉及到证券发行人或证券投资者的重大实质利益,必然导致涉及这三个领域的证券评级、发行人无疑首选的评级机构是具备国家认可统计评级机构(NRSRO)指定的评级机构。

根据《多德—弗兰克华尔街改革与消费者保护法案》提出的要求,美国证券交易委员会(SEC)应当整理其参考评级的监管规则。而这些依赖评

---

① Despite such rules, the Reserve Fund "broke the buck" in September 2008 and then suspended redemptions and liquidity. Many observers viewed the breaking of the buck and related suspension of the funds liquidity as directly causing a half trillion dollar run on the money market fund industry and the related collapse of the commercial paper market as central to the crisis of con. dence in the broader market.

级的规则主要反映在《1933年证券法》、《1934年证券交易法》、[1]《1940年投资公司法》,[2] 以及各种银行业监管规则之中。下面对美国证券交易委员会（SEC）制定的RDRs进行整理分析：

1. 证券市场监管规则中的RDRs

有价证券上市登记表中的Form S-3和Form F-3是合格发行人根据《证券法》登记证券发行的简易表格。能够依据这两种简易表格发行证券的所谓的"合格发行人"是指符合表格资格要求,[3] 以及至少一个表格的"交易要求"的发行人。[4]这里的"交易要求"中，其中之一是，如果不可转换证券被至少一家国家认可统计评级机构（NRSRO）评为"投资级"，那么发行人就可以登记初级发行。[5]根据Form S-3和Form F-3中总体指引I.B.2（General Instruction I.B.2），如果在销售时，至少有一家国家认可统计评级机构（NRSRO）对该证券的评级出具了该国家认可统计评级机构（NRSRO）通用等级分类中的"投资级"评级，特别是最高的四个等级的评级，那么这只证券被视为是"投资级"。显然，这否定了其他评级机构出具的评级，其他评级机构出具的评级，无论是否是该机构认可的"投资级"，均不能被认为是规则中所述的"投资级"，即排除了其他评级机构出具的评级的监管应用。

Form F-9允许加拿大发行人登记发行"投资级"债券或特定的"投资级"优先证券。[6] 根据该表格要求，如果证券被至少一家国家认可统计评级机构（NRSRO）评为"投资级"，或至少被一家由加拿大证券管理者核准的评级组织评为"投资级"，则该证券为"投资级"。[7]

根据《证券法》中的Rule 134（a）（17），证券评级信息的披露，应当是以某种不被认为是招股说明书或自由写作的招股说明书的方式，由国家认可统计评级机构（NRSROs）发布，或预期由国家认可统计评级机构（NRSROs）发布。

《证券法》中的Rules 138、139和168规定，当某种形式涉及到不可转

---

[1] Release No. 34-19, 565, 48 Fed. Reg. 10, 628 (1983).
[2] Release No. 33-6, 882, 56 Fed. Reg. 8113 (1991); see also Release No. IC-18, 736, 57 Fed. Reg. 23, 980 (1992).
[3][4][5] General Instruction I.A. to Forms S-3 and F-3.
[6] 17 C.F.R. § 240.15c3-1 (1998).
[7] General Instruction I.A. to Form F-9.

第三章 RDRs 对评级发展的推动作用

换的投资级证券发行时,这种形式不被认为是要约销售或《证券法》中 Sections 2(a)(10)25 和 5(c)26 规定的某种证券的许诺销售。

2. 投资公司相关规则中的 RDRs

《投资公司法》①(*Investment Company Act*)中的 Rule 2a－7 负责监管货币市场基金的运作。Crabbe 和 Post(1992)指出,美国证券交易委员会(SEC)在 1991 年修订 Rule 2a－7 时,加入了对国家认可统计评级机构(NRSROs)信用评级的参考。该规则要求,货币市场基金只能投资流动性强、品质高的短期投资工具,并对此规定了限制条件。其中一个限制条件是,货币市场基金只能投资于那些得到了"必要国家认可统计评级机构"(Requisite NRSROs)给出的信用等级的证券,并且该信用等级是出具这一评级结论的评级机构的最高的两个短期信用级别的其中之一,或是同等品质的未评级证券(也就是合格证券)。根据该规则,"必要国家认可统计评级机构"(NRSROs)是指,至少是货币市场基金董事会(The Money Market Fund's Board,MMFB)为决定证券是否是合格证券而指定的四家②国家认可统计评级机构(NRSROs)的其中之一。Rule 2a－7 进一步规定,货币市场基金的投资组合中,对一级(First Tier)证券的投资至少必须为 97%。③

《投资公司法》中的 Rule 5b－3,规定允许投资公司在特定条件下签署回购协议。其中的条件之一是,除了另有规定之外,证券回购方应当对回购协议提供全额担保。④ 关于"担保",进一步规定,如果回购协议的担保物,不是现金或政府证券,那么就应当是回购协议签署时,有"必要国家认可统计评级机构"(Requisite NRSROs)签署的最高信用等级的证券,或经货币市场基金(MMFB)董事会或其代理机构决定的,具有与"必要国家认可统计评级机构"(Requisite NRSROs)签署的最高信用等级的证券同等品质的未评级证券。⑤

3. 证券交易相关规则中的 RDRs

美国证券交易委员会(SEC)在《1933 年证券交易法》⑥(*The Securities*

---

① References to Credit Ratings in Certain Investment Company Act Rules and Forms.
② 分别是:穆迪投资者服务公司、标普、惠誉和多米尼债券评级公司(DBRS)。
③ 指获得认可的 NRSRO 的最高短期评级的证券。
④ Rule 5b－3(a).
⑤ Rule 5b－3(c)(1)(iv).
⑥ SEC, Removal of Certain References to Credit Ratings Under *the Securities Exchange Act of* 1934.

Exchange Act of 1933）的 15c3-1 条款中引入国家认可统计评级机构（NRSROs）签署的评级，作为对特定股票经纪人的资本要求的监管基准。这使得证券发行人，即使在向国家认可统计评级机构（NRSROs）申请信用评级的成本超出向其他评级机构申请评级的成本的情况下，也会义无反顾地选择向国家认可统计评级机构（NRSROs）申请信用评级，而并不在乎国家认可统计评级机构（NRSROs）签署的评级是否具有准确性。

Rule 15c3-1 被称为"净资本规则"，是对证券经纪商的最低净资本要求。根据"净资本规则"要求，如果证券经纪商持有的某商业票据、不可转换债券及优先股，至少两家国家认可统计评级机构（NRSROs）出具了较高信用级别的评级，则可对这些具有"专有地位"的证券，适用于较低的折扣规则。原因在于，该规则认为，具有较高信用级别的证券，通常比评级较低的证券或未评级证券，有更高的流动性和更小的价格波动。①

净资本规则的附录 A 中，在对术语"主要市场外汇"解释时，引用了国家认可统计评级机构（NRSROs）的信用评级，该规则指出，主要市场外汇是指某主权国家的货币，且该主权国家的短期债券被至少两家国家认可统计评级机构（NRSROs）给出了其最高两个信用级别之一的信用等级，且该国有大规模的银行间货币市场。②

净资本规则的附录 E 和附录 G 中同样有对国家认可统计评级机构（NRSROs）信用评级的引用。附录 E 规定，场外交易（OTC）衍生品交易商必须从他们的净资本中，扣除已将交易对手风险考虑进去了的信用风险费用。作为这种扣除的一部分，OTC 交易商必须将 20%、50% 或 100% 的交易对手因素计入，具体应当适用哪一比例，则取决于国家认可统计评级机构（NRSROs）的信用评级或该公司的内部信用评级。③ 此外，该规则还规定了 OTC 交易商应当计算的集中度费用的计算方法，同样引入了国家认可统计评级机构（NRSRO）的评级标准。④

除上述规则之外，美国证券交易委员会（SEC）的一些其他规则，如《投资公司法》中的 Rule 15c3-3、Regulation M 的 Rules 101 和 102，以及 Rule 3a-7；《证券交易法》中的 Rule 10b-10；《1940 年投资顾问法》

---

① Rule 15c3-1（c）（2）（vi）（E）,（F）, and（H）.
② Paragraph（b）（1）（i）（C）of Appendix A.
③ Paragraphs（d）（2）and（4）of Appendix F.
④ Paragraph（d）（3）of Appendix F.

（*The Investment Advisers Act of* 1940）中的 Rule 206（3）-3T，等等，也都引用了国家认可统计评级机构（NRSROs）的信用评级作为监管基准。

二、NAIC 监管中的 RDRs

根据2010年中期美联储的调查数据，保险公司是美国过半公司债券的投资主体。① 而除了美国证券交易委员会（SEC）在金融监管规则中大量引入了信用评级作为监管基准之外，美国全国保险官协会（NAIC）是另一个大量引用信用评级作为监管基准的监管者。在各类保险条例中，确立了各种依赖国家认可统计评级机构（NRSROs）评级的正式规则，主要用于规范保险公司的投资适当性。

理论认为，"保险"之所以有效，是因为人们相信保险公司的理赔承诺。如果出现保险公司破产，那么其承诺就不能兑现，这将会瓦解保险业存在的根基，甚至导致保险业的存续危机。因此，Vaughan 和 Vaughan（2008）强调，对清偿能力的规范是保险监管规则的核心内容。Randall（1999）指出，美国保险业的监管主要集中于各州层面，当然，像 Walker – Bright（2008）说的那样，美国全国保险官协会（NAIC）在制定保险监管的统一规则及标准方面也有着非常重要的作用。各州的保险监管者通常会采用美国全国保险官协会（NAIC）制定的基于风险的资本体制。

如果说对清偿能力监管是金融机构监管的核心，那么信用评级则是对清偿能力监管的核心，对保险业也不例外。对保险公司监管中大量引用信用评级来决定保险公司可以投资于什么类型的金融工具，以及决定保险商投资风险的大小。正如美国全国保险官协会（NAIC）工作组指出的那样，"评级被大量用于保险监管"，并且这种依赖通常是法规要求的。②

1. NAIC 层面的保险监管对评级的依赖

美国全国保险官协会（NAIC）主张建立一个"认可评级组织"（Ap-

---

① Federal Reserve Board, Federal Reserve Statistical Release Z. 1, "Flow of Funds Accounts of the United States," June 10, 2010.
② NAIC Rating Agency Working Group, Evaluating the Risks Associated with NAIC Relianceon NRSRO Credit Ratings – FINAL REPORTOF THE RAWG TO THE FINANCIAL CONDITIONS COMMITTEE, 2 (2010).

proved Rating Organizations，AROs）名单，它们出具的评级可被用作监管目的。① 美国全国保险官协会（NAIC）的名单中有6家被认可的评级组织，分别是标普（Standard & Poor's）、穆迪（Moody's）、惠誉（Fitch）、多米尼债券评级公司（DBRS）、贝氏（A. M. Best）和实点公司（Realpoint）。② 这一名单从内容来看，更像是美国证券交易委员会（SEC）的国家认可统计评级机构（NRSROs）的子集（SEC的NRSROs名单共10家机构，包含上述6家）。

在保险监管中，通常除了被认为是"有损失"（Impaired）的金融工具外，金融工具可以以购置价格持有。③ Bennett和Discussion（2009）说，规则要求对有损失的金融工具以市场价值持有。Martin Eling 和 Ines Holzmüller（2008）说，对于像债券、票据或抵押支持证券这样的固定收益投资工具的资本要求，这一要求被称为基于风险的资本要求（Risk - Based Capital，RBC）。通常通过将投资者所投资证券的账面价值乘以一个旨在衡量投资风险的"品质系数"来确定。所谓"品质系数"，是根据该投资工具的信用评级属于美国全国保险官协会（NAIC）认可的6个信用级别（NAIC 1级到NAIC 6级）中的哪一个级别来决定的。其中，NAIC 1级对应着最低的信用风险，NAIC 6级则对应着最高的信用风险。相应地，从NAIC 1级到NAIC 6级相应的品质系数依次降低。

对已经有认可评级组织（AROs）出具评级的证券，其NAIC级别，由美国全国保险官协会（NAIC）依照这个认可评级组织（AROs）评级与NAIC评级两种评级方案之间固有的映射关系，由认可评级组织（AROs）出具的评级直接映射得出美国全国保险官协会（NAIC）的评级，而不再另外组织评级活动。表3-1给出了NAIC 1级到NAIC 6级与认可评级组织（AROs）信用评级等级的对应关系。

美国全国保险官协会（NAIC）评级的另一个确定原则是：若某只证券有一家认可评级组织（AROs）出具的评级结果，那么这个评级结果可以直接被用于决定NAIC评级；若这只证券有两家认可评级组织（AROs）出具的评级结果，那么两个评级结果中较低的评级将被用于决定NAIC评级；若

---

① The SEC also maintains a list of "Nationally Recognized Statistical Rating Organizations" (NRSROs), which is probably more widely known.
② Evaluating the Risks Associated with NAIC Reliance on NRSRO Credit Ratings - Final Report of the RAWG to the Financial Conditions (E) Committee.
③ 意思是公司并不期望该工具的最终表现与约定一致。

表3-1 NAIC评级与评级机构信用级别的对应关系

NAIC的评级	机构评级
NAIC 1	AAA/Aaa, AA/Aa, A/a
NAIC 2	BBB/Baa
NAIC 3	BB/Ba
NAIC 4	B/B
NAIC 5	CCC/Caa
NAIC 6	in or near default

这只证券有两家以上的认可评级组织（AROs）出具的评级结果，则按已有评级的高低顺序排列，将倒数第二低的评级作为决定NAIC评级的机构评级。① 从NAIC评级的这一确定原则可以看出，NAIC评级的确定与国家认可统计评级机构（NRSRO）出具的评级密切相关，在多数情况下，NRSRO出具的评级能够直接决定NAIC评级。

这种映射关系导致的结果是，如果一家认可评级组织（AROs）决定发布某项债务工具的评级，那么，资本要求就基于国家认可统计评级机构（NRSRO）出具的评级来决定。表3-2给出了NAIC的品质分类与基于风险的资本要求（RBC）系数的对应表。②

1996年，美国全国保险官协会（NAIC）通过了《保险公司投资示范法》（The Investments of Insurers Model Act）限制版（Defined Limits Version）。③ 该版本的法案被7个州及哥伦比亚地区采用。1997年，美国全国保险官协会（NAIC）又通过了《保险公司投资示范法》（The Investments of Insurers Model Act）标准版（Defined Standards Version）。④ 乔治亚州（Georgia）、密苏里州（Missouri）及南达科塔州（South Dakota）承诺遵守该版本

---

① National Association of Insurance Commissioners, Request for Proposal Pertaining to Residential Mortgage - Backed Securities Owned by U. S. - Domiciled Companies, 12（Oct. 23, 2009）.

② Sholom Feldblum, "NAIC Property/Casualty Insurance Company Risk - Based Capital Requirements," 83 PROCS. CAS. ACTUARIAL SOC'Y, 297, 304 - 05（1996）; Chris Evangel, Panel Discussion, Use of Rating Agency Ratings in State Insurance Regulation RATING AGENCY（E）WORKING GROUP HEARING,（Sept. 24, 2009）. http：//www.naic.org/committees_e_rating_090924_hearing_panel1.htm.

③ NAIC Modle Laws, Regulations, and Guidelines 280 - 1, § § 1 - 32（1996）.

④ NAIC Modle Laws, Regulations, and Guidelines 283 - 1, § § 1 - 19.

的某些条款。

表 3-2 NAIC 的品质分类与 AROs 评级

NAIC 分类	债券的 RBC 系数（%）	优先股的 RBC 系数（%）	同等的 AROs 评级
联邦政府债券	0.0	NA	
最高质量	0.3	2.3	AAA 至 A -
高质量	1.0	3.0	BBB + 至 BBB -
中级质量	2.0	4.0	BB + 至 BB -
低质量	4.5	6.5	B + 至 B -
更低质量	10.0	12.0	CCC + 至 CCC -
违约或即将违约	30.0	30.0	CC + 至 D

《保险公司投资示范法》（限制版）在定义允许保险公司的投资时，严重依赖美国全国保险官协会（NAIC）的六级分类体系，也即对信用评级严重依赖。

首先，根据该法案要求，保险公司一般仅可投资有评级的信用工具，并规定不符合该法要求的投资是不被认可的投资。[①] 根据这一限制，人寿和健康保险公司、[②] 财产和意外事故保险公司、财务担保及抵押担保保险公司[③]可以投资"有评级的信用工具"。所谓"有评级的信用工具"是指符合以下条件之一的信用工具：①被 NAIC 的证券估价办公室（SVO）评级或要求被 NAIC 的证券估价办公室（SVO）评级；②到期日不超过 397 天（包含 397 天），且 NAIC 的证券估价办公室（SVO）或一家认可评级组织（AROs）对该信用工具的发行主体出具了评级；③到期日不超过 90 天（包含 90 天），且发行主体是一家资本足够雄厚的银行；④是货币市场共同基金份额；⑤或是一级债券共同基金份额。[④] 需要说明的是，最后两类条件对评级的依赖表现得较为含蓄：要求货币市场基金是投资于有国家认可统计评级机构（NRSROs）出具的最高信用等级或相同品质的金融工具的货币市

---

① Model Investment Act (Defined Limits Version) § 3. A.
② Model Investment Act (Defined Limits Version), at § 11.
③ Model Investment Act (Defined Limits Version), § § 21, 24.
④ Model Investment Act (Defined Limits Version), § § RRR.

第三章 RDRs 对评级发展的推动作用

场基金;① 并要求一级债券共同基金"维持着美国全国保险官协会（NAIC）的认可评级组织（AROs）出具的最高信用品质的评级"。②

其次，该法案限制保险公司③对"中等或较低等级的金融工具"的投资，规定对"中等或较低等级的金融工具"的投资只能占其净资产总额的规定比例。其中，对 NAIC 6 级证券的投资，只能占其净资产总额的 1%；且对 NAIC 5 级和 NAIC 6 级两个级别证券的投资，总计不得超过其净资产总额的 3%；对较低等级金融工具的投资，总计不得超过其净资产总额的 10%；对中等或较低等级金融工具的投资，总计不得超过其净资产总额的 20%。④ 所谓"中等或较低等级的金融工具"是依据信用评级定义的，其中，"中等级别金融工具"是指那些评级为 NAIC 3 级的金融工具;⑤"较低级别金融工具"是指那些评级为 NAIC 4 级、NAIC 5 级和 NAIC 6 级的金融工具。⑥

《保险公司投资示范法》（限制版）还规定，财产和意外事故保险公司被允许投资的金融工具，依次仅包含 NAIC 1 级或 NAIC 2 级债务的资产池、货币市场基金，以及证券借贷或回购交易。⑦ 其中，货币市场基金指那些仅投资于特定信用评级的金融工具的基金。⑧

2. 州层面的监管对评级的依赖

Emmett J. Vaughan 和 Therese Vaughan（2008）认为，对保险公司的资本要求，虽然包括固定资本要求和以风险为基础的资本要求两种，而且每个州都有对固定资本要求的明确规定，但由于固定资本要求的数额，对大的保险公司来说并不高，很容易满足，因而，更重要的资本要求是美国全国保险官协会（NAIC）框架下的以风险为基础的资本要求。所以，总体而言，根据现有的美国全国保险官协会（NAIC）的规则，信用评级往往直接决定保险公司必须持有的资本数量，也就是说，信用评级直接决定了保险公司的资本成本和盈利能力。

基本上每个州都有立法直接控制保险公司可以投资的金融工具类型，

---

① 17 C. F. R. § 270.2a-7 (c) (3) (i), (a) (10). SEC Investment Company Act Rule 2a-7.
② NAIC PRACS. & PROCS. MAN., Part 6, § 2 (b) (iii), at 201 (2009).
③ Life and health insurers, property, casualty, and financial and mortgage guaranty insurers.
④ Model Investment Act (Defined Limits Version) § § 10.
⑤ Model Investment Act (Defined Limits Version) § 1. BBB.
⑥ Model Investment Act (Defined Limits Version) § 1. Z.
⑦ Model Investment Act (Defined Limits Version) § 25. A.
⑧ 17 C. F. R. § 270.2a-7 (a) (12) (i), (c) (3).

有些州通过只批准允许对特定类型的金融工具投资，而禁止对其他的金融工具投资；有些州要求，对降到某个信用评级线以下的金融工具，允许的投资数量仅限于一定的百分比。这些规则往往由各州的投资立法加以规定。除接受《保险公司投资示范法》（限制版）的行政区，如阿拉斯加州、哥伦比亚地区、伊利诺伊州、①肯塔基州、蒙大拿州、新泽西州②和西弗吉尼亚州之外，其他许多州的投资法特别依赖评级，相当重视评级机构发布的评级——特别是高级别的评级。下面以几个州，特别是加利福尼亚州、康涅狄格州、马萨诸塞州、明尼苏达州、新泽西州和纽约州的投资立法来做介绍。③

虽然有些州的立法允许某些审慎投资，但是多数州的立法通过列举方式规定允许投资的金融工具类型，并禁止投资其他类型的金融工具。这种监管方式则经常包含有以评级为基础的准许投资的标准。此外，信用评级还被用于规定允许的资产池投资、最大风险敞口，以及衍生品交易对手风险敞口。

虽然有例外，但是大多数州对公司债券投资没有设置直接的评级要求。纽约州是一个重要的例外，该州对多数非人寿保险公司（Non - Life Insurers)④的投资立法借助信用评级，定义了允许的美国投资工具，尽管对人寿保险公司的法规通常没有这种规定。⑤

明尼苏达州对人寿保险公司的一般立法规定中还规定了，优先股⑥和公司债券⑦的投资必须符合最低的信用评级要求。

此外，明尼苏达州和加利福尼亚州都有 RDRs，特别是用于监管保险公

---

① 伊利诺伊州是各州主要保险公司子公司的住所地，也是保险公司（State Farm）的公司总部住所地。

② 新泽西州仅部分接受了《保险公司投资示范法》。

③ The list of states was developed by reviewing the reports of the ten largest insurance groups in the United States and determining the principal regulator of each group's major insurance subsidiaries. This list was supplemented by consulting with other academics to identify states that generally are considered important insurance regulators.

④ 包括财政担保公司（Financial Guaranty Insurers）。

⑤ N. Y. INS. LAW § 1404（a）（2）（McKinney 2006）.

⑥ MINN. STAT. ANN. § 61A.28, subdiv. 6（b）（3）（West 2005）（for bidding investments in preferred stock "rated in the four lowest categories" established by the SVO）.

⑦ MINN. STAT. ANN. § 61A.28, subdiv. 6（e）（2）（West 2005）.

第三章　RDRs 对评级发展的推动作用

司对结构性或资产支持证券的投资。① 其中，明尼苏达州的立法规定，如果支持资产至少 90% 的美元价值符合直接投资要求，或有至少一家国家认可统计评级机构（NRSRO）签署了属于其最高四个级别之一的信用评级，或评级属于 NAIC 的证券估价办公室（SVO）评级的前两类，即 NAIC 1 级或 NAIC 2 级，则允许投资该资产支持组合。② 如果资产支持证券至少有一家国家认可统计评级机构（NRSRO）签署的属于其最高三个信用级别的评级，以及两个 NAIC 最高级别之一的评级，则允许投资该资产支持证券，但这种投资不得超过保险公司净资产总额的 10%。③

其他如马萨诸塞州的 RDRs,④ 允许投资 §63A（1）根据评级要求定义的美国债务及加拿大"机构"。⑤ Section 63（14G）的评级要求是，产品最初的评级是由一家证券估价办公室（SVO）认可的国家认可统计评级机构（NRSROs）发布的，并"至少为'BBB-'级或'Baa3'级，或相同品质"，且收到一个由 NAIC 的证券估价办公室（SVO）直接发布的初始或临时评级，或通过了 NAIC 的证券估价办公室（SVO）的评级豁免申请。⑥ 加利福尼亚州允许投资于非附属机构发行的有息债务，⑦ 其对"机构"的定义同样也很广泛，并包含了信任规范。⑧

其他州，像新泽西州⑨允许保险公司投资于有根据"制度"⑩ 发布的高评级的债务。同时，在纽约州⑪、明尼苏达州⑫及新泽西州⑬，信用评级直接决定什么类型的非美国金融工具，对保险公司来说是合格性的投资品。

许多州的立法即使没有采用评级来规定投资许可，它们通常也会规定

---

① MINN. STAT. ANN. § 61A. 28, subdiv. 8 (b) (West 2005).
② CAL. INS. CODE §1192.10 (a) (3) (West 2005).
③ CAL. INS. CODE §1192.10 (b) (West 2005).
④ MASS. GEN. LAWS ch. 175 § 63 (14G) (supp. 2010).
⑤ §63A（1）对"机构"定义是"一个法人，一家股份公司，一个协会，一家信托机构，一个商业伙伴，一家合资企业或是一家小企业"。
⑥ MASS. GEN. LAWS ch. 175 §63 (14G) (1) – (3) (supp. 2010).
⑦ CAL. INS. CODE §1196.1 (f) (5) (West 2005).
⑧ CAL. INS. CODE § 1192 (West 2005).
⑨ N. Y. INS. LAW § 1404 (a) (2) (McKinney 2006).
⑩ 但未对此做明确规定。
⑪ N. Y. INS. LAW § 1404 (a) (6); § 1405 (a) (7) (C) (i) (I).
⑫ MINN. STAT. ANN. § 61A.29, subdiv. 2 (a).
⑬ N. . J. STAT. ANN. § 17B: 20 – 1 (e) (1) (a) (West 2006).

对保险公司证券组织整体来说，必须满足的评级要求。例如，明尼苏达州规定，非人寿保险公司对非投资级债务的投资不得超过其净资产总额的15%，① 加利福尼亚州②和马萨诸塞州③也有类似的规定。

1984年生效的《次级抵押市场促进法》(The Secondary Mortgage Market Enhancement Act, SMMEA)，④ 曾要求州监管者，将有高信用评级的抵押支持证券（MBSs）⑤ 等同于美国政府债务，⑥ 由于美国保险公司通常被允许投资于美国政府债务，因而这一法案中，评级的重要性，显然无需多言。⑦

因为保险监管体系依赖评级，高信用评级，是允许保险公司投资某金融工具的前提，所以，这些金融产品一旦被降级或丧失评级，保险公司就会遭受灾难性的压力。

三、其他监管者对 RDRs 的依赖

除美国证券交易委员会（SEC）、美国全国保险官协会（NAIC）两大依赖评级的监管机构颁布了诸多的 RDRs 之外，其他监管者对评级的依赖也不容小觑。

国会要求，资产抵押有关的证券应当至少被一家国家认可统计评级机构（NRSRO）评定为其最高两个信用等级之一。联邦储备委员会在 T 条款中（Reg. T）依赖国家认可统计评级机构（NRSRO）的地位，⑧在1984年《次级抵押市场促进法》(SMMEA) 中要求，抵押相关证券至少应当被一家国家认可统计评级机构（NRSRO）评为两个最高级别的信用等级之一。⑨《联邦存款保险法》(The Federal Deposit Insurance Act) 允许储蓄协会投资的"投资级金融工具"的定义是指，一种被至少一家国家认可统计评级机构

---

① MINN. STAT. ANN. § 60A.11, subdiv. 17 (d) (West 2005).
② CAL. INS. CODE § 1196.1 (a) (6) (West 2005).
③ MASS. GEN. LAWS ch. 175 § 63A (1) (West 1998).
④ PUB. L. 98-440, effective Oct. 3, 1984.
⑤ 15 U.S.C. § 78c (1) (41).
⑥ 15 U.S.C. § 77r-1 (a) (1).
⑦ Dodd-Frank repeals the provision of SMMEA that tied the preferential treatment of MBS to high credit ratings, 87 but the repeal does not go into effect until July 2012. 88.
⑧ 12 C.F.R. § 704.2, 704 App. A (1992).
⑨ 15 U.S.C. § 78c (a) (41) (1994).

（NRSRO）评级为最高的四个等级的金融工具。① 《住房和城市发展住房金融机构的要求》（*The Housing and Urban Development Housing Finance Agency Requirements*）中包括一个要求，即潜在的住房金融机构需至少被一家国家认可统计评级机构（NRSRO）评为最高层（Top Tier）的评级，且其债券须维持整体A级的评级。② 美国教育部依赖国家认可统计评级机构（NRSROs）的评级，是为了建立某些情况下的经济责任标准，甚至学生贷款营销协会也有相似的规则。③

Partnoy（1999）指出，国家认可统计评级机构（NRSRO）还曾被一些联邦地区法院的裁判引用。国家认可统计评级机构（NRSRO）这一术语曾被三个联邦案例引用，分别是：UBS Asset Mgmt. v. Wood Gundy Corp., 914 F. Supp. 66 (1996)，在有关证券销售欺诈的辩解中使用这一术语；Heiko v. FDIC, 1995 U. S. Dist. LEXIS 3407 (Mar. 15, 1995)，在定义抵押相关证券中使用这一术语；美国证券交易委员会（SEC）v. Drexel Burnham Lambert Inc., 1989U. S. Dist. LEXIS 10383 (1989)，在救济构造中，使用这一术语定义低于投资级的固定收益证券。

第二节　RDRs刺激下评级在危机后的繁荣

从第二章对三次经济危机中评级的发展的分析可以看出，虽然评级并未能预见任何一次经济危机的发生，更不用说警示经济危机的风险，并且每一次经济危机之中，市场都见证了大量证券违约、大量证券的评级被降级处理的事实，而且每次经济危机之中评级机构都无可选择地因其不佳表现而广受批评，然而，几次经济危机后，大量RDRs的应用，却总能够让评级机构在预警风险失败后，在投资者的评级需求下降后，在RDRs的推动下，从经济危机的颓废中逆势鹊起。对此，Bongaerts、Cremers和Goetzman（2009）认为，评级需求是监管要求的函数，是每次经济危机过后的RDRs需

---

① 12 U. S. C. § 1831e (d) (4) (A), (C) (1994).
② 24 C. F. R. § 266.100 (1994).
③ 20U. S. C. § 1132f-1 (1994).

求,刺激评级在经济危机后的繁荣,这足以说明 RDRs 对评级发展的推动作用。下面对几次经济危机中 RDRs 及评级的发展做具体分析。

一、评级在 20 世纪 30 年代危机后的繁荣

在 20 世纪 30 年代的"大萧条"以前,资本市场对债券评级的关注度并不高。而且评级机构与大多数投资者一样,并没能预见到经济危机的到来,以致经济危机中大量公司破产,数以百计的债券价格下降,违约率上升,导致投资者损失惨重。1929 年股市大崩盘以后,许多债券被降级。

虽然评级机构在"大萧条"中表现不佳,但是这一次世界性经济危机的爆发,却给停滞的评级带来勃勃生机。这其中虽然有"大萧条"使投资者认识到经济的不稳定性、投资风险的必然性,从而开始重视信用评级,在一定程度上增加了投资者对评级的需求的关系,然而,更重要的原因在于,"大萧条"造成的灾难性损失,使金融监管者们意识到了对金融风险进行监管的重要性,并由此使金融监管者们产生了风险监管的迫切需求。他们将这种需求转向评级机构,开始认同评级机构对债券风险的评估意见,还逐渐转向将评级纳入金融监管规则之中,形成了包含着无数 RDRs 的金融风险监管体系,以限制金融机构投资者对低评级证券的投资。

一系列 RDRs 的出台,对证券市场产生了重要的影响,仅货币监理署（OCC）的规则,就在一天时间里消减了银行可购买的全部公开交易证券的一半。RDRs 使得许多原来购买投资级以下证券的金融机构,不得不完全放弃对投资级以下证券的投资,转而购买投资级以上的证券。从而导致,RDRs 出台之前,从不寻求,甚至反对信用评级的证券发行人,一方面为缓解投资者们在危机后的恐慌情绪,证明其债券的品质;另一方面,更重要的是,为了使其发行的证券符合各种监管规则确定的"合格条件",成为机构可投资的合格证券,能被机构投资者购买,他们被迫在危机后转向主动申请信用评级。显然,作为证券发行人,他们只关注发行的证券是否能够获得更有利的定价,是否有足够多的人购买,而无心关注对其证券的评级究竟包含多少有价值的信息。Harold（1938）说,最终事实证明,RDRs 兴起后的那些年,评级确实变得越来越普遍。

表 3-3 给出了 1925~1939 年期间,评级机构评级的债券面值所占的百分比情况,以及被评级为 Ⅰ~Ⅳ 级的债券面值所占的百分比情况（Hickman，1958）。

表3-3 1925~1939年评级机构评级的债券面值所占百分比

发行年度	全部债券面值（百万美元）	有评级的债券面值所占百分比（%）	级别为Ⅰ~Ⅳ级的债券面值占评级面值的百分比（%）
1925	2202.4	97.6	83.3
1926	2724.8	98.4	81.8
1927	3856.8	99.5	82.3
1928	2997.0	97.0	73.0
1929	1957.7	94.1	73.8
1930	2978.3	97.4	86.5
1931	2030.1	97.3	89.2
1932	873.7	90.9	77.1
1933	444.3	84.3	36.1
1934	581.3	84.3	36.1
1935	2314.9	96.4	85.0
1936	3666.1	98.8	93.8
1937	1561.6	97.5	87.1
1938	1960.1	94.2	94.7
1939	2213.1	95.0	73.9

从表3-3中的数据可以看出，自1925年起至1929年"大萧条"爆发前，评级机构对市场中的绝大多数债券进行评级。需要说明的是，这一时期评级机构的收费模式是投资者支付订阅费模式，发行人排斥评级，并且不为评级付费。评级机构评级的债券的数量及在债券市场中的总体占比，仅能够说明评级机构为收取订阅费而欲开拓的业务规模，虽然这能够在一定程度上反映市场中投资者的需求，但由于其提供的债券评级的数量与市场需求并不是确定匹配的，因而不能直接反映市场需求。而在"大萧条"发生后的一个时期内，它们评级的债券的相对数量有所降低，到1933年、1934年两年达到了最低值84.3%。然后自1935年起，这一数据又急剧上升，直接从1934年的84.3%上升至1935年的96.4%，1936年则达到了98.8%。从美国"大萧条"后的经济恢复情况来看，这一时期的经济状况

并不理想,而评级机构在"大萧条"中由于未能预见风险,以及危机爆发后迅速降低了大量债券的评级,也遭受了一定程度的信誉损失。然而,机构评级债券的数量之所以能够在1935年产生跳跃式的增加,显然与危机后自1930年起RDRs的应用有关。而在1936年时,货币监管署(OCC)的规则,则是推动这一数据进一步上扬的重要原因。

表3-4给出了1920~1939年,全部未清偿债券面值与各信用等级的债券及未评级债券的四年期面值百分比分布(Hickman,1958)。

表3-4 1920~1939年各等级债券、未评级债券与全部未偿债券的百分比分布

时间	复合评级				全部票面价值（百万美元）
	Ⅰ~Ⅱ（%）	Ⅲ~Ⅳ（%）	(Low) Ⅴ~Ⅸ（%）	未评级（%）	
全部债券					
1920~1923	32.9	46.4	17.7	3.0	7911.0
1924~1927	22.0	59.7	17.1	1.2	11011.0
1928~1931	27.9	49.9	18.8	3.4	9963.1
1932~1935	41.6	31.0	20.6	6.8	4214.2
1936~1939	43.9	41.4	11.4	3.3	9400.9
铁路债券					
1920~1923	74.2	17.7	6.1	2.0	1591.1
1924~1927	46.7	40.8	12.4	0.1	1940.6
1928~1931	48.4	41.2	9.5	0.9	2074.8
1932~1935	43.9	27.2	19.2	9.7	596.2
1936~1939	29.0	33.8	36.0	1.2	1438.6
公用事业债券					
1920~1923	18.7	55.0	25.3	1.0	3134.2
1924~1927	18.1	65.5	16.0	0.4	5529.2
1928~1931	26.8	51.9	20.6	0.7	5406.8
1932~1935	54.4	23.8	19.2	2.6	2445.5
1936~1939	56.9	37.4	4.4	1.3	5178.2
工业债券					
1920~1923	26.2	52.3	16.1	5.4	3185.7
1924~1927	14.5	61.1	21.3	3.1	3541.2
1928~1931	13.0	53.3	22.5	11.2	2481.5
1932~1935	13.8	47.8	24.2	14.2	1172.5
1936~1939	27.7	52.8	11.5	8.0	2784.1

第三章 RDRs 对评级发展的推动作用

从表3-4中的数据可以看出，就全部债券而言，1920～1923年期间未评级债券所占的百分比为3.0%；1924～1927年有所下降，为1.2%；1928～1931年受"大萧条"影响，略有上升，为3.4%；而到1932～1935年期间这一数据则急剧上升至6.8%；1936～1939年期间，这一数据又急剧下降至3.3%。同样参考当时美国的经济状况，说明1936～1939年期间，受RDRs的影响，或是由于发行人申请，或是由于评级机构主动，更多的债券载有了信用评级。

按照Harold的说法，货币监理署（OCC）对条例修订①，创造了迄今为止最有价值的监管许可。Harold（1938）指出，当时市场中大约2000只上市和公开交易的债券，有1000多只达不到货币监督署的"投资级证券"所定义的级别。为满足监管需求而对评级的追逐，成为大量证券发行人降低发行成本、保障证券发行的重要手段，从而使得评级需求在监管需求推动下，在危机后的声誉不振中，开始迅速增长。

根据Harold（1938）的研究，"大萧条"之前，评级机构从不对未发行的证券进行评级，而受RDRs及危机后投资者风险管理需求的影响，开始有证券发行人主动申请发行前评级，不仅说明发行人对评级的敌对态度发生了转变，也表明事实上这已为评级时点由发行后向发行前转变做了铺垫。"大萧条"之后，信用评级逐渐成为债券投资的重要参考，投资者开始根据评级确定他们的风险承受水平以及收益要求，这意味着从投资者角度来说，评级需求增加了。

20世纪30年代的经济危机，为评级带来了发展的转机，危机过后，也产生了一些较有影响的新的评级公司，如达夫菲尔普斯评级公司（Duff & Phelps Co.）②。此外，前文中提到的商业信用评估公司Dun & Co.与Bradstreet Co.也于1933年合并成立Dun & Bradstreet Co.，之后1962年时Dun & Bradstreet Co.收购了穆迪，开始介入评级业务成为评级公司。但之后，随着美国经济的逐步复苏，投资者风险意识再度下降，导致了投资者评级需求的下降。同时，监管者在危机后经济衰退的压力中，发布了一批RDRs；之后，随着经济回暖，在很长一段时期里没有新的RDRs增加。于是，当美国经济再度步入高涨之后，评级业则再度跌入徘徊不前的状态。

---

① 修订之后美国议会法案5136章第7段。
② 1933年成立。

二、评级在20世纪70年代危机后的繁荣

20世纪70年代初的恐慌及之后的石油危机,最终使美国经济陷入衰退与滞胀的困境。Wigmore(1990)研究发现,公司债券在20世纪70~80年代期间违约率大大上升。20世纪70年代初的信用危机,使监管者认识到,评级质量是影响金融风险的重要因素,评级风险的导向作用,则使评级的内在风险进一步放大。为调整评级质量,应对监管中"伪造评级"的应用,1973年美国证券交易委员会(SEC)开始指定国家认可统计评级机构(NRSRO),并进而使得RDRs空前扩张。Partnoy(1999)指出,1973年以后,信用评级已被纳入各种实体领域的数以百计的条例(Rules)、公告(Releases)、规章(Regulations),包括证券(Securities)、养老金(Pension)、银行业(Banking)、不动产(Real Estate)以及保险的规则之中。因此,与此前存在的RDR相比较,20世纪70年代进一步深化后的RDRs,对评级的影响力更大,影响面也更加广泛,其对评级的发展影响主要表现在以下四个方面:

第一,Partnoy(1999)说,无数RDRs有效地授予了评级机构数以百计有价值的"监管许可",进一步促进了评级的快速发展。Partnoy(1999)还认为,随着"监管许可"数量和价值的巨大突破,评级机构不再需要像过去那样通过生产有价值的信息以维护和赢得信誉资本,再利用信誉资本去赚取收益;事实上,在拥有无数"监管许可"的情况下,它们可以直接通过销售"监管许可"产生的价值盈利并实现增长。并且,通过销售"监管许可",信用评级机构可以无需付出成本和努力来生产准确评级,在成本更低的情况下,不准确评级所带来的收益好像更高些。而且,收益的增加使评级机构得以更快速地发展。

第二,随着RDRs的增加,为信用评级创造出更多的监管需求,从而使得金融监管成了评级机构命运的掌握者。20世纪30年代,信用评级的对象基本上完全限于债券,而到20世纪70年代之后,评级对象已得到了有效扩展,进而几乎包含了连同债券在内的各类金融工具,诸如股票、各类结构化金融产品(SFPs)等。因此,20世纪70年代的RDRs限制各类金融机构投资国家认可统计评级机构(NRSRO)出具的"投资级"金融工具,为这些评级机构创造了更大量的"监管许可"。图3-1显示了各类主体持有债

券及国外债券的情况。①

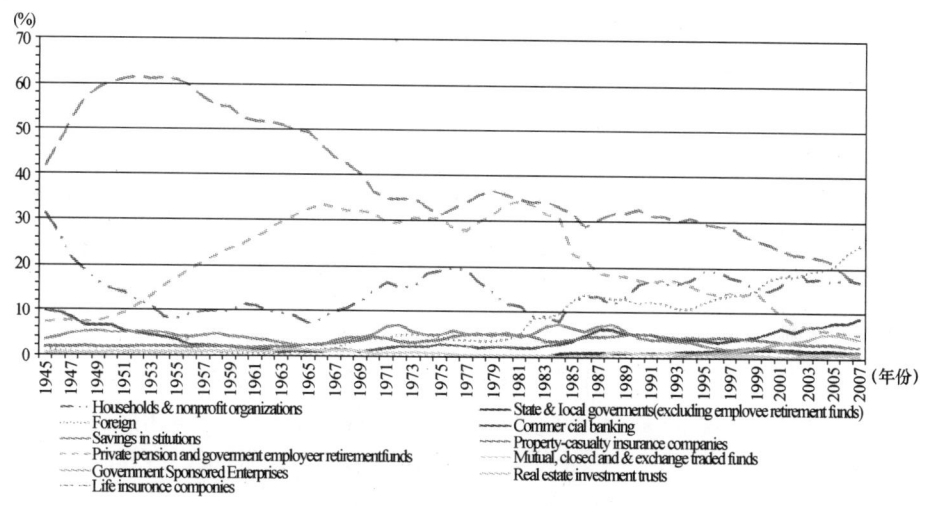

图3-1 1945~2007年全部公司债券和外国债券的持有情况

资料来源：Board the Federal Reserve Flow of Funds table L212.

从图3-1中可以看出，1975年时各类机构均持有大量的债券，如公司债券的第一大持有者人寿保险公司（Life Insurance Companies）及第二大持有者储蓄机构（Savings Institutions）等。此后它们的持有比例虽有所减少，但基本上依然是大额债券的持有者。而20世纪70年代的RDRs，不仅直接限制了它们对投资级以下级别债券的持有，还明确规定，所谓的"投资级"及以上等级，应当是国家认可统计评级机构（NRSRO）做出的"投资级"及以上评级。换言之，其他评级机构签署的"投资级"及以上的评级并不被认可。如果这些机构对债券的投资只能选择国家认可统计评级机构（NRSRO）做出的投资级及以上评级，那么，显然就可以推知，20世纪70年代的RDRs为那些国家认可统计评级机构（NRSRO）创造了无数的"监管许可"。

Gutner（1992）曾以惠誉为例指出，惠誉的命运，受到美国证券交易委员会（SEC）的眷顾。例如，美国证券交易委员会（SEC）通过规定共同基

---

① 图表引自 Ludovic Moreau, A Century of Bond Ratings as a Business, July 2009.

金只能购买有两家以上国家认可统计评级机构（NRSROs）出具的高评级的商业票据，为惠誉创造了巨大的评级需求。据他测算，仅这一规则就为惠誉带来 15~20 个新客户（在 20 世纪 80 年代惠誉几乎无法经营下去的情况下）。

第三，RDRs 的广泛应用，进一步提高了整个社会对评级的关注度，使得无论是发行人，还是投资者都更加关注信用评级。发行人从使其证券满足监管需求的角度，即使承担评级费用，也依然对评级趋之若鹜。投资者，即使难以确定评级的信息价值，也会因为评级的监管信号作用，而不得不关注评级因素。这两个方面的因素，都使得评级在资本市场中的影响越来越大，评级机构也就越来越容易生存和发展。

穆迪虽然目前是一家独立评级机构，但其在 1961~2001 年间却是邓白氏的下属子公司，因此这一期间其财务也不独立。图 3-2 给出了穆迪（Moody's）、麦格劳—希尔公司（McGRAW—Hill）和邓白氏（Dun & Bradstreet）三家公司 1928~2008 年期间的边际利润。①

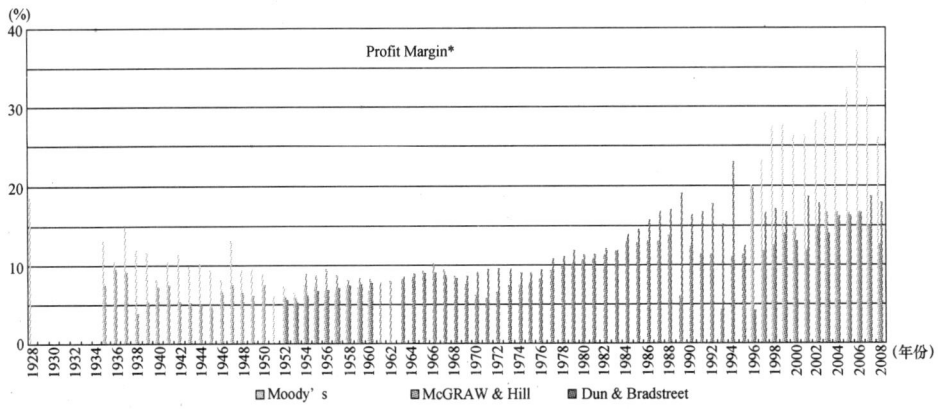

图 3-2　1928~2008 年穆迪、McGRAW—Hill 和 Dun & Bradstreet 的边际利润

资料来源：Mondy's Industrial Manutals Compustat. Company reports.

注：* Net Income after taxes Sales.

对于像 1928~2008 年期间的穆迪（Moody's）、麦格劳—希尔公司

---

① 图表引自 Ludovic Moreau，A Century of Bond Ratings as a Business，July 2009.

（McGRAW—Hill）和邓白氏（Dun & Bradstreet）这样的信息服务中介来说，其主要的可变成本是人员成本，因此，边际利润的变化能够直接反映其业务收入及业务量的变化。

由图 3-2 可以看出，首先，在 1944~1960 年期间，穆迪公司的边际利润虽处于波动之中，但却比较平稳。1961~1974 年期间并购了穆迪的邓白氏（Dun & Bradstreet）公司的边际利润也相对平稳，这一事实说明，在 20 世纪 70 年代的 RDRs 出台之前，评级公司的发展相对平稳。结合第二章第三节对这一阶段评级的发展分析可以推知，在这一阶段中，穆迪评级业务和收入的增量均有限。1976 年后邓白氏（Dun & Bradstreet）的边际利润一直处于上升之中，而且在 1984~1993 年期间上升幅度较快。1994 年有所下降，而后，从 1996 年起，穆迪公司的边际利润则显示出强劲的增长势头。说明自 20 世纪 70 年代中期以后，穆迪公司业务的增长发展强劲。

由图 3-2 的数据分析，结合第二章第三节和第四节两节的历史分析可以推知，在 20 世纪 30 年代过后，20 世纪 70 年代的 RDRs 出台之前，评级发展缓慢而平衡，而 20 世纪 70 年代的 RDRs 出台之后，国家认可统计评级机构（NRSRO）不仅获得了更多的监管许可，其边际利润也迅速增长。而在 20 世纪 80 年代及 90 年代这两个十年，更是由于结构化金融产品（SFPs）市场的快速扩张，评级得以更迅速的发展。

图 3-3 给出了穆迪（Moody's）、麦格劳—希尔公司（McGRAW-Hill）和邓白氏（Dun & Bradstreet）三家公司 1928~2008 年期间的资产回报率变化。① 而对于此类信息服务中介来讲，其资产收益率的变化同样能够反映出其业务收入的变化。

图 3-3 中的数据，同样能够反映出在 1944~1960 年期间，穆迪（Moody's）的资产收益基本处于平稳波动中，并且 1960~1975 年期间穆迪的母公司邓白氏（Dun & Bradstreet）的资产收益同样平稳波动。自 1976 年起至 1996 年，邓白氏（Dun & Bradstreet）的资产收益则出现较大幅度波动，而 1996 年穆迪的独立数据则显示其 1996 年的资产收益高达 28% 左右，而 1998 年这一数据则迅速上升至 40%，到 1999 年时，穆迪的资产收益率则高达 57% 左右。与独立出去核算的穆迪相比，1996 年独立核算的邓白氏（Dun & Bradstreet）的资产收益率则只有不到 5%，之后一段时期内，邓白

---

① 图表引自 Ludovic Moreau, A Century of Bond Ratings as a Business, July 2009.

氏的资产收益率也一直在相对于穆迪非常低的位置上徘徊。由此可以简单推论，合并体中属于穆迪的业务部分的资产收益率应当高于合并体在这一期间的表现。

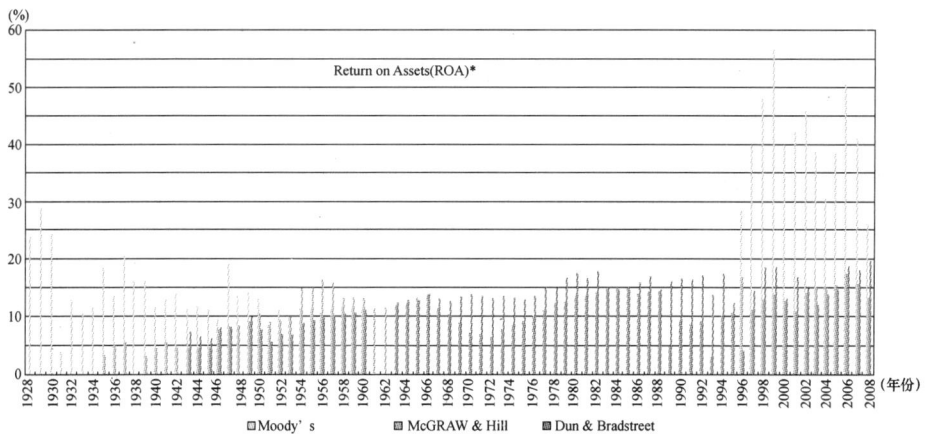

图3-3　1928~2008年穆迪、McGRAW—Hill 和 Dun & Bradstreet 的资产收益

资料来源：Mondy's Industrial Mauntals Compustat. Company reports.

这些数据说明，虽然穆迪在20世纪40~60年代发展缓慢，但其在1975年后却迎来了一个较长、较快的发展期。由于标普和惠誉均非独立核算的评级机构，因而相关数据难以收集。但无论是从20世纪30年代来看，还是从20世纪40~60年代来看，这两家机构相对于穆迪来说，虽然都相对更弱小，但应当有着相似的发展轨迹。

第四，20世纪70年代，由于美国证券交易委员会（SEC）的国家认可统计评级机构（NRSROs）指定，使评级机构的市场地位发生了重大变化。可以说，国家认可统计评级机构（NRSRO）指定，一方面，无限地增大了评级的需求，当然，这种评级需求是受限定的，并非任何机构的评级都可以满足这种需求，RDRs 只为现职者们创造了无限的业务空间；另一方面，又严重限制了能够满足监管需求的评级的供给，即将这种供给限定为其指定的三家国家认可统计评级机构（NRSROs）的评级，而正如 White（2002）所说的那样，相对于新成员而言，RDRs 更倾向于偏爱现职者。这种对评级供需的限制，使评级的竞争发生了革命式的变化。非国家认可统计评级机

第三章　RDRs 对评级发展的推动作用

构，通常也就是那些规模偏小、市场份额不大的评级机构，监管规则中引入国家认可统计评级机构（NRSRO）指定后，对这些评级机构的市场地位更加不利，它们的发展空间严重受限。美国证券交易委员会（SEC）在引入国家认可统计评级机构（NRSRO）指定后，国家认可统计评级机构（NRSRO）这一术语，随即被引入了各类金融监管之中，得到广泛使用，这进一步加剧了评级的不规则竞争。

第三节　RDRs 促进了现代评级模式的最终形成

一、RDRs 促进评级时点的转变

在 20 世纪 30 年代之前，评级机构从来不在债券发行前评级，它们仅对发行后的债券进行评级。其根本原因，是由于 20 世纪 30 年代之前的评级机构的收费模式是投资者付费模式，主要方式是评级机构向评级订阅者收取订阅费。在评级在发行市场上影响不大的情况下，发行人反对评级，未发行债券的信息难以获取。评级的这种业务操作模式，使其与证券发行人没有直接关系，而且当时大多数债券发行人反对信用评级，甚至回避信用评级，在债券发行前他们不会主动寻求评级。评级也仅在二级市场上有效，因此，评级机构评级的债券都是二级市场上已发行的债券。而随着"大萧条"的发生，一方面，受市场恐慌情绪及投资者风险意识提高的影响，发行人为使其证券得以顺利发行，急于表明其证券品质，正如 White（2002）所说的，在危机后有恐慌情绪、流动性奇缺的情况下，发行人主动转向评级机构寻求评级，以评级作为其证券的权威性证明。另一方面，更重要的是，"大萧条"之后，随着 RDRs 的兴起，评级成为证券是否符合监管要求的差别基准，这也使得发行人有了评级的激励。于是，大量发行人，在不关注评级究竟是否包含有价值信息的情况下，开始向评级机构主动寻求评级。

评级机构开始对发行前的债券进行评级，评级的时点开始从债券发行后转向发行前。这一转变，对评级的发展来说，可谓意义重大，不仅为其

后评级收费模式的转变打好了业务基础，而且也扩大了评级的影响，成为评级机构扩张的重要铺垫。

二、RDRs 帮助评级实现收费模式的成功转变

Cantor 和 Packer（1995）指出，最初，评级机构提供发行人的公开评级（Public Ratings），并不向发行人收取评级费用，那时，它们业务经费的唯一来源是销售与评级相关的出版物和资料。

评级本身具有一定的公共品性质。20 世纪 70 年代初影印机（Photocopying Machines）的发展，使得评级机构卖给投资者的评级报告的复制成本急剧下降，评级机构的评级出版物一旦发行，就会非常容易地被低成本地复制，使它们无法防止"搭便车"的问题。Mathis（2008）指出，当许多未付费的订阅者，因为复制成本低廉，可以在不付费的情况下使用评级时，评级机构就无法获得足够的收益覆盖其评级成本，这严重危及到评级投资者付费模式的可行性。

White（2002）说，自 1968 年起，标普就曾向市政债券（Municipal Bond）发行人收取评级费用。但是，在评级机构的投资者付费模式下，可以免费获得评级的发行人，显然不会毫无原因地自愿支付评级费用以获得信用评级。因此，这种发行人支付评级费的模式，并没有被更广泛应用到其他领域。直到 1970 年，宾州中央铁路公司（Penn Central）违约，以及其后相继增加的债券违约，引发了严重的流动性危机，投资者们才开始担心债券的违约风险，投资积极性受到巨大打击。Cantor 和 Packer（1995）指出，为获得融资机会，商业票据发行人开始主动向评级机构申请评级，以向投资者证明其票据品质，降低票据发行的成本，重振市场信心。这种做法，既成功地改变了市场对信用评级的看法，进而成为信用评级向发行人收费的催化剂，又进一步提高了市场对评级机构的重视程度。这些变化使得评级机构发现，其可以向发行人收费。

最终，在宾州中央铁路公司（Penn Central）商业票据违约案发生之后，评级机构再度被推向风口浪尖，评级再度成为风险管理的核心。Cantor 和 Packer（1995）认为，正是在这种内、外环境的影响下，饱受订阅者付费模式困扰的评级机构，开始转向向发行人收费的收费模式。

Cantor 和 Packer（1995）指出，自 1970 年起，Moody's 和 Fitch 开始向

发行人收取评级费用；自 1971 年起，标普也开始就其他评级业务向发行人（其他债券）收取评级费，并最终于 1974 年实现收费模式的转换。①

评级之所以能够实现从投资者付费模式向发行人付费模式的转换，其原因主要包括：第一个可能的原因是，随着债券市场的发展，由于评级可以减少信息不对称，并被投资者所认可，他们已经做好了降低对证券收益的预期的准备来承担评级费用，以使发行人愿意支付评级费，增加证券发行，而同时适度降低这些有评级的证券的收益，因而，投资者对评级的需求增加有助于评级机构实现收费机制的转换。第二个可能的原因是，在宾州铁路公司（Penn Central）破产后，发行人的评级需求增加，为证明其债券品质，他们付费获得评级的意愿增强，因此，发行人付费意愿的增强有助于评级机构实现收费机制的转换。第三个原因是，复印技术的发展使投资者付费模式难以保障评级机构的合理收益，因此，复印技术的发展也是评级机构实现收费机制转换的原因之一。

不妨分别对上述几种原因进行分析。首先，对第一个可能的原因进行分析，显然，一方面，投资者的理性，决定了他们虽然渴望评级，但在难以确定评级有效性的情况下，他们也不会愿意以降低预期收益来换取评级；另一方面，投资者对评级的需求增加，应当使他们更加愿意支付评级订阅费用，评级机构应当更容易从投资者那里获取评级收益，因此，这种需求增加更倾向于支持投资者付费模式，而不足以支持评级收费机制的转变。其次，对第二个原因进行分析。在投资者付费模式下，发行人可以不必付费而获得评级，虽然发行人受宾州中央铁路公司破产的影响，需要证明其债券品质，但是促使其愿意为此付费，一定还要有更充足的理由。最后，对第三个原因进行分析。如果发行人没有付费获得评级的强烈欲望，那么，单纯靠复印技术的发展，不能促成评级付费模式的转换。

20 世纪 70 年代，受越南战争耗资巨大，以及长期赤字财政政策的负面影响，美国的国际收支状况恶化，通货膨胀不断加重，在 1971 年时产生了严重逆差，导致布雷顿森林货币体系彻底瓦解。随之而来的石油危机，更是将美国拖入了滞胀的泥潭。糟糕的经济状况的确严重地影响了投资者的信心，使资本市场融资显得愈加困难，这的确有助于促使发行人主动寻求

---

① John (Xuefeng) Jiang, Mary Stanford and Yuan Xie, "Does It Matter Who Pays for Bond Ratings? Historical Evidence".

评级。

但是无论如何，在发行人可以免费获得评级的情况下，使其愿意为此支付费用，一定需要更充足的理由。那就是付费获得评级可以为其带来比支付的评级费用更多的利益。在RDRs的影响下，在经济艰难的年代，发行人想要使其债券能够被受监管的机构投资者持有，那么债券就一定要具有投资级以上的评级。而在众多公司倒闭、违约现象普遍的经济环境中，投资级评级相当于资本市场的准入通行证，没有投资级评级，证券就很难进入市场；因此，获得评级，尤其是获得投资级以上的评级，显然非常重要。而John（Xuefeng）Jiang、Mary Stanford和Yuan Xie通过对1971～1978年797个样本的研究发现，向发行人收费的穆迪出具评级的平均级别要高于向投资者收费的标普出具评级的平均级别，而在1974年标普也改为向发行人收费之后，这种现象消失了。显然，在RDRs监管下，获得一个投资级评级或更高的评级，是驱使发行人愿意付评级费的重要原因。事实也支持此观点，因为，发行人付费后所获得的评级确实高于其不付费情况下获得的评级。另外，发行人并不关注评级的信息价值，因为，在如此糟糕的经济环境中，对于发行人来说，一个良好的评级，其价值显然不仅能使其满足RDRs监管的要求，还能够为付费的发行人带来除了向市场传播信用信息之外的好处，如帮其树立良好的市场声誉，以降低其债券的发行成本。

另一个事实，同样支持RDRs促进了评级收费机制转换的说法。这一时期，并不是所有的评级机构都由投资者付费模式转向发行人付费模式，评级市场的新进入者和小型的评级机构，如Ederington和Yawitz（1987）所指出的，达夫菲尔普斯（Duff & Phelps）直到20世纪80年代之前一直都采用投资者付费模式，这与该公司规模较小有关。但这一事实说明，在当时的情况下，发行人即使有可以免费获得的评级，却仍然愿意付费向穆迪、标普购买评级的重要原因，不仅仅是这两个机构规模大、信誉资本高那么简单。还有一个很重要的原因，那就是穆迪和标普是20世纪30年代的RDRs模糊规定中认可的评级机构，它们出具的评级可以理所当然地被监管应用，其出具了投资级以上评级的证券，被监管的金融机构可直接持有，而无需顾虑存在监管成本问题，而小规模地保持着投资者付费模式的评级机构出具的评级是否能被监管机构认可，则存在疑义。

随之而来的，20世纪70年代中期，美国证券交易委员会（SEC）对国家认可统计评级机构（NRSRO）的指定，不仅授予了国家认可统计评级机构（NRSRO）更有价值的监管许可，推动了监管需求刺激下评级需求的增加，[1] 也使得评级机构的影响力增加。RDRs 的深化，则进一步促成了发行人付费模式的稳固确立。

Ederington、Louis 和 Yawitz（1987）指出，根据 2002 年美国证券交易委员会（SEC）的数据，穆迪公司年收入的 90% 来源于发行人支付的评级费用，年收入的 10% 来源于穆迪提供的研究服务收益。惠誉公司的收入分析同样显示，其 90% 左右的收益来源于发行人支付的评级费用，其中，大约 10% 来源于订购服务。标普收入的大约 4/5 来自向发行人收取的评级费用。Mathis、Mcandrews 和 Rochet（2008）则说，除不占重大评级市场份额的 Egan Jones 以外，现在所有的信用评级机构的大半收入是从发行人那里获取的。

据美国永久调查委员会的一项调查显示，发行人每发行一个产品，需要支付给评级机构的总报酬，大约在 5 万~100 万美元。一份住宅按揭贷款证券（RMBSs）或者担保债务凭证（CDOs）发行时的初次评级，以及每年的评级跟踪服务所需的费用约在 3.5 万~5 万美元/次。这样一个数额，如果由投资者来支付，那显然是一笔高昂的费用，恐怕评级收费标准的可行性就需要再做探讨了；也许正是因为其是由发行人来支付的，所以评级机构的收费标准才可以维持，甚至在此基础上增长。

三、RDRs 使 SFPs 评级业务急剧扩张

评级机构及其评级在 21 世纪初的金融危机中更是起着关键作用。其中的原因，国际证监会组织（International Organisation of Securities Commissions, IOSCO）表示，由于次级住宅按揭贷款证券（RMBSs）及 RMBS 支持的担保债务凭证（CDOs）与其他在更深层次、更透明的市场上交易的证券不同，信用评级对它们的价值评估和流动性有着过度的影响。[2]

根据国际清算银行（BIS）的定义，结构化金融产品（SFPs）是指具备以下三个特征的金融产品：①资产的池化（无论是以现金为基础，还是综合创造）；②资产池担保债务的分组［这个特点将结构化金融产品（SFPs）

---

① 无论是因为投资者需求导致的评级需求，还是由于监管需求导致的评级需求均增加。
② IOSCO Final Report, The Role of Credit Ratings Agencies in Structured Finance Markets, May 2008.

与传统"过手型"证券化相区别］；③通常通过使用独立的、有限期的特殊目的机构（SPV），使抵押资产池的风险与池中资产的原始风险相分离。①

评级机构对抵押担保证券（MBSs）进行评级，最早是在20世纪70年代中期，它们对现金担保债务凭证（CDOs）进行评级，则是在20世纪90年代后期，对综合担保债务凭证（CDOs）进行评级则是21世纪初的事。当然，也不是所有的结构化金融产品（SFPs）都有评级机构的信用评级，事实上，许多特别复杂和高风险的担保债务凭证（CDOs）不使用评级，并且，一些专门为特定投资者设计的结构化金融产品（SFPs）也通常不需要评级。但通常对投资者来说，在其购买结构化金融债券前，要求该债券有评级。

对于结构化金融产品（SFPs），特别是住宅按揭贷款证券（RMBS）支持的担保债务凭证（CDOs），投资者明显地严重依赖或唯一依赖评级机构出具的信用评级。② 这种依赖之所以如此强烈，可能有以下几个方面的原因：

第一，对结构化金融产品（SFPs）的投资者来说，与其他金融产品相比，结构化金融产品（SFPs）的结构化特征使得投资者更难以获得它们的准确信息。同时，结构化金融产品（SFPs）非常复杂。以担保债务凭证（CDOs）为例，由于一个担保债务凭证（CDOs）所包含的每个住宅按揭贷款证券（RMBSs）组合，都还包含着更深一级的债务证券组合，因而，这意味着，对一个债务证券组合的担保风险进行数量分析，要分析位列多级的多个证券组合的风险，并将其复合化，这无疑使结构化金融产品（SFPs）的风险评估非常困难。投资者在自身难以评估结构化金融产品（SFPs）风险的情况下，不得不将自己对住宅按揭贷款证券（RMBSs）及RMBS支持的担保债务凭证（CDOs）等结构化金融产品（SFPs）的价值评估和风险分析外包给评级机构。

第二，对结构化金融产品（SFPs）的设计者来说，设计结构化金融产品（SFPs）的一个重要的目的，就是至少创造一个比基础抵押资产池中资产的平均评级更高的证券类别，或基于未被评级资产组成的资产池，创造出有评级的证券。

第三，对结构化金融产品（SFPs）的发行人来说，由于结构化金融产

---

① BIS, The Role of Ratings in Structured Finance: Issues and Implications, Report Submitted by a Working Group Established by the Committee on the Global Financial System, January 2005.
② IOSCO Final Report, The Role of Credit Ratings Agencies in Structured Finance Markets, May 2008.

品（SFPs）相对于公司债券工具来说，通常缺乏透明度，并更加复杂，现实中，这一产品的二级市场非常冷清，其投资者通常仅限于机构投资者，[①]而机构投资者又多受到RDRs监管，必须遵守可投资证券的评级级别限制，因而，很明显，结构化金融产品（SFPs）的发行人希望它们被评级。一方面，是由于结构化金融产品（SFPs）之基础资产信用信息的难以获得性，以及结构化金融产品本身的复杂性，使得这些产品的风险更难以评估。另一方面，在RDRs监管体系下，根据监管规则，只要结构化金融产品（SFPs）能够获得投资级以上的评级，那些受RDRs关于投资级限制束缚的投资者就可以购买它们，也就是说，信用评级直接决定了它们是否可以被各类受监管的机构投资者持有。

第四，对金融监管者来说，他们准许被监管机构在其资产配置中，依赖证券的评级作为它们评价证券基础风险的工具。不仅美国存在大量的RDRs，巴塞尔新资本协议（The Basel II Accord）也规定，特定评级机构，在监管中可以被认为是外部信用评估机构（External Credit Assessment Institutions，ECAIs）。并且，与投资者们一样，监管者同样不具备评估复杂的结构化金融产品（SFPs）风险的技能，因此，无论是从对作为投资者的金融机构的风险监管要求来看，还是从对整体金融稳定的监管要求来看，监管者们同样依赖评级机构的评级。

对于评级的变化对结构化金融产品（SFPs）的影响的分析，同样支持上述意见。以资产支持证券（ABS）为例，Ammer和Clinton（2004）通过事件研究发现，降级对资产支持证券（ABS）价格的影响远比其对公司债券或主权评级的影响更大，而资产支持证券（ABS）价格变化早于评级变化的部分比公司证券评级更小，由此也可以说明，资产支持证券（ABS）市场的信息不对称性远大于公司证券，资产支持证券（ABS）对评级的依赖性也更强。

所以说，无论对结构化金融产品（SFPs）的投资者、设计者、发行人，还是对监管者而言，信用评级恐怕都是结构化金融产品（SFPs）得以诞生和发展的关键性"品质标签"，没有这一"品质标签"，结构化金融产品（SFPs）可能会寸步难行。

当然，评级机构更乐得如此，这是因为，随着结构化金融产品（SFPs）

---

① IOSCO Final Report, The Role of Credit Ratings Agencies in Structured Finance Markets, May 2008.

的发展，结构化金融产品（SFPs）几乎是 20 世纪 80 年代以后，评级机构收益最为丰厚的评级业务领域，也是近年来"三大"评级机构的评级业务中规模最大、发展最快的业务领域，已成为它们最重要的收入来源领域。[①]穆迪 2003 年的年报表明，2003 年，结构化金融产品（SFPs）评级收入为 4.6 亿美元，在其评级总收入中的占比超过 40%。自 1996~2003 年，结构化金融产品（SFPs）评级收入的年度复合增长率大约为 30%。虽然另外两大评级机构的独立收入数据不易获得，但根据国际商务支持与服务集团（Fimalac，S. A.）[②] 2003 年的年报显示，惠誉超过 50% 的收入来自结构化金融产品（SFPs）及相关业务。类似地，麦格劳—希尔公司（McGRAW - Hill）[③] 的公开报告表明，结构化金融产品（SFPs）对其子公司标普同样重要。可见，大量结构化金融产品（SFPs）的发展，让那些国家认可统计评级机构（NRSROs）赚得盆满钵满。

在结构化金融产品（SFPs）市场上，信用评级不只被看做是评级机构关于证券的损失特征的观点，而且被看做是一个"批准标签"。[④] 结构化金融产品（SFPs）的设计也基本上是依据评级机构的评级特点来设计的，目的无外乎是，使得设计出来的结构化金融产品（SFPs）能够获得投资级以上的评级。

所有这些因素，虽然都可能有助于形成目前这种局面——不适当地依赖评级机构的信用评级，将其作为投资者们唯一的评估所持证券风险的手段，但是显然，分析市场各方对结构化金融产品（SFPs）评级过度依赖的原因可知，RDRs 才是造成这种局面的关键中的关键。所有各方对评级的依赖，基本上都是基于 RDRs 的监管要求，从这一意义上来说，评级之所以会成为结构化金融产品（SFPs）市场的关键推手，RDRs 功不可没。

从另一角度来看，结构化金融产品（SFPs）收益能出现如此离散式的跳跃，可能没有其他任何新信息的支持，而仅是基于信用等级升级。不妨借助 Partnoy（1999）对担保债券凭证（Collateralized Bond Obligations，CBOs）的分析来做说明。Partnoy 认为，在有效的竞争性市场中，担保债券

[①] BIS, The Role of Ratings in Structured Finance: Issues and Implications, Report Submitted by a Working Group Established by the Committee on the Global Financial System, January 2005.
[②] 惠誉的母公司。
[③] 标普的母公司。
[④] IOSCO Final Report, The Role of Credit Ratings Agencies in Structured Finance Markets, May 2008.

凭证（CBOs）交易可能不应当存在。换句话说，担保债券凭证（CBOs）的组建者能够赚钱，本身就是市场在某种意义上失效的证明。Partony（1999）认为，担保债券凭证（CBOs）的组建者能从这些交易中赚钱，要么因为①，因市场分割①限制了高收益债券（High‑Yield Bonds，HYB）的需求，使这些债券被系统性地定了低价；② 要么因为②，信用评级机构对担保债券凭证（CBOs）的评级方法被误导。尽管（评级）缺乏任何可能的增效作用，但（评级）却允许部分加总后"创造"出一个比原来更大的整体。重申，①没有理论的或实证的支持，②违背了信誉资本理论。

---

① 即信用评级将市场分割为投资级证券市场和投机级证券市场。
② 这么分析主要是因为，担保债券凭证（CBOs）多以高收益证券（HYB）为基础资产。

第四章 RDRs 导致评级风险增加

根据信誉资本理论,穆迪保持了近一个世纪的评级市场主宰的地位,这是因为,其在评价信用风险中表现卓越,这使得其得以发展,并获得了信誉资本。简而言之,根据信誉资本理论,顶级的评级机构均已获得并维持着较高的信誉资本。Partony(1999)说,如果它们没有继续生产质量较高的信息,评级将会因为变得不精确、不可信,而使评级机构为此而遭受信誉损失,并可能最终被迫离开评级行业。然而,RDRs 监管在一定程度上破坏了支持评级的信誉资本理论,导致了评级风险的增加。

第一节 RDRs 影响下评级的风险预警功能弱化

无论从 21 世纪初全球金融危机的现实情况来看,还是从欧债危机,或安然等近年来发生的信用危机事件来看,评级机构都没能对危机的发生做出任何预警,只在大量违约发生之后,才匆忙做出降级调整,这些事实都充分说明,评级的风险预警功能弱化了。Partony(1999)说,事实上,金融经济学家的研究和轶事证据(包括这些经济学家的公开陈述)暗示,随着时间的流逝,信用评级已经变得更不准确了,特定评级分类里的债券信用价差有了显著变化。

一、RDRs 弱化了准确评级的激励

Estrella et al.(2000)认为,由于在很多情况下,被监管的投资者宁愿

要一个足够高的评级，使被评级的证券可以被纳入其投资组合，而不愿要一个较低却能够精确反映发行人违约风险的评级。如果证券投资者都这么认为，那么，只要证券能够发行出去，证券发行人就更没有理由关注评级是否准确了。使投资、融资双方均产生如此想法的最关键因素正是RDRs。这足以说明，评级机构之所以会对评级的准确性如此不在意，也与RDRs监管的关系密不可分。

Perlmuth（1995）指出，匹兹堡大学教商务管理的教授Kenneth Lehn（穆迪的顾问之一）曾总结说，只有75%的评级程序是基于统计信息和方程的，另外25%则是主观的。虽然评级确实能够相当不错地表示相对风险（非平均风险），评级机构也公布大量信息来描述它们为何授予某种评级，以及它们做出评级决定的基础，并强调它们的特定信用级别与一定的违约率是有特定的对应关系的，但是，House（1995）指出，评级机构从不精确描述评级的术语或分析，如它们不会说某一特定信用级别有特定的违约率，它们往往强调，信用评级是定性的和审判性的。为此，Partnoy（1999）说，经济学家们批评评级机构，认为评级机构从不明确地说明某个级别的违约概率。而且，Partnoy（1999）说，穆迪和标普，都是秘密做出评级决策的。Cantor和Packer（1995）则指出，评级是较不可靠的绝对信用风险指标，与特定信用评级相联系的违约概率不时漂移。Altman、Edward和Saunders（2002）说，评级公司的准确性不够完美，在每一个信用等级所体现的平均违约率周围，均有变化。这种变化如果保持在一定限度内，倒是可以理解的，如果超出了特定的范围，怎么能说明评级的准确性呢？House（1995）借用纽约联邦储备银行的助理副总裁Cantor的说法，从另一个角度来看，市场从未要求评级机构更清楚地定义它们的评级。

事实上，对于穆迪来说，1990年，91家公司发行的220亿美元债券违约，也创下了20年来未能准确评级的最高数字。[①] 这一事实倒是比较明确地回答了评级准确性的问题，也就是不要期待评级能够准确地预警违约风险。

Partnoy（1999）指出，保险管理者，特别是美国全国保险官协会（NAIC）证券估价办公室（SVO）的许多专家认为，评级像"后视镜"分析。Zigas（1990）则引用了哥伦比亚大学商学院教授Lehmann的说法，

---

① Credit – Rating Agencies: Beyond the Second Opinion, Mar. 30, 1991, at 80.

第四章　RDRs 导致评级风险增加

评级"是信用质量的滞后指标。我从不知道哪个投资组合经理会遵循评级"。事实上，美国全国保险官协会（NAIC）证券估价办公室（SVO）自1995年就开始忧虑，对信用评级的依赖，它像一个引向更宽松的监管处理的触发器，可能不经意地掩饰了与金融偿付能力监管有关的关键的特性。①

House（1995）指出，通常"AAA"级或"AA"级"投资级"证券的发行人们，经常在发行前结构化资产支持产品，以达到评级要求。Partnoy（1999）则指出，金融理论家曾讨论过评级机构采用的理论模型的正确性，认为标普和穆迪在估算衍生品公司（Derivative Product Companies，DPCs）的信用和信用价差时，努力采取了最复杂的评级模型。Charles Scheyd 和 Reza Bahar（1998）也认为，这是有问题的。

Partnoy（1999）说，还有证据表明，事实上，一些评级机构有意不对资产支持交易发布准确评级。对此，Corrigan（1994）也指出，截至1995年末，惠誉以78%的份额控制着抵押支持证券市场的评级，而与惠誉相比，显然穆迪和标普在评级领域被公认为更具有竞争力，并且惠誉的评级政策一向比穆迪和标普更加宽松，所以，惠誉控制着这一市场78%的份额之事实，也许多少能说明点儿什么问题。

另外，House（1995）引证了惠誉1990年开发的一个理论模型，该模型用于计算某种特定的评级项目在多大程度上需要超额抵押担保，这一模型挑战了标普在其1977年首次发起住宅按揭贷款证券（RMBSs）评级时，与美洲银行（Bank of America）联合开发的评级模型的假设。而后，House（1995）指出，1993年时，标普最终追随了惠誉的降低超额抵押担保水平的做法。

或许，说明评级机构丧失信用的更有力证据是，投资银行甚至有一个副业，即提供关于如何粉饰客户向评级机构提交的业务陈述这方面的咨询服务，以使其能够获得高的评级。② 它们这么做的理念是，给评级机构一份精细的季度评述，就能够向其展现一幅发行人比实践中的表现更乐观的画卷。Partnoy（1999）指出，这些最世故的市场参与者（投资银行）竟然一直正式地谋划着如何"粉饰"给评级机构的季刊，这说明评级机构是可以

---

① Limits Cited in Judgment of NRSROs, 5 INS. ACCT., AM. BANKER, April 10, 1995, at 5.
② Credit – Rating Agencies: Beyond the Second Opinion, Economist, Mar. 30, 1991, at 80.

欺骗的，经常被欺骗，并愿意被欺骗。新评级驱动交易百花齐放的事实支持了这个结论。

当然，另一方面，评级机构既然声称自己有最优秀的分析人员，能够刺穿任何欺骗，也就说明，之所以导致它们经常被欺骗这种结果，最重要的原因可能是，它们愿意被骗。穆迪和惠誉都曾公开声称，它们没有核实申请评级的客户提供信息的准确性的义务，也就相当于告诉申请人，尽管来欺骗吧。

House（1995）通过研究发现，评级机构在近年来新增的主权评级业务中，信用评估错误尤其突出。例如，Cooper（1989）举例说，在西班牙银行 BancoEspanol de Credit 破产前夕，穆迪还对其商业票据给予了它的最高评级；土耳其的赤字至少相当于其 GDP（国内生产总值）的 15%，然而，穆迪给它的评级却是"投资级"，而这个"AAA"级既不准确，也与跨国债券评级理论不相容。Cantor 和 Packer（1996）经过对主权信用评级的彻底研究，发现 8 类公开可获得的统计数据预言了 86% 的评级的变化，说明评级只需准确反映公开可获得的信息也会有 86% 的可能性是准确的，而何以危机后的评级大规模下调却反映出评级是如此的不准确这一事实呢？

另外，随着时间的流逝，评级并非一成不变的，它们可能被竞争压力所影响，纽约联邦储备银行曾对这一问题表示关注。① 这种变化会产生，也从另一个侧面说明，评级可能没能反映信用状况的变化，有时事实可能是评级机构也没想要反映这一变化。

Partnoy（1999）还强调，虽然不清楚为什么评级公司必须扮演这个认证角色，而没有其他第三方信息提供者这么做，但是获得投资级评级，尤其是获得最低的投资级评级，是非常关键的。原因当然是，因为存在着诸多的 RDRs，所以最低的投资级评级相当于受监管的机构投资者的可以投资该证券的"许可"。

当然，根据信息不对称理论，金融市场的参与者们希望通过信用评级刺穿投资的迷雾，这一理论虽然无懈可击，但 RDRs 的实际应用，如 White（2002）所说的，过分保障了现职者的存在，但却无法保证他们能够满足市场的测试。

---

① Limits Cited in Judgment of NRSROs, 5 INS. ACCT., AM. BANKER, April 10, 1995, at 5.

第四章 RDRs 导致评级风险增加

二、RDRs 使评级成为遮蔽风险的面纱

当许多金融监管机构都引入了 RDRs 监管时，证券的评级市场呈现出一片热火朝天的景象。证券的发行人关注评级，以使其发行的证券能够被受监管的机构投资者持有；受监管的投资者关注评级，更大程度上在于判断载有评级的证券是否符合 RDRs 规定的投资要求，是否能够投资和持有；不受监管的投资者关注评级，因为，如果评级的变化影响受监管的投资者对该证券的持有，就会导致证券价格和流动性发生重大变化，影响其投资收益和安全。无论对哪一方市场参与者而言，都很少再通过评级去审查证券的信用质量。于是，良好的评级作为监管指标，阻隔了人们审视证券风险的视线，评级也成为遮蔽风险的面纱，将证券风险包裹在评级的华美外衣下。

这种风险掩盖，让人们更多地看到了市场的美好；这种风险掩盖，最终让信用风险更不容易被发现和解决，也使风险在面纱下积聚、长大，而蓄势待发。一旦面纱被揭起，人们发现的就只会是难以挽回的更大的风险。诸多事实可以证明，在 RDRs 监管下，评级存在这种面纱作用。

较大型的事件如安然（Enron）、世界通信公司（Worldcom）及帕玛拉特公司（Parmalat）等。在安然公司 2001 年破产之前，"三大"评级机构对其的评级一直是"投资级"，在安然危机爆发的 4 天前，"三大"评级机构不约而同地对安然的"投资级"评级连降三档，使其评级迅速跌为投机级。也由此触发了安然一系列以其信用评级为触发条款的融资合同，进而导致安然破产。1998 年世界通信公司（Worldcom）这个通过兼并而崛起的机构，借助其很高的信用等级，通过发行债券融资收购了 MCI 通讯公司，在世界通信公司（Worldcom）爆出大量欺诈行为之前，"三大"评级机构都给予了这家公司较高等级，向投资者传递出安全的投资信号。直到其申请破产几周前，才分别调低了其信用等级。前文也曾指出"三大"评级机构直到贝尔斯登（Bear Stearns）的不利市场传闻被证实后，才对其采取降级行动，最终导致危机恶化。

另如，Burr（1995）指出，1994 年 12 月，标普和穆迪对奥兰治县（Orange County）发行的 6 亿美元应税债券（Note Issue）进行评级，给出的都是它们最高的短期评级。而仅在几个月后，该县提交破产申请。Maremont

和 Melcher（1997）说，1997 年初时，包括 Mercury Finance Co. 和 Jayhawk Acceptance Corp. 在内的几家次级汽车贷款机构（Sub-Prime Auto Lendingin Stitutions）宣布会计报表不规范，并申请破产。评级机构只是在这些问题曝光后才调低了它们的信用等级。而上述几家机构破产的部分原因则是，公司之前公布的收入基于"仅仅是一个受过良好教育的人猜测三四年后现金会在多大程度上流入"。何以英明睿智的评级机构竟没有拆穿这么拙劣的谎言，还是因为，它们根本不想拆穿什么谎言。

Creswell 和 McGough（1997）还举例说，债务曾获可适用的最高评级的 Mercury Finance，因未能按期偿还其 1997 年 1 月底到期的 1700 万美元的商业票据借款，他们指出，就在这一负面消息公告后的第二天，Mercury 的股票价格大幅跳水，甚至下跌了 86%。

而在与保险相关的信用评估中，也有较多相似的错误。保险的存在，根本上是其能够为购买者防范风险，减少风险带来的损失。然而，由于评级的风险遮蔽作用，却使得保险的购买者暴露在保险人的信用风险之下。Light et al.（1995）曾说，这种暴露是实质性的，因为，美国人大约花费他们 5% 的可支配收入用在人寿保险上。人寿保险覆盖了超过 1.5 亿的美国人口。截至 1991 年，美国保险行业拥有 1.4 万亿美元的资产。对于这种风险暴露，Adams et al.①（2001）举例证实说，受亚洲（The Asian）和俄罗斯（The Russian）金融危机的影响，已发生过相关的违约。

信用评级对结构化金融产品（SFPs）的风险遮盖则显得更加突出。Zuckerman（1997）曾说，1997 年信用价差的上升，使得资产支持证券自 1992 年以来第一次表现得不如政府债券。可见自 20 世纪 90 年代以来，结构化金融产品（SFPs）的表现貌似比无风险的政府债券都要好，然而，次贷危机的沉痛现实，则充分揭示了此类产品的风险。而且，由于长久以来，信用风险对其风险的遮蔽，因而，当面纱被揭起时，面纱之下积聚的风险震惊了世人，竟将全球经济拖入了衰退之中。

这些突发的信用危机即充分说明了，评级对信用风险的评估已变得更不准确，而在 RDRs 监管下，对评级的强劲市场需求，使有更高评级的高风险债券得以发行，这在一定程度上使得评级成为了遮蔽风险的面纱。与其

---

① Charles Adams et al.，"International Capital Markets: Developments, Prospects, and Key Policy Issues 49（1998）."

第四章　RDRs 导致评级风险增加

能够预见风险相反，它们掩盖了风险，使得风险更难以被发现。

第二节　RDRs 影响下评级的有效信息价值降低

Partnoy（1999）认为，评级机构正是因回应投资者对风险信息的需求而诞生的，由于它们可以以比各自独立的投资者们更低的成本处理信息流，并将其精炼成对投资者有用的评级报告。Rhodes（1996）指出，它们通过生产载有"有价值信息"的产品，将这种信息迅速有效地传递给资本市场来增进资本市场的效率。评级机构曾以堆积如山的数据支持了投资的风险控制需求，历史的数据也显示，评级与违约之间在统计上确实曾存在过正相关关系。① Hand、Holthausen 和 Leftwich（1992）列举了不少学术文献，一致认为债券评级向市场传达了有用的信息，他们主张，评级对债券收益有影响。Estrella et al.（2000）说，更普遍的观点则认为，在大量的 RDRs 出现之后，改变了评级机构面临的激励，信用评级作为诸多监管规则的基准，向投资者传递的信号更大程度上是监管信号，评级的监管价值日渐上升，而对市场中的信用信息的反映滞后，信息价值有限。

一、评级的有效信息价值

众所周知，信用评级存在的重要原因之一，是证券发行人与投资者之间存在严重的信息不对称（Partnoy，1999）。证券的发行人对其信用价值的了解，远比证券的潜在投资者多得多。这一特点也决定了，在争取投资者时，发行人会有选择地公开一些对其有利的信息，而回避不利信息。Estrella et al.（2000）说，潜在的投资者也知道发行人有提供扭曲信息的激励，这样一来，即使证券本身风险很小，发行人也难以说服投资者，自己的证券不会违约，从而吸引其投资。并且，Hsueh 和 Kidwell（1998）指出，通过公开发行证券融资的证券的发行人，他们难以以较低的成本向潜在的

---

① Standard & Poor's Ratings Performance 1997：Stability and Transition（1998）[hereinafter RATINGS PERFORMANCE]．

投资者有效传递证券的信用信息,在存在着严重的信息不对称的情况下,投资者也难以独自评估证券的风险。这一矛盾的存在必然会严重阻碍资本市场的发展。

Triantis 和 Daniels（1995）指出,正是在这种情况下,评级机构扮演了一个有用的角色,它们收集信息,并对其进行加工、处理,然后它们可以以评级报告的形式把这些经过处理的信息与大量的投资者分享。作为信息中介,它们有批量处理信息的比较优势,它们通过解码大量的信号,在信息不对称的情况下,促进合约形成。

信用评级是专业评级师在综合分析、评估与信用价值有关的各类信息的基础上,形成的风险判断,并以分别代表一定的违约率水平的不同信用级别来表示。因此,Partnoy（1999）说,评级具有准确性,并包含着关于证券信用价值的有价值的信息,是投资者相信评级机构的评级的前提。这样,潜在的投资者才会相信评级,评级机构也才能够积累信誉。因此,Hsueh 和 Kidwell（1998）指出,金融经济学家主张,债券评级的价值在于其对债券发行人信用质量的确认。

信用评级机构的主要业务就是生产关于证券违约风险的信息,然后将它们卖给投资者,因此,从本质上说,信用评级机构本质上则是信息中介。也正是基于这一特点,它们被授予了其他市场参与者不曾享有的信息特权。Jorion、Liu 和 Shi（2005）指出,评级机构不受美国证券交易委员会（SEC）的公平披露规则（Regulation Fair Disclosure）限制,① 原因是美国证券交易委员会（SEC）认为,评级机构的"任务是公开披露"信息,因此排除 FD 规则（Regulation FD）对评级机构的限制是恰当的,因为,在排除 FD 规则（Regulation FD）对评级机构的限制之后,评级机构就能以更广泛的方式出版评级报告。如此一来,在不公开公司的非公开信息本身的情况下,发行人的非公开信息对信用价值的影响,就能够得以公开传播。这样既可以保护发行人的利益,也能够使得公众在不掌握非公开信息的情况下,了解非公开信息发行人对信用状况的影响。② 与此同时,评级机构还受到美国宪法

---

① Section 939B of The Dodd – Frank Act revises Regulation FD, deleting Rule 100 (b) (2) (iii) which exempts credit rating agencies.
② U. S. Securities and Exchange Commission, 2003, "Report on the Role and Function of Credit Rating Agencies in the Operations of the Securities Markets" written as required by Section 702 (b) of the Sarbanes – Oxley Act of 2002, Washington DC, January.

第一修正案的保护（即新闻自由）。Ederington 和 Yawitz（1987）认为，在排除了上述两项信息限制之后，国家认可统计评级机构（NRSROs）应当可以获取其他市场参与者无法获得的内部信息，如发行人的扩张计划、预算方案、未来产品和董事会记录，以及公司事务预告，如企业债券发行或企业并购。评级还可以包括像公司经营品质这种完全客观的信息（Moody's，2002）。① 那么，在如此特别的信息优势下，评级究竟是否包含有信息价值呢？对此，无论是证券投资者还是监管者，都曾深信不疑。

　　Pinches 和 Singleton（1978）曾说，如果评级机构有能力在投资者完全清楚公司财务和运营地位的变化之前，预言这些变化，就可以说明信用评级包含有市场之前不知道的信息。可以推论，如果评级有信息价值，那么就能表现出其对证券定价和证券收益的影响。反过来，他们还指出，公司的财务和营运状况肯定会影响到公司证券的品质，如果这种影响已经反映在了公司证券的价格变化之中，而事实上公司证券评级的变化滞后于公司证券价格的变化，那就足以说明，这种评级的变化几乎不包含或干脆没有对投资者有用的信息价值。

　　债券法学家曾总结说，市场有效与否在于信息的均衡性（Partnoy，1999），而如果投资者相信评级，评级也是有效的，它们包含着有价值的市场并不知道的信息，起到了促进市场信息均衡的作用，提升了市场的有效性，那么，根据理性人的假设，资本市场存在风险与收益相匹配的原则，评级的变化就能够反映到其对证券价格的影响上。因此，可以说，评级对资本定价和收益的影响，曾是判断评级是否具有信息价值的关键所在，也是评级机构能够存在和发展的根本原因。

　　在实践中，所有大规模的证券至少都拥有一家机构的评级，并且无论发行人是否付费，其证券都能获得评级（机构的主动评级），但是，在此情况下，依然有98%的发行人，选择了付费获得评级；对此，Kliger 和 Sarig（2000）认为，其原因是，通过申请评级，发行人可以在不向社会公开某些信息的情况下，将公司的内部信息纳入到评级信息之中，以获得较高的评级，获得市场的认可。从这一意义上来看，好像评级中的确包含了公开市场上所没有的信息。

---

① Moody's, Understanding Moody's Corporate Bond Ratings and Rating Process, Technical Report, Moody's Investors Service, 2002.

金融监管者们也正是基于对评级包含着有价值信息的信任，才将评级纳入到诸多的监管规则之中；将评级用作银行、保险公司、养老基金等的偿付能力的监管，也是因为，他们认为，评级包含有公开不可获得的信息价值。

评级机构自始至终也都声称，它们有独特的信用信息的来源，评级具有信息价值。然而，Coval、Jurek 和 Stafford（2009）指出，在结构化金融产品（SFPs）市场的快速发展和最终崩溃中，信用评级膨胀的作用，引发了学者们对这一观点的疑惑。Partnoy（2001）的研究也认为，评级机构在评级中使用的许多信息，明显是公开可获得的投资新闻。

一个很明显的事实是，自 RDRs 启用之后，评级机构的角色变得更加复杂，它们在资本市场中的作用也变得复合化，既是投资的风险指引，更是金融监管的基准。那么，在 RDRs 监管下，评级究竟是否还包含有信息价值呢？

二、关于评级信息价值的分析

下面将对有 RDRs 监管下，评级的信息价值进行分析。

1. 早期对评级信息价值的分析

20 世纪 30 年代信用评级机构始终雇佣所谓的"尖子"人才，但 Harold（1938）认为，有理由怀疑这一时期评级机构创造有价值信息的能力。他还认为，评级机构声称的，其雇员拥有其他债券分析师无法获得的专业技能的说法，同样值得怀疑。

虽然评级机构声称它们的信息来源于独特的渠道，但是显然，其大部分信息来源于可以公开获得的投资新闻。尽管也有证据表明，20 世纪 30 年代信用评级机构依然在积累信誉资本，并且如 Partnoy（1999）所述，那一时期评级机构和信用评级对投资者和债券发行人两方面都曾非常重要，Partnoy（2001）也曾指出，评级机构在这一时期具有生产有价值信息的能力，只是这一点并未获得其他学者的认可。

Pinches 和 Singleton（1978）指出，20 世纪 30 年代后期对信用评级的研究，证实了 20 世纪 30 年代研究的发现：信用评级几乎不生产，或完全不生产有价值的信息，仅仅是反映市价中已经包含的信息。

2. 近年来对评级信息价值的分析

近年来，一些实证资料也发现，评级几乎没有信息价值，评级调整总是滞后于市场（Katz、Salinas 和 Stephanou，2009），Pinches 和 Singleton（1978）说，也没证据表明，股票或债券价格会响应评级的变化。Pinches 和 Singleton（1978）曾对 1950~1972 年期间的 207 只公司债券评级变化做过研究，他们发现，评级的变化产生的信息几乎没有或完全没有价值；并且，股票市场价格对新信息的反应，通常要比与评级对新信息的反应早一年的时间。

债券评级的这种时滞，明显不支持其包含有效价值信息的说法。在这种情况下，当然也就不奇怪，投资者难以通过依据评级机构发布的评级的变化的公告，进行投资而获利，因为，在市场的价格变化中，早已反映了评级的变化所包含的信息。

此外，20 世纪 70 年代以后，各类评级驱动的交易的增加显示出，市场参与者们，从最初对证券信用品质有关注，到对信用评级有关注，而后，却正在转向关注如何通过提升信用质量以外的因素，获得更有利的评级。

正是市场参与者们为满足 RDRs 监管需求而提升信用评级的措施，使得 20 世纪 70 年代以后，以信用增级手段为基础的结构化金融产品（SFPs）不断发展。以评级为支撑的结构化金融产品（SFPs）的大量发展，本身就是信用评级信息价值降低的表现。因为，结构化金融产品（SFPs）资产池，只不过是对各类资产的加总，一定数量低等级资产的加总不可能创造一个比原来信用状况更高的整体。而借助各种增级手段，之所以能够增进信用等级，多是因为，这些所谓的增级措施，能够满足评级机构对结构化金融产品（SFPs）评级的方法要求，因而产生较高的评级结果，显示出增进信用等级的效果，对单个产品的分析，也像是有降低个别产品信用风险的效果。如果把资产池的基础资产及用于增级的担保品作为一个总体来看，那么，除了获得了高信用评级的华丽外衣以外，这种证券化不可能产生任何降低风险的作用。那么此时，评级又包含了多少信息价值呢？所以，有学者说，结构化金融产品（SFPs）的收益能如此离散式的跳跃，可能仅仅是基于信用等级的提高这一信息，而没有基于其他任何新信息。

因此，Partnoy（1997）说，各种信用衍生品的增加，也显示出金融市场的革新正在多大程度上催生"监管套利"（Regulatory Arbitrage）。所谓"监管套利"，是指被设计用于消除或减少由监管或法律而带来的成本（Legal Costs）的交易。在 RDRs 监管体制下，"投资级"评级可以大大降低发行人的融资成本，使其更加容易实现融资，并且，这种融资成本的降低或融资难易程度的改变，并不是由发行人或其证券本身的特征所决定的，而仅仅是因为，RDRs 存在"投资级"限制，而评级可以打破这一限制。当然，也有学者指出，评级的变化，的确给金融市场带来了新的信息，然而，评级所带来的这些信息，正如 White（2001）所说，更多的是关于债券监管地位变化的信息，而非任何关于债券违约可能性的新信息。

3. 评级与信用价差

信用价差是评级之外，另一个公认的、度量信用风险的市场化标准。与评级相比，信用价差是市场对信用风险的直接反映，其对信用风险的表现更直接，也更现实。因此，通过比较评级的变化与信用价差变化之间的关系，可以分析评级的信息价值。

Campbell 和 Taksler（2003）通过对美国公司债券的研究发现，公司债券的收益价差与该公司的最近股票价格的历史波动关系密切，而与其债券评级的关系则稍差。通常而言，信用价差对债券信用风险变化的反应更为迅速，也更为准确。

而结构化金融产品（SFPs）的评级，则对其信用价差的变化稍有影响，但是，也仅限于"降级"，升级则对信用价差无明显影响。对此，Norden（2011）指出，在评级公告前，公共信息显著驱动信用违约互换（Credit Default Swap，CDS）的价差变化，在特定情况下，保密信息也会在评级事件发生前，驱动信用违约互换（CDS）的价差变化，并且，公共信息是评级公告前信用违约互换（CDS）价差变化的主导驱动力量。他还发现，信用违约互换（CDS）的价差显示其对评级"降级"有重要反应，甚至对评级机构为了降级目的做出的评级复审公告都反应强烈，然而，在正式的降级公告前，其信用价差则没有明显的反应。Ammer 和 Clinton（2004）还指出，对资产支持证券（ABS）评级的"降级"，会在一定程度上加大其信用价差。

降级对信用价差的影响，究竟是因为其包含了新的信息价值，还是因为 RDRs 的影响，虽然对此没有更明确的研究结论，但却不妨以 RDRs 对"投资级"临界线附近证券信用价差的影响为例，再做分析。Bongaerts、Cremers 和 Goetzmann（2009）认为，通常意义上而言，评级包含着风险的信息，但第三方评级机构的风险信息却非常有限。原因在于，几乎所有大规模债券都被标普和穆迪两家机构评级，而根据监管中，对评级的采用规则，① 如果一个债券有两个评级，则采用最差的评级作为监管基准；如果一个债券有三个评级，则采用中间的评级作为监管基准。因此，如果标普和穆迪对某债券是否为"投资级"的观点相反，那么，惠誉的评级被认为是将起决定性作用的最后的评级。而在这种情况下，惠誉的正面评级②只会导致处于投资级边缘的证券的信用价差更低。③ 他们通过研究发现，在惠誉推动下，越过"投资级基准"的债券，比其他未超过投资级基准线，而被评为投机级债券的信用价差低 45 个基点。当然，这种信用价差的降低，主要是因为 RDRs 的"投资级"证券的监管设置，导致处于临界点边缘的证券脱离了高收益债券（HY）的结果。

现在回过头再来分析关于评级影响信用价差变化的原因。前述的研究已说明，评级的"降级"对证券的信用价差略有影响，而"升级"则不影响信用价差。其原因可以直接归结于 RDRs 监管。因为，在 RDRs 监管下，很明显"升级"不影响证券的投资"适格性"（Eligibility），而"降级"则明显地可能会导致证券不符合 RDRs 对受监管的机构投资的投资要求。当然，另外，公司更愿意公布对其有利的信息，因此，信用价差也可能是受到公司提前公开有利的信息的影响，而提早于评级的变化之前发生了改变，上述所说的是"升级"时的情况，而"降级"则与此不同。但无论如何，监管因素都难以排除。

同样作为信用风险的测度手段，评级与信用价差之间被期望存在密切关系，然而，事实上，评级与信用价差的关联紊乱；正是基于此，Partnoy (1997) 说，评级对信用价差估计的错误，显示长期以来，信用评级并没有准确地捕捉信用风险。由此来说，评级的信息价值的确值得怀疑。

三、评级对资产价格和收益的影响

随着次贷危机后，对信用评级的批评之声日渐增长，评级机构开始试图努力撇清自己，Barone，标普的一位常务董事，在其向国会的证词中说：

---

① For example the Basel Ⅱ accordor NAIC guidelines.
② 即给予处于投资级边缘的证券投资级评级。
③ "投机级"证券被视为高收益证券（HY），因此，导致这一结果的主要原因是正面评级使这些证券脱离了 HY。

"我们的评级观点是基于发行人提供的公开信息、审计过的财务信息,以及对公司及其部门的定性分析……我们不是审计员,我们不审计被评级公司的审计人员,或重复审计人员的会计工作,并且我们没有传唤权,不能获得公司不愿意提供的信息。"

如果评级机构的评级所依据的全都是市场公开信息,那么它们就不过像是一部留声机,其收取高昂的评级费用,却没有带给市场新的信息。如果它们所依据的评级信息的确包含了公开市场难以获取的信息,而作为评级机构,其获得信息的渠道相同,获取信息的权利也相同,那么,"三大"评级机构的评级高度相关就显得可以理解,但是当它们的评级不同时,这种"不同"又何以呈现出完全相同的规律呢?即在"三大"评级机构对某只证券的评级不同时,这种"不同"有何特点?Bongaerts et al.(2009)发现:惠誉的评级倾向于更加宽松,标普居中,穆迪则最为严厉,特别是对较低等级的债券而言。显然,这其中,RDRs 的影响不容小视。

Ederington 和 Goh(1998)曾指出,"降级"的确向市场提供了某些信息,但"升级"却不提供任何信息。事实上,也可能无论"降级"或"升级"都没有向市场提供有价值的信息,但是在 RDRs 监管下,由于"降级"会给市场带来监管压力,因而"降级"可能向市场提供了某些信息,仅此而已。下面,本书将通过考查评级的变化对证券价格、信用价差及收益的影响,进一步分析在 RDRs 影响下评级的信息价值。

1. 评级的变化对债券价格的影响

早期对评级信息价值的研究,多数结论认为,评级没有向市场传递有效的信息;[①] 这里将进一步考查,作为评级向市场传递有效信息的重要表现,评级对债券价格的影响,并且,对评级所包含的信息与债券价格变化所包含的信息进行比较。

Pinches 和 Singleton(1978)通过对股票市场的实证分析发现,评级的变化仅能反映出,早在评级发生变化之前,大约一年到一年半以前已反映到股票市场价值里的信息。他们认为,评级对股票价格的影响甚微,评级

[①] 见 5.2.2,Pinches and Singleton(1978,monthly stock returns),Wakeman(1981),and Weinstein(1977)。

的信息内容也微不足道。

信用评级起源于债券评级，债券评级曾是投资者获取各种债券品质及其畅销性信息的重要来源，那么，对于债券市场，评级究竟是否包含有价值的信息，也有诸多学者做过深入的研究。对此，Hettenhouse 和 Sartoris（1976）检验了公用事业债券价格与评级的变化的关系。他们认为，当债券被降级时，往往价格调整的时间要早于降级公告日期，但是当债券被升级时，却并非如此。Weinstein（1977）通过研究债券评级的变化公告前后债券价格的变化，总结说，评级的变化所反映的信息已经完全包含在了评级的变化公告前的债券价格变化之中。Wakeman（1981）则通过分析认为，债券评级的变化所反映的信息，早已反映在债券价格之中。斯坦福大学的金融学教授 Horne（1990）曾总结说，"虽然对新发债券评级的签署是及时的，但对现有债券评级的变动则趋向于滞后到促成评级变化的事件之后。"

Hu 和 Cantor（2003）发现，穆迪的结构化金融产品（SFPs）评级要比其他公司债券评级更稳定，其对结构化金融产品（SFPs）评级的变动更为少见。但与公司债券的平均评级变化约为 1.5 个等级相比，穆迪的结构化金融产品（SFPs）的评级漂移，更可能是一次移动几个等级。这一比较也同样说明了评级不具备什么信息价值，其原因在于，如果评级具有信息价值，那么以更多类基础资本结构化形成的结构化金融产品（SFPs）的信用风险变化更为频繁，故其评级至少不应当比公司债券评级更稳定。同时，结构化金融产品（SFPs）评级比公司债券评级更为复杂，因此，其风险更不容易被发现，这应当是导致其评级一旦调整，评级漂移的档数多于公司债券评级的原因。另外，"降级"对资产支持证券（ABS）的价格影响远比其对公司债券或主权评级的影响更大，这一事实，同样支持这一分析。

研究发现，资产支持证券（ABS）价格变化早于评级变化的部分比公司债券评级更小。这种现象应该也与资产支持证券（ABS）比公司债券更复杂，投资者更难以自己掌握和分析与其相关的信息，更加依赖于评级有关。Ammer 和 Clinton（2005）认为，这一点还可以说明，资产支持证券（ABS）评级变化的附带价值，比在案例研究中公司债券评级变化的附带价值存在更大的信息不对称。

2. 评级的变化对证券收益的影响

总的来说，评级的变化趋向于滞后于证券收益的变化。

对此，Packer（1996）指出，最初，为联邦储备银行（The Federal Reserve Bank）作的主权债券收益变化调查显示，在评级机构对某个评级采取行动之前，该资产的收益会有代表性地下降7天。这说明，评级机构滞后于市场，那些反映证券信用状况变化的信息比评级更早地反映进了市场的调整之中。

Pu Liu、Fazal 和 Stanley（1999）说，与过去的研究认为的评级不具备信息价值的观点相反，他们认为，近年来的研究发现，评级的变化会带来重大的价格变化，并列举了诸多文献。但是，如果细查这些文献，你会发现，使他们得出评级对证券价格有重大影响这一结论的文献，实际的研究结论均是关于评级的变化对证券收益的影响。下面不妨通过考证评级的变化对证券收益的影响，来分析这一现象，是否能够说明评级具有了更大的信息价值。

根据市场理性，高风险、高收益是资本市场的铁律，从这一角度而言，评级的变化如果具有明显的信息价值，能够反映证券的风险程度，那么它也一定会对证券的收益产生影响。

Griffin 和 Sanvicente（1982）认为，在评级的改变中，"降级"与"升级"的影响不对称，他们观察到，"降级"后债券和股票的平均额外收益为负，但"升级"后债券和股票的平均额外收益的变化则不明显。当对"无污染"的样本[1]进行分析时，则"升级"和"降级"对债券的额外收益来说存在的这种不对称性消失了（但"降级"的绝对影响仍大于"升级"），对股票的额外收益来讲，这种不对称性依然存在。Holthausen 和 Leftwich（1986）也观察到，对于"降级"，或"展望为降级"和"展望为升级"，其对收益的影响非常显著，而"升级"则不然。

Hand、Holthausen 和 Leftwich（1992）则通过对 1977～1982 年期间美国公司债券评级的变化的研究发现，"降级"后债券收益的平均变化为 -1.27%，股票收益的平均变化为 -1.52%。样本中，朝与预期（负的）方向的反方向变化的大约有 40%。"升级"的影响则更小，"升级"后债券收益的平均变化为 0.35%，股票收益的平均变化为 0.24%。Creighton、Gower 和 Richards（2004）通过对其他债券市场的分析得出的结论，与此基

---

[1] To determine whether our results are the product of the rating announcement or of simultaneously announced news from other known sources, we classify observations as either "contaminated" or "noncontaminated" by other news. 为判断观测结论是由评级公告所导致的，还是由来自其他已知渠道同时发布的新闻所导致的，作者将观察结果分为被其他新闻"污染的"和"无污染的"两类。

本相似。

Goh 和 Ederington（1999）也说，在评级"降级"前后，可以观察到明显的负面收益反应，但在评级"升级"前后，收益反应却不显著或反应很小。

对于结构化金融产品（SFPs），Ammer 和 Clinton（2004）说，平均而言，对资产支持证券（ABS）评级，"降级"往往伴随着负的收益变化，这种影响要大于之前对公司债券和主权债券评级变化的影响。他们还指出，资产支持证券（ABS）的市场参与者明显地更加依赖评级，将其作为一个主要的负面信用信息的来源，与他们得出的"降级"对资产支持证券收益影响的结论相反，市场对资产支持证券（ABS）评级"升级"的反应，平均来说，几乎是零。他们还发现，在评级变化之前，资产支持证券（ABS）有一个比报道过的公司债券更小的收益下降。这也表明，投资者对资产支持证券（ABS）评级的依赖要高于他们对公司债券评级的依赖。Ammer 和 Clinton 还发现，降级对"投机级"资产支持证券（ABS）收益率差的影响明显增大。

既然高风险、高收益是资本市场的铁律，那么，评级的变化如果有信息价值，则其对证券收益的影响就应当符合这一铁律。而上述事实则明显说明，信用评级的"降级"对证券收益的影响要大于"升级"对证券收益的影响，这与高风险、高收益的理论并不相符。此外，当证券评级被降级时，应当说明其风险增大，那么其收益也应当增大才对，然而，所有的事实均表明，风险增大（如果评级准确的话），收益下降。对于这些事实，并无其他理论可以解释，然而，RDRs 监管却可以很好地解释这一现象。

在 RDRs 监管下，由于信用评级的"升级"与"降级"，对证券是否符合监管要求的投资"适格性"（Eligibility）的影响不同，因而，这两者表现出对证券收益不同的影响力。"降级"会影响到证券的投资"适格性"（Eligibility），而"升级"则不然，因此，"降级"更容易影响证券收益。另外，"降级"可能会导致受监管的投资者马上受限不能持有该证券，或以后不能投资于该证券。也即可能造成已持有该证券的受监管的机构投资者，尽快变现该证券，或以后不投入或更少地投入资金购买该证券。这会导致该证券市场供给增加，市场需求减少，流动性降低等，这些均会影响到市场对该证券的预期，因此，"降级"会降低该证券的预期收益，从而出现收益的负向变化。

3. RDRs 对评级信息价值的影响

金融经济学家对债券评级的看法不一，有的说，其像公开难以获得的信息筛选机制（Stiglitz, 1975）。有的说，其试图识别质量低劣的发行人，并以此避免"平均质量价格"（Akerlof, 1970）。有的说，评级是其他经济变量和统计数据代表变量，类似于州和市政债券、直接净负债总量、平均资产负债、失业率，以及房屋价格中位，这些与发行人质量紧密相关的变量（Pu Liu 和 Thakor, 1984）。而显然评级对资本市场也有着一定的影响，但近年来的研究表明，评级之所以会对资本市场有影响，主要原因在于 RDRs 的存在。

证券发行人，为符合监管的适格性要求，无疑希望其证券能够获得"投资级"以上的评级，所以，他们有追求高评级的倾向，毋庸置疑。事实上，那些受 RDRs 的投资要求监管的机构投资者们，在很多情况下，他们同样宁愿要一个足够高的评级，而使其可以投资该证券，而不愿意要一个能够精确反映发行人违约风险，却低于 RDRs 监管要求的投资级别的评级（Estrella et al., 2000）。如前所述，证券的价格之所以会受"降级"的影响更大，而受"升级"的影响更小，其中更重要的原因，无疑也是"降级"会影响到证券的投资适格性要求，而"升级"则不会。处于投资级边缘的证券，其收益能如此离散式地跳跃，也完全是仅仅基于信用评级的监管临界线，而非其他任何新信息。

Christian C. Opp、Marcus M. Opp 和 Harris（2010）在以评级作为信用品质的监管基准的情况下，模拟了评级机构的信息采集与披露。他们认为，虽然通常意义上，评级机构可以生产"信息型评级"，但是监管的扭曲作用导致信息采集故障。Cornaggia 和 Rodgers（2010）的研究结论则说明，市场参与者之所以宽容国家认可统计评级机构（NRSROs）发布信息量较少的评级，对此最为理性的解释是，因为，评级使其可以进行"监管套利"。标普的主席 DevenSharma，也同意"监管套利"的观点。作为主要评级机构的高管，他自己也承认，事实上，在给定传统评级的信息内容相对缺乏这一事实时，能得出的结论就是，评级的市场需求问题可以归咎于"监管套利"。

此外，Cathcart、El-Jahel 和 Evans（2010）则从另一个角度对于 RDRs 对评级信息的影响做出解释。他们通过分析评级危机前后，穆迪公司的评级公告对信用违约互换（CDS）市场的影响，对评级的信息价值做了研究。

第四章 RDRs 导致评级风险增加

他们以 2004 年 9 月 14 日至 2009 年 12 月 14 日期间，542 个公告和与 205 家杰出的美国发行人有关的每日价差数据为样本，通过实证研究，分析穆迪公司的 6 种评级行为①对信用违约互换（CDS）市场的影响，认为评级危机改变了穆迪的公司债券评级的信息影响；2007 年 7 月大量结构化金融产品（SFPs）降级之后，评级公司对价格的影响明显减弱。

在给定评级包含有效信息价值与其对资本市场的影响相对很低的事实时，分析评级对资本市场参与者、对资源配置的影响，说明在 RDRs 监管机制下，评级的监管价值胜过了其风险评估价值。White（2010）说，金融监管体制是促进评级机构失败这一系统化结果的主要因素。

四、NRSROs 评级与 RR 评级的信息价值比较

事实上，有证据表明，国家认可统计评级机构（NRSROs）"降级"的反应总是滞后于市场并不新鲜。在伊根琼斯（Egan – Jones）还未被指定为国家认可统计评级机构（NRSRO）之前，Beaver、Shakespeare 和 Soliman（2006）就曾对伊根琼斯（Egan – Jones）的评级与其他国家认可统计评级机构（NRSROs）的评级做过比较研究。他们发现，伊根琼斯（Egan – Jones）的信用评级的"升级"，通常比穆迪早 5~6 个月，其信用评级的"降级"则一般早 1~4 年。这一现象表明，对资本市场的投资者来说，显然参考伊根琼斯（Egan – Jones）的评级可能更容易获利。当然，目前，伊根琼斯（Egan – Jones）已被指定为国家认可统计评级机构（NRSRO），如果在被指定为国家认可统计评级机构（NRSRO）之后，它的评级表现如果依然能够如同其在被指定之前一样，早于其他国家认可统计评级机构（NRSROs）调整评级，那么也许有必要进一步考虑，该公司所采用的订阅者付费模式对评级有效性的影响。本书则主要对国家认可统计评级机构（NRSROs）的评级与快速评级公司（Rapid Ratings International Inc，RR）的评级进行比较。

Caragata 和 Gellert（2009）说，次贷危机发生后，快速评级公司（RR）是唯——家受邀在 2009 年美国证券交易委员会（SEC）的圆桌会议上，对

---

① Review for downgrade, rating downgrade, outlook negative (negative events), review for upgrade, rating upgrade and outlook positive (positive events).

评级竞争发言的专家，也是唯一一家就历史上评级机构监管最彻底的改变向国会和议会作证的"非三大"评级机构、非国家认可统计评级机构（NRSRO）的评级公司。快速评级公司（RR）生产不被监管依赖的评级。它们依据从彭博社（Bloomberg）获取的会计数据每季度对所有公司做财务健康度评级（The Financial Health Rating，FHR）。快速评级公司（RR）的财务健康度评级（FHRs）是基于定量分析模型（而非定性分析）生成的，追求及时性及绝对性（而非稳定性和相对性）。财务健康度评级（FHRs）分为100个数字等级，0级是财务状况最不健康的等级，100级则是最健康的等级。快速评级公司（RR）表示，财务健康度评级（FHRs）等于65或以上的公司为"投资级"，而FHRs等于64或以下的公司为"非投资级"。财务健康度评级（FHR）采取订阅者付费模式，快速评级公司（RR）与发行人不发生直接关系。

Cornaggia和Rodgers（2010）通过研究发现，快速评级公司（RR）将违约证券所属公司降级为投机级，比穆迪将违约证券所属公司降级为投机级要早。平均而言，快速评级公司（RR）在某公司的证券发生违约前5.9年，将该公司降级；而穆迪则在某公司的债券发生违约前3.0年，将其降为投机级。他们还以通用汽车公司和安然公司为例，这两家公司的财务健康度评级（FHRs）低于投资级基准远早于穆迪将它们的优先债务降为投机级。他们还说，财务健康度评级（FHR）不只是更加及时，而且实践证明，它们还包含着更多关于实际风险的信息。他们把这点归因于它们的自动化的定量分析模型，以及它们相对于发行人的独立性。

Rapid Ratings（2008）研究了股票价格、债券价差，穆迪的评级和标普的评级以及他们自己的财务健康度评级（FHR）评级系统变化的相对速度。其研究表明，在大多数情况下，财务健康度评级（FHR）"降级"导致普通股票价格下降，3个月期的信用违约互换（CDS）价差变大，并且每次都引导了穆迪和标普的"降级"。

从这几个方面的迹象表明，没有特殊监管地位的非国家认可统计评级机构（NRSRO）的评级，像是比国家认可统计评级机构（NRSROs）的评级更可靠些，由于没有RDRs的支持，因而，它们只能以评级质量取胜。

第四章 RDRs 导致评级风险增加

第三节 RDRs 增加了评级的道德风险

毋庸置疑,评级机构具有道德风险。以评级为基准的 RDRs 监管,破坏了评级的信誉资本规则,显然,使评级机构面临更多的道德风险。次贷危机的发生,进一步增加了对评级机构道德风险的谴责。本节将研究 RDRs 对评级机构道德风险的影响。

一、评级的道德风险

道德风险是指经济活动主体在最大限度地增进自身利益时,做出不利于其他经济主体的行为。从评级的发展历史来看,评级机构诞生之初,受信誉资本约束,它们曾经以最大限度地保护投资者利益为生存之本,它们以借款人的信用历史资料、资产、债务及其全部经济活动为依据,致力于生产能够准确预见投资风险的评级。信用评级曾是现代金融市场得以发展的关键因素。然而,评级的快速发展,像是降低了其风险预见能力和风险预警意愿。

研究认为,评级机构的道德风险最初产生于 20 世纪 30 年代。根据 Harold (1938) 的研究,那时评级在资产市场的影响稍有增长,发行人为获得较好的评级,逐渐开始被迫向评级机构提供一些有价值的信息,这使得评级机构开始与发行人有了直接接触。于是,在评级机构的雇员与发行人的雇员接触的过程中,发行人为了获得比其实际可获得的评级高一些的评级,会向评级机构的雇员提供有形的和无形的好处。还有一些公司竟然向评级机构承诺,如果评级机构原来做出的评级能够被提高,那么公司或其赞助人就可以为评级机构做点什么。① 当然,这种状况如今可能仍在继续。与此巧合的是,20 世纪 30 年代开始有了以评级为基准的金融监管,出现了 RDRs。

从 2001 年到 2002 年出现一系列公司财务丑闻,到次贷危机引发的全球

---

① Credit – Rating Agencies: Beyond the Second Opinion, Mar. 30, 1991, at 80.

性金融危机，再到欧债危机，无处不显示出，如今评级机构的道德风险大有泛滥之势。

评级机构自己的金融分析人员，远不如那些华尔街的金融机构的分析师们更优秀，事实上他们并不能完全把握其评级的那些复杂的结构化金融产品（SFPs）的风险，但是他们通过参与各种结构化金融产品（SFPs）的发行前咨询，愿意提供帮助将那些担保债务凭证（CDOs）设计成"AAA级"，给予它们"三大"评级机构的最高信用等级，这一评级相当于告诉投资者，这些证券与美国政府债券的风险相同。当然，这些证券能够进一步全球化，也少不了信用评级的鼎力相助，所以说，评级机构对本次全球性金融危机作用重大，确实毫不夸张。

评级机构因结构化金融产品（SFPs）评级而赚得盆满钵溢。而受危机影响，不仅全球的投资者损失惨重，危机的发生更是让全球经济陷入瘫痪。最近的欧债危机，更是少不了评级机构的推波助澜，特别是希腊。在希腊主权评级被调降的前几周，其主权债务的信用价差还在增长。

Partnoy（2002）曾说过，伴随着评级机构市值的增长，信用评级的信息价值减少。随着评级近年来的业务扩张，其利润增长是显而易见的，而评级的准确性降低，风险预警能力下降也因危机而显露无遗。当然，导致信用评级信息价值降低、不准确评级上升、评级风险加大的因素可能有很多，如Altman和Rijken（2004）认为，由于构建信用评级的目的在于评价长时期的违约风险，因而评级机构对信用评级调整很慢，这可能导致了评级风险。但作为评级产品的生产者，信用评级机构的道德风险被认为是引致评级不准确的重要原因之一。评级机构的道德风险产生的根源是因为它们是以利益最大化为目标的经济主体。围绕这一目标，在面临抉择时，它们有为实现自身利益的最大化而不惜损害他人利益的激励。

在发行人付费模式下，无论是在主动评级，还是在被动评级中，评级机构的评级行为都面临着与其他市场参与者之间的利益冲突。由于主动评级的评级结果通常比申请评级要低，因而主动评级会激励发行人去申请评级。显然，这对以利润最大化为目标的评级机构的激励影响重大，但评级机构也曾不得不在增加利润与增加信誉成本之间进行权衡。然而，在RDRs刺激下，寡头垄断市场的形成，使信誉资本不再是评级机构生存与发展的决定因素时，它们有了为增加利润而承担信誉损失的激励。

Piazolo（2006）也指出，评级预警能力的下降，与评级机构的利益冲

第四章 RDRs 导致评级风险增加

突有关。证券发行人为评级付费，事实上，创造了潜在的和明显的严重利益冲突。也就是说，一个旨在利益最大化的评级机构发布申请评级，它为了获得该发行人的后续评级业务，和获取更高的评级费用，肯定会膨胀评级。

Becker 和 Milbourn（2010）认为，能够阻止评级机构冒道德风险，发布不准确评级的是它们对失去信誉的害怕。这也正好回应了，在信誉资本对评级发展起重要作用的时期，评级为何倾向于更加准确。

二、RDRs 破坏了评级的信誉资本原则

信誉资本原则是避免评级机构道德风险的根基。Stove（1996）说，评级机构作为一种认证机构进行认证，其对外部投资者的可信度必须满足三个标准：第一，认证机构必须拥有在认证活动中处理危机的信誉资本。换言之，认证机构将因其减少可信度而损失其未来的人际关系。第二，其错误认证的信誉资本损失，必须超过其进行错误认证的所得收益。第三，认证机构的服务必须是昂贵的，并且其认证成本必须与发行公司的信息不对称有关。Partony（1999）认为，根据这一理论，顶级的评级机构能够主宰近一个世纪的评级市场，应当是由于它们获得了并维持着较高的信誉资本，而且，如果它们没有继续生产质量较高的信息，其评级将因此变得不精确、不可信，它们也会因此遭受信誉损失，长此以往，它们可能会失去收益，并被迫离开评级行业。在此情况下，如果没有进入屏障，新进入的评级机构会取代任何丧失信誉资本的评级机构。标普也因此主张，信誉资本让评级机构远离道德风险。

从第二章所阐述的几次危机中评级的表现可知，随着 RDRs 的兴起，评级的准确性、可靠性降低，评级机构未能在历次危机中提前向投资者预警风险，然而，评级机构虽然屡次因风险预警失败而信誉受损，但是屡次在危机发生后，在 RDRs 深化的影响下，在每次危机中受 RDRs 授予的监管许可的支持，从逆境中崛起。这一事实，显然与信誉资本理论相违背。因为，RDRs 监管破坏了支撑评级规范运作的信誉资本规则，使评级机构不仅没有因为不准确评级、名誉受损而丧失市场空间，反而正是金融监管当局通过 RDRs 的应用，将部分监管权外包给了评级机构，RDRs 授予了它们无数的监管许可，使得评级机构每次都可以借助监管的公权力提振其市场影响，

三、RDRs 诱导评级购买

Husisian（1990）指出，信用评级像会计师的观点一样，其特殊价值在于它们对公司金融数据的独立、可靠的评估。然而，一方面，评级作为一个重要因素，其对定价和市场需求的影响程度会带来市场压力，这使得发行人有动机获得一个尽可能高的评级；另一方面，来自各种各样的金融监管机构的 RDRs 监管，增强了发行人获得尽可能高的评级的激励。例如，净资本规则和其他对允许投资者持有资产的限制性规则，导致了发行人获得高于某些门槛的评级或获得尽可能高的评级的监管激励。

对发行人而言，由于最大的和最知名的评级机构都采用发行人付费的模式，因而他们通常只在公布评级的情况下才付费。也就如 Faure – Grimaud、Peyrache 和 Quesada（2007）所说的那样，发行人可以联系一家信用评级机构，要求生成一个评级。而后由信用评级机构基于发行人提供的信息确定一个指示性评级（Indicative Rating）。这时，发行人可以通过进一步向评级机构提供更多的说明和附加信息，再度影响评级结果。发行人可以看这个评级结果是否满意，再决定是否想要购买这个评级。如果发行人决定支付评级费用购买该评级，这时信用评级机构才会通过新闻稿将这一评级公布在其网站上。当然，如果发行人不满意这个评级结果，而决定不购买这个评级，该评级就不会被公布。因此，发行人可以隐藏他们私下里收到的指示性评级，只要获得评级的决策是不可见的、不透明的就可以。

对评级机构而言，在发行人付费模式下，发行人是评级产品的购买者，发行人有权决定采用哪家评级机构的评级，和向谁支付评级费用。因此，评级机构为获得发行人后续的评级业务，赚取评级费用，就有膨胀评级的激励。

与发行人付费模式相比，投资者付费模式有许多优点。当证券发行人不再决定哪个评级应当被公布时，评级购买和对评级机构的选择就都会大大地减少。并且，当投资者为评级付费时，评级机构有投入更多资源以充分确保评级准确性的激励。

第四章 RDRs 导致评级风险增加

此外，一直以来评级机构的标准做法之一是发布主动评级，① 而由于主动评级不仅包含的信息价值少，还会在一定程度上影响评级竞争的公平性，因而广受批评；监管政策也不主张主动评级的应用，但是标普和穆迪一直在发布主动评级。同时，Božović、Urošević 和 Živković（2011）的研究表明，由于主动评级的评级结果通常比申请评级的评级结果更低，因而会促使发行人通过申请评级购买更好的信用级别。Sangiorgi、Sokobin 和 Chester Spatt（2009）说，在申请评级中，证券发行人有权决定谁的评级生效，而这比谁正式付费，会使得利益冲突更集中，所以说，监管政策可能也因此而间接地鼓励评级购买。而事实也证明，通过评级购买的确可以使申请评级的评级结果被人为地提高。

Skreta 和 Veldkamp（2008）检验了那些将债券销售给短视投资者时，为获得最高定价而购买最高评级的发行人，在挑选评级时采取的"摘樱桃"原则（Cherry-Picking）。在他们构建的模型中，发行人确实在证券发行前购买评级。这种购买，在被评级的资产是复杂资产，以致风险评估随评估人不同而不同时，更有价值。评级购买，在被评级的资产简单，以致不同评估者对风险的评级相似时，价值不大。他们构建的模型的一个重要含义是，增加竞争（不考虑发行人付费模式中内在的评级购买影响）会加剧由于评级购买导致的偏颇评级问题。消除发行人付费模式会消除评级购买，并消除偏颇评级，然而，投资者付费模式也有问题（如"搭便车"问题）。

Becker 和 Milbourn（2008）得出的结论，支持这一观点，他们认为，从惠誉进入评级市场后，评级开始膨胀，信息价值更少了。Gutner（1992）则认为，出具膨胀评级对评级机构来说，所得到的好处是真实的，并且是唾手可得的，因此会对它们充满吸引力。

虽然国家认可统计评级机构（NRSROs）主张评级对信誉资本的关注，会阻止其涉足评级购买交易，但是，在 RDRs 监管下，Mathis、McAndrew 和 Rochert（2009）的研究表明，这种对信誉的关注，只有在评级机构的收入中有足够大的部分来源于非结构化金融产品（SFPs）评级时才会有效。他

---

① The Code of Conduct Fundamentals for Credit Ratings Agencies, IOSCO as published in December 2004 also includes the provision that each unsolicited rating made by an agency should be identied as such and that each credit rating agency should disclose policies and procedures regarding unsolicited ratings. A consideration of the role of unsolicited ratings for structured products can be found as part of the May 2008 IOSCO report, The Role of Credit Rating Agencies in Structured Finance Markets.

们认为，在这些复杂产品的评级成为评级机构主要收入来源的情况下，膨胀评级业务的受益胜过对信誉的关注。在本章中对 RDRs 监管在一定程度上破坏了支撑评级规范发展的信誉资本原则做过论证，这里不再赘述。

Benmelech 和 Dlugosz（2009）则引证了，评级膨胀是由于评级购买导致的。Božović、Urošević 和 Živković（2011）的研究还发现，结构化金融产品（SFPs）更倾向于购买评级，如资产支持证券（ABS）的购买评级。

四、RDRs 监管下导致道德风险的其他原因

除评级购买因素以外，还存在其他一些影响道德风险的因素，如评级市场结构，但是，这些因素之所以会影响评级的道德风险，显然都与 RDRs 监管密不可分。而投资者的道德风险、评级机构长期租金的变化对评级机构道德风险的作用也因 RDRs 而增强，下面分别进行论述。

Božović、Urošević 和 Živković（2011）认为，评级的市场结构也是导致评级机构严重的道德风险的重要因素之一。如果一个发行人想要申请评级，而在一国之内的评级机构又不止一家，那么发行人肯定不会向提供较低评级的评级机构申请评级。

事实上，在惠誉成为重要的评级市场参与者之前，穆迪和标普对大多数美国上市公司发行的债券进行评级，这难以置信地促使发行人能够购买评级。而且，监管者通常要求债券应当有多于一个的信用评级，因此那时，穆迪和标普的评级都会被常规地发布。这种状况自惠誉成为一个重要的评级参与者之后有所改善，但并没有使情况有太大好转。因为，如果监管者要求发行人有两个评级，那么，它通常会选择三个评级中两个最高的评级，这无疑会刺激债券评级质量的恶化。也即 RDRs 监管，使评级竞争的增加导致了债券评级质量的恶化，而非提高。其中的原因是，为符合 RDRs 监管要求，发行人会更倾向于购买最高的评级，这也就使评级机构有了发布膨胀评级的道德风险。而且，RDRs 监管，通过授予监管许可，减少了评级机构的长期利益预期，从而会减少它们提供高品质评级的努力。

Bolton、Freixas 和 Shapiro（2009）认为，无论从社会总体福利的角度看，还是从投资者福利的角度看，双头垄断都没有好处。也就是说，应当打破这种双头垄断，从一家垄断者的状态，变为增加一个评级机构进入市场，使发行人得以货比三家，购买最好的评级。他们建立了一个研究评级

博弈的模型，来分析评级机构、发行人和投资者之间的相互作用。他们发现，当市场中有一大部分"天真的"（Naïve）投资者时，评级机构更倾向于膨胀评级。特别是在被评级的证券非常复杂时，如评级的证券是抵押贷款支持证券（MBSs）或其他结构化金融产品（SFPs）；这种状况更容易发生。而当投资者投资的不是他们自己的钱，若蒙受损失，投资者自己也不必承担负面后果时，"天真的"投资者的占比就更大。而且，大部分机构投资者，即使是富有经验的机构投资者们，在这种情况下的行为也像是"天真的"投资。"天真的"投资者的比例，在经济繁荣期较大，在经济衰退期则较小。

Becker 和 Milbourn（2008）还试图确定增加评级竞争对公司债券评级影响的大小。他们发现，在现有的双头垄断市场中，增加另一家评级公司（如惠誉），会导致评级机构的债券评级风险预言能力的下降。此外，他们还对这一现象的两种可能的解释做了检验。他们发现，对公司债券评级来说，购买评级像是不能解释这一现象；相反，他们更倾向于认为，增加评级竞争，因为减少了评级机构的长期租金，进而减少了评级机构的激励，使得评级质量下降，并认为这一解释像是更为合理。

而对上述研究的分析，不难发现，评级市场结构会影响到评级机构的道德风险，主要是因为，RDRs 对评级的证券数量和满足对受监管的机构投资者投资的条件做了限制，激发了发行人选择最高评级的动机，从而导致评级的道德风险。

第四节 RDRs 使资源配置效率降低、风险增加

一、RDRs 人为限制了投资级以下证券的市场空间

下面以两个非常有代表性的 RDRs 出台前后对证券市场的影响，来分析 RDRs 对投资级以下证券市场空间的影响。

首先，分析 1936 年 2 月 15 日货币监理署（OCC）的规则。Harold（1938）指出，该规则的发布直接导致当时市场上上市和公开交易的约 2000

只债券中，超过1000只的债券达不到货币监理署（OCC）的"投资级证券"要求。因此，在一天的时间里，这一规则就消减了银行可购买的全部公开交易债券的一半。

像Partnoy（2001）所说的，在该条例出台之前，许多机构，尤其是银行，购买低于"BBB"级的债券。而在1936年之后，这些监管规则基本上完全禁止银行、养老基金、保险公司和其他机构持有低等级债券。Hickman（1958）指出，这些RDRs大大消减了"BBB"级以下等级债券的市场空间，增加了"BBB"级债券和"BB"级债券之间的价差。

其次，分析1991年美国证券交易委员会（SEC）对1983年通过的条例2a-7（Rule 2a-7）的修订。令人印象深刻的是，修订后的条例要求货币市场基金对次级票据（Second-Tier Paper）的投资不得超过其资产的5%，对任何特定次级票据发行人所发行的票据的投资，不得超过其资产的1%。而商业票据究竟是一级（First-Tier）还是次级（Second-Tier）则取决于一家或多家国家认可统计评级机构（NRSROs）对该票据签署的评级。在Rule 2a-7修订之后，Crabbe和Post（1992）发现，第一，货币市场基金减少了它们对中级（Medium-Grade）商业票据的投资；第二，中级商业票据市场萎缩；第三，中级（Medium-Grade）商业票据与高级（High-Grade）商业票据的价差增幅超过50%。他们注意到，尽管其他因素可能也有助于这一增长，如经济衰退或较高的违约率，但他们总结说："有证据表明，条例2a-7的修正案明显减少了商业票据中，商业票据评级为'中级'的公司的信用供给。"特别是，他们发现，1990~1991年期间，货币市场基金戏剧化地减少了它们持有的次级商业票据。与这一事实相应的是，1990年7月美国证券交易委员会（SEC）提出修订Rule 2a-7，该修正案1991年开始生效。Crabbe和Post所编制的表格显示，次级商业票据（Second-Tier Commercial Paper）持有量的巨幅下滑始于1990年，这说明次级商业票据持有量的下滑明显与限制货币市场基金持有低等级商业票据的Rule 2a-7的修订有关（见表4-1）。

Crabbe和Post（1992）认为，RDRs不只是限制了投资级以下证券的市场空间，由于RDRs对投资级以下证券市场空间的限制，因而降低了发行人发行此类证券的积极性；事实证明，随着投资者不再购买次级商业票据，次级票据发行人减少了其商业票据融资。

第四章　RDRs 导致评级风险增加

表4-1　1988~1991年货币市场基金次级票据 Second-Tier 持有量

时间	美元（Billion）	占基金资产的百分比（%）
1988年前半年	12.9	5.57
1988年后半年	16.2	7.03
1989年前半年	19.6	7.66
1989年后半年	24.7	8.22
1990年前半年	13.8	4.24
1990年12月	6.0	1.30
1991年6月	1.4	0.40
1991年9月	0.4	0.10
1991年12月	0.0（23million）	0.01

Yago[①] 曾说，美国95%的年收入在3500万美元以上的公司的债券，以及100%的年收入低于这一数字的公司的债券，其评级均为非投资级，或垃圾级。并且，垃圾债券市场自18世纪80年代起就一直存在。然而，由于20世纪30年代兴起的RDRs严重限制了投资级以下债券的市场空间，也抑制了发行人发行垃圾债券的积极性，这直接导致垃圾债券市场一度萎缩，甚至消失。这种现状，显然使得无数的美国中小企业难以通过证券融资，严重限制了它们的发展机会。直到20世纪70年代，受布雷顿森林体系解体、固定利率汇率制终结导致的通货膨胀及利率升高等因素的影响，垃圾债券市场才有所回暖，20世纪80年代中期后，垃圾债券才又再次兴起。

二、RDRs 人为扩大了 BBB 级证券与 BB 级证券之间的价差

关于债券评级对债券收益是否有影响这一问题，早在1973年，West（1973）就给出了回答。他认为，当时的数据可能与一个或更多的假设一致，虽然这不能直接得出评级与收益之间确实存在因果关系的结论，但是只有评级与收益之间存在因果关系这个结论，才能合理地解释他的研究结果。

---

① Glenn Yago, "Junk Bond, The Concise Encyclopedia of Economics," http://www.econlib.org/library/Enc/JunkBonds.html.

于是，他提出了第二个问题："为什么？"对于这个问题，他的回答是："评级与收益之间存在因果关系的主要原因是，由于评级被用作金融监管工具。"

他在研究中发现，1949 年和 1953 年的数据显示出一个清晰的趋势，即评级低于"Baa"级债券的收益高于费雪模型预言的收益，而这正好与 1938 年 Harold 的表述相一致。Harold（1938）当时曾说："收益与有关的风险特性不成比例，应该有一段时间对较低等级的债券有效。"与此相似，1937 年、1949 年和 1953 年的数据显示，较高等级债券的负残差的趋势则不那么引人注目，这同样支持了 Harold 的说法，即高评级的债券收益比根据基础经济因素证明的收益要低。造成此结果的原因之一，正是由于评级被用作了一种金融监管工具，而评级的这一监管应用对其经济应用产生了影响。

从另一个角度来看，事实上，唯一的与使用评级作为金融监管工具的历史事实难以和谐的实证数据，是 1937 年的截面数据。根据该数据，几乎没有证据证明评级低于"Baa"级的债券之中有正残差。这一截面数据代表了 1937 年 12 月 31 日的情况，大约是在货币监理署（OCC）发布关于国家银行可购买债券的合格性规范 23 个月之后（1936 年 2 月 15 日）。West（1973）认为，那时，低等级债券也已有了一定的膨胀性收益。尽管从表面来看，这像是不能说明 RDRs 对证券收益的影响，但如果考虑到货币监理署的有关做法就容易看到这个问题的真相了（货币监理署在上述规则发布后，也意识到了该规则的错误影响，针对来自各方面的批评，他们于 1936 年 5 月 5 日做了关于评级不能决定合格性的问题说明，这使该规则对市场的影响被它不明确的属性中和了一部分）。但是从一定程度上来看，上述数据分析，看起来还是支持了 RDRs 对证券收益的影响的说法。

在修订的 Rule 2a–7 实施后，Crabbe 和 Post（1992）指出，有数据表明，A–1/P–1 债券与 A–2/P–2 债券收益的价差差异，从 1990 年 6 月的 21 个基点扩大到 1991 年 2 月的 47 个基点。他们指出，虽然价差的增大还不足以为次级商业票据产生明显的利益，但的确产生了这种价差增大，而它又难以从经济角度解释。因此，这种价差之间差距的增大，其根本原因，应当是 1991 年美国证券交易委员会（SEC）对 1983 年通过的 Rule 2a–7 的修订，不再允许货币市场基金持有足量美元的次级票据（Second–Tier Issues）。① 根据

---

① Leland Crabbe & Mitchell A. Post, "The Effect of SEC Amendments to Rule 2a–7 on the Commercial Paper."

Rule 2a-7，信用等级的高低可以直接成就或毁灭一只债券，因此，Gutner（1992）说，这样一来，高等级信用评级的附带价值显而易见，不同等级的票据之间的价差差异，也就自然被人为地扩大。

Harold（1938）指出，配合上述 RDRs，不少州还为储蓄银行和信托基金指定特定的债券为"合法"投资债券，从而导致储蓄银行和信托基金的大量资金，被迫投入购买这样的合格证券——被认可"合法"的证券；相反地，却不能购买之前它们曾购买过的证券，包括评级较高的证券，因为，这些证券未被指定为"合法"。这些无疑也会导致不同等级之间债券的价差差异。

三、RDRs 诱导更多资源投向高风险领域

信用评级机构对结构化金融产品（SFPs）的发展起着关键作用（Katz、Salinas 和 Stephanou，2009）。与公司债券不同，结构化金融产品（SFPs）具有三个方面的特点：①结构化金融产品（SFPs）的信息不对称性更强，结构化特征使得投资者更难以获得结构化金融产品（SFPs）的准确信息；②结构化金融产品（SFPs）的风险分析更加复杂，需逐个分析位列多级的多个证券组合的风险，并将其复合化，普通投资者难以做到；③公司债券的发行受到发行人规模的限制，与此不同，借助资产池，结构化金融产品（SFPs）可以被无限创造出来（Katz、Salinas 和 Stephanou，2009）。本书之前的章节已对前两个特点做过分析，这里不再赘述。

结构化金融产品（SFPs）的承销商和发起人很快意识到这点。结构化金融产品（SFPs）市场更低的透明度和更高的复杂性，使得结构化金融产品（SFPs）的市场参与者们对评级机构有更严重的依赖性，于是，在评级机构的支持下，结构化金融产品（SFPs）的承销商和发起人，开始无限地供应可被"无限创造的"新结构化证券。

以担保债券凭证（CBOs）为例。担保债券凭证（CBOs）是金融机构通过一个或多个特殊目的机构（SPVs）发行的，通常利用高收益债券市场的异常价格。典型的做法之一是，特殊目的机构（SPVs）购买一个金融资产组合，并发行由原始资产担保的新金融债务。新金融债务有与原资产不同的形式、不同的有效期、币种、证券形式或利率等，这些不同无疑使其更能吸引投资者。担保债券凭证（CBOs）与基础资产最大的不同在于，担保

债券凭证（CBOs）有比基础资产更高的信用评级，它们更容易吸引投资者的投资。

受 RDRs 限制，没有评级的资产或是评级较低的资产，不能够被受监管的机构投资者持有，而结构化金融产品（SFPs）通常将这些没有评级的资产或是评级较低的资产，通过池化，组合成信用评级较高的资产，以满足监管要求。事实也表明，结构化金融产品（SFPs）的持有者多为机构投资者，其二级市场极为冷清。因此，这些基础资产只有在结构化成为具有较高的信用评级的结构化金融产品（SFPs）之后，才能拥有更大的市场空间，并被受监管的机构投资者持有，这也就是为什么说，信用评级是使结构化金融产品（SFPs）市场发展的重要原因。之所以能这么说，主要是因为，信用评级既为结构化金融产品（SFPs）提供了华丽的外衣，评级包装后的结构化金融产品（SFPs）更容易吸引并获得更多投资者的认可；更重要的是因为，信用评级又为结构化金融产品提供了符合 RDRs 监管需求的"投资级"以上评级的"品质标签"，使受监管的机构投资者的大量资本可以进入结构化金融市场，购买这些符合监管要求的产品。换言之，结构化金融产品（SFPs），是信用评级为 RDRs 监管下受监管的机构投资者提供的一个进入监管限制的投资领域的通道。

而结构化金融产品（SFPs）市场，从其本质上看，是具有高度风险的市场，但众所周知，"三大"评级机构对结构化金融产品（SFPs）往往给予较高的信用评级。Partnoy（1999）以担保债券凭证（CBOs）为例，说明在有效的竞争性市场中，担保债券凭证（CBOs）交易不可能存在，而现实中担保债券凭证（CBOs）的组建者却能够赚钱，这就是在 RDRs 监管下，市场在某种意义上失效的证明。

虽然评级机构对结构化金融产品（SFPs）的评级模型及信用等级设置存在错误，可能影响了对结构化金融产品（SFPs）信用风险的准确评估，从而导致这一市场的风险增加，但是结构化金融产品（SFPs）这一高风险产品产生的根本原因，则是在 RDRs 监管体制下，对受监管的投资者的投资"投资级"或以上等级证券的投资要求。

由于绝大多数公开发行的结构化金融产品（SFPs）均被评级机构出具了较高的信用等级，因而结构化金融产品（SFPs）在 20 世纪 80 年代之后的高速发展，说明了在 RDRs 监管下，信用评级将更多的资金引入这一高风险的投资领域。

第五章　RDRs 促进了评级垄断的形成

Estrella et al.（2000）说，现有的评级机构已经具备了足够的市场影响力，这种影响力已经成为进入这个行业的天然屏障。从这一意义上说，评级已经不可能是一个完全竞争性的行业。而从历史发展的角度来看，RDRs却是造成这种垄断局面的重要力量。

第一节　RDRs 构建了评级的准入门槛

20 世纪 30 年代出台的 RDRs，并未解决"谁出具的评级"可以被用于监管目标这一问题，那时的监管规则所采用的语言是"公认的评级手册"（Recognized Rating Manuals），但即便并未指明或指定，这里所谓的"公认的评级手册"，显然应当理解为是指穆迪、标普和惠誉，这"三大"当时的现职评级机构发布的评级手册（Hickman，1958）。

事实上，1973 年，美国证券交易委员会（SEC）提议修订经纪人/交易商（Broker-Dealer）折扣规则时，也并未考虑解决这一问题。直到两年后，即 1975 年，修订后的规则 15c3-1 正式发布时①，为解决"谁的评级"更可信，或者说监管规则中所谓的"投资级"评级应当采用"谁的评级"的问题，美国证券交易委员会（SEC）创造了国家认可统计评级机构（NRSRO）这一术语。White（2002）指出，自此之后，其他管理机构和国会接受了国家认可统计评级机构（NRSRO）这一术语。于是，自 1973 年起，信用评级及国家认可统计评级机构（NRSRO）术语被纳入了数以百计

---

① 17 C. F. R. § 240.15c3-1.

的监管规则之中。并且,他指出,美国证券交易委员会(SEC)在1975年引入国家认可评级机构这一术语时,就指定了国家认可统计评级机构(NRSROs)的鼻祖(Grandfather)穆迪、标普和惠誉这三家评级机构。①

美国证券交易委员会(SEC)修订后的监管规则,规定对经纪商所持有的金融资产,在计算其净资本时,依据国家认可统计评级机构(NRSROs)对该金融资产所签署的信用等级的不同,决定对该资产市场价值折扣的百分比要求,从而将信用评级引作监管基准。加上此后诸多将国家认可统计评级机构(NRSRO)签署的信用评级纳入金融监管的规则、条例,在联邦和各州立法中被广泛应用,并且其中诸多规则直接禁止受监管的机构投资于评级为"BBB"级以下信用评级的债券,从而严重限制了机构对"BBB"级以下评级债券的投资。

而国家认可统计评级机构(NRSROs)签署的信用评级,是美国证券交易委员会(SEC)及许多金融监管规则的基准,也就是说,RDRs间接地限制了债券发行人对评级机构的选择。为使债券符合机构投资者投资的条件(即符合监管要求),发行人在选择对其债券评级的评级机构时,首先要考虑的问题就是,该机构是否是国家认可统计评级机构(NRSRO),其次则是该评级机构是否能够为其债券出具"投资级"以上的评级。

在第一批指定了三家国家认可统计评级机构(NRSRO)的鼻祖之后,Partony(2001)说,事实上,在此之后,美国证券交易委员会(SEC)严格地限制了增加新的国家认可统计评级机构(NRSRO)的可能性,从而为评级构建了行业的准入门槛;而且,这个门槛,由于美国证券交易委员会(SEC)并没有明示国家认可统计评级机构(NRSRO)的申请和审核程序,而显得拥有更大的自由度,或者说是否能够入门,完全由美国证券交易委员会(SEC)自己说了算。下文将从国家认可统计评级机构(NRSRO)的申请与审核情况来分析评级的这一门槛限制。

一、NRSROs 指定的情况

信用评级致力于反映某个特定证券违约的可能性,而作为追求金融体

---

① 最初指定的国家认可评级机构不包括 Duff & Phelps,Frank Partnoy(2001)文中虽提到在确定 NRSRO 语源时,确定了标普、穆迪、Duff & Phelps 和惠誉四家评级机构为监管规则可接受的评级机构,但是,Duff & Phelps 并非是国家认可评级机构的鼻祖,对该机构的认可是在1982年。

第五章 RDRs 促进了评级垄断的形成

系安全与健康的监管者,仿佛也满意于其对评级公司的信赖。然而,作为金融监管的基准,在诸多评级中,哪家评级机构所签署的评级可以作为监管依据?对此,White(2002)指出,美国证券交易委员会(SEC)认为,有必要审查评级公司的输出(Outputs),即评估和考察评级公司的表现。于是,美国证券交易委员会(SEC)在 1975 年修订 15c3-1 时,创造国家认可统计评级机构(NRSRO)这个新的管制分类时,规定美国证券交易委员会(SEC)有权认可特定的评级机构为国家认可统计评级机构(NRSRO)。[①]

从美国证券交易委员会(SEC)最初指定穆迪、标普和惠誉三家评级机构为通用目的的国家认可统计评级机构(NRSROs)之后,很多年美国证券交易委员会(SEC)并没有指定新的国家认可统计评级机构(NRSRO)成员。

Levich、Majnoni 和 Reinhart(2002)说,虽然很多评级机构申请国家认可统计评级机构(NRSRO)的地位,但是,美国证券交易委员会(SEC)仅在 1982 年增加指定达夫菲尔普斯(Duff & Phelps),在 1983 年增加指定利保信环球财经资讯公司(McCarthy Crisanti & Maffei, MCM)成为通用目的的国家认可统计评级机构(NRSRO)。此后,在 1991 年,达夫菲尔普斯(Duff & Phelps)收购了 MCM。

美国证券交易委员会(SEC)在 20 世纪 90 年代,指定了三家专业目的(Specialist)的国家认可统计评级机构(NRSROs),但它们后来多被三家国家认可统计评级机构(NRSRO)的鼻祖(特别是惠誉)收购。

White(2002)证实,1991 年美国证券交易委员会(SEC)指定,IBCA 为为银行和金融机构评级的专业目的的国家认可统计评级机构(NRSRO)。

1992 年,美国证券交易委员会(SEC)又指定汤姆森银行观察(Thomson Bank Watch)为为银行和金融机构评级的国家认可统计评级机构(NRSRO)(Levich、Majnoni 和 Reinhart,2002)。

1997 年,IBCA 收购了持有通用目的的国家认可统计评级机构(NRSRO)资格的惠誉。[②]

[①] Notice of Revision Proposed Amendments to Rule 15c3-1 under *the Securities Exchange Act of* 1934, Release No. 34-10,525,1973 SEC LEXIS 2309(Nov. 29, 1973).

[②] 事实上,IBCA 不能使其国家认可评级机构(NRSRO)指定的评级范围扩展到银行评级之外,是导致 IBCA 1997 年收购惠誉的主要因素。

1999年1月，美国证券交易委员会（SEC）将汤姆森银行观察（Thomson Bank Watch）从专业目的的国家认可统计评级机构（NRSRO）升级为通用目的的国家认可统计评级机构（NRSRO）。

随着2000年12月，惠誉收购汤姆森银行观察（Thomson Bank Watch），之后又在2001年2月，并购达夫菲尔普斯（Duff & Phelps），通用目的的国家认可统计评级机构（NRSRO）的数目又回归到3家。

此后，直到2002年，虽然也有很多评级机构申请国家认可统计评级机构（NRSRO）的地位，但是美国证券交易委员会（SEC）并未做出新的通用目的的国家认可统计评级机构（NRSRO）的指定。

安然事件之后，信用评级的道德问题浮出水面，这使得国家认可统计评级机构（NRSROs）认可制度备受批评，这些批评促使美国证券交易委员会（SEC）指定新的国家认可统计评级机构（NRSRO），以增加评级的竞争。

2003年，美国证券交易委员会（SEC）指定多米尼债券评级公司（Dominion Bond Rating Service Limited，DBRS）为通用目的的国家认可统计评级机构（NRSRO），多米尼债券评级公司（DBRS）是一家加拿大评级公司。

2005年3月3日，美国证券交易委员会（SEC）指定贝氏（A. M. Best）为专业目的的国家认可统计评级机构（NRSRO），贝氏（A. M. Best）是一家专业为保险公司债务评级的国家认可统计评级机构（NRSRO）（Acharya 和 Richardson，2009）。

由于对美国证券交易委员会（SEC）在国家认可统计评级机构（NRSRO）指定上的惰性和不透明操作失去耐心，国会最终通过了《信用评级机构改革法案》（*The Credti Rating Agency Reform Act*，CRARA）。《信用评级机构改革法案》（CRARA）特别指出，美国证券交易委员会（SEC）停止作为评级行业的进入障碍，该法案明确了美国证券交易委员会（SEC）指定国家认可统计评级机构（NRSRO）应当采用的标准，坚持指定程序的透明度，并对美国证券交易委员会（SEC）对国家认可统计评级机构（NRSRO）的现职者们的监管权限做了限制，禁止美国证券交易委员会（SEC）影响评级和评级机构的评级模型。

在《信用评级机构改革法案》（CRARA）通过后，随着次贷危机的爆发，对国家认可统计评级机构（NRSRO）指定的批评再度高涨，在此情况

第五章 RDRs 促进了评级垄断的形成

下,美国证券交易委员会(SEC)又迅速指定了5家新的国家认可统计评级机构(NRSROs)。

2007年5月21日和5月23日,美国证券交易委员会(SEC)分别指定两家日本评级公司成为国家认可统计评级机构(NRSROs),一家是"评级与信息公司"(Rating and Information, Inc., 5月21日),另一家是"日本信用评级有限公司"(Japan Credit Rating Agency Ltd., 5月23日)。

2007年12月,美国证券交易委员会(SEC)指定伊根琼斯评级公司(Egan-Jones Rating)为国家认可统计评级机构(NRSRO)。

2008年2月,美国证券交易委员会(SEC)指定雷斯金融公司(Lace Finance)为国家认可统计评级机构(NRSRO)。

2008年6月,美国证券交易委员会(SEC)指定实点公司(Realpoint)为国家认可统计评级机构(NRSRO)。

其中,伊根琼斯评级公司(Egan-Jones)、雷斯金融公司(Lace Finance)、实点公司(Realpoint)是三家规模相对较小的美国评级公司,其评级业务主要集中于美国本土。

从上述事实可见,自1975年引入国家认可统计评级机构(NRSRO)术语以来,美国证券交易委员会(SEC)对新的国家认可统计评级机构(NRSRO)的指定一直非常之少,其1997年提出的指定新的国家认可统计评级机构(NRSRO)苛刻的标准,更是事实上构成了评级机构进入市场的壁垒。之后随着对国家认可统计评级机构(NRSRO)指定的批评加重,虽然美国证券交易委员会(SEC)又增加指定了一批新的国家认可统计评级机构(NRSRO),但是其引入国家认可统计评级机构(NRSRO)所导致的评级市场的垄断局面,已是积重难返。表5-1给出了美国证券交易委员会(SEC)对国家认可统计评级机构(NRSROs)指定的概况。

虽然在评级问题频出之后,美国证券交易委员会(SEC)增加了对国家认可统计评级机构(NRSRO)的指定,以图增加评级的竞争,但是,受国家认可统计评级机构(NRSRO)指定和信誉资本双重制约的评级,在步入"三大"评级机构的垄断局面之后,想要增加行业竞争,也不是那么容易。

表 5-1 1975 年至今 SEC 对 NRSROs 的指定

NRSRO 指定	指定时间	指定类型	备注
穆迪	1975 年	通用目的	
标普	1975 年	通用目的	
惠誉	1975 年	通用目的	1997 年被 IBCA 收购
达夫菲尔普斯	1982 年	通用目的	2001 年被惠誉收购
利保信环球财经资讯公司(MCM)	1983 年	通用目的	1992 年被 Duff & Phelps 收购
IBCA	1991 年	银行和金融机构	
汤姆森银行观察	1992 年	银行和金融机构	1999 年升为通用目的，2000 年被惠誉收购
多米尼债券评级公司	2003 年	通用目的	加拿大评级公司
贝氏	2005 年	保险公司债务	
评级与信息公司	2007 年		日本评级公司
日本信用评级有限公司	2007 年		日本评级公司
伊根琼斯评级公司	2007 年		
雷斯金融公司	2008 年		
实点公司	2008 年		

资料来源：由笔者根据美国证券交易委员会（SEC）网站及其发布的通知等整理获得。

二、SEC 对 NRSROs 申请的审查

作为债券评级的监管手段，国家认可统计评级机构（NRSRO）几乎成为了一个家喻户晓的术语。美国证券交易委员会（SEC）则是国家认可统计评级机构（NRSRO）的审查认可机构。White（2007）指出，虽然美国证券交易委员会（SEC）对国家认可统计评级机构（NRSRO）的审查和核准并没有非常明确的标准，但是银行和保险公司的监管者们像其他金融监管者们一样，接受了美国证券交易委员会（SEC）的这种指定。下面将从美国证券交易委员会（SEC）对国家认可统计评级机构（NRSRO）的审查与核准来分析这一监管分类作为评级机构进入债券评级业务的重要监管屏障，以及国家认可统计评级机构（NRSRO）指定对评级竞争的影响。

美国证券交易委员会（SEC）对国家认可统计评级机构（NRSRO）的认定程序缺乏透明度。Levich、Majnoni 和 Reinhart（2002）指出，美国证券

第五章 RDRs 促进了评级垄断的形成

交易委员会（SEC）从未提供过认定国家认可统计评级机构（NRSRO）资格的具体要求，也没有认定的规范程序［虽然1997年美国证券交易委员会（SEC）提出过用于认定国家认可统计评级机构（NRSRO）的规章，但是它从未彻底完成，成为最后文本］。

Conte 和 Parmeggiani（2008）认为，美国证券交易委员会（SEC）评估国家认可统计评级机构（NRSRO）申请人资格的基本标准一般会考虑以下几点：评级机构的全国性声誉，它的组织结构、财务状况、规模、专业人才，它与被评级机构的独立性水平，评级采用的评级程序和对从公司收集来的机密信息所采取的保护措施等。

国家认可统计评级机构（NRSRO）申请人提出认可请求之后，并不知道要等多久才会有结果，甚至可能被拖上几年。White（2002）说，如果美国证券交易委员会（SEC）的员工决定授予国家认可统计评级机构（NRSRO）的指定，那么申请人就会收到一封该员工发出的"无动作"（No Action）信。这封信会许诺，在决定对经纪商的资本要求时，证券交易委员会的市场监管部门（The Division of Market Regulation）不会对任何使用申请人签署的评级的经纪商建议执法诉讼，即被监管的投资者不会因投资了该申请人签署的"投资级"及以上评级的证券，而接受不利的监管要求。在"无动作"信中，美国证券交易委员会（SEC）还会强调，申请人不得在市场上标识自己为国家认可统计评级机构（NRSRO）。这种隐晦的指定方式决定了，通常在这些时候（指定某家评级机构为NRSRO的时候），美国证券交易委员会（SEC）甚至都不会针对此事发新闻稿。这也可视作是美国证券交易委员会（SEC）对国家认可统计评级机构（NRSRO）指定"非正式"性的一个侧面证明。

Conte 和 Parmeggiani（2008）指出，美国证券交易委员会（SEC）曾提出过一个作为它指定国家认可统计评级机构（NRSRO）的适用的标准。该标准要求被指定机构应当具备以几个属性（以下语言直接摘自被提议规章）：①国家认可，即该评级机构被美国的债券评级的主要使用者们，公认为是一家有信用的和可靠的信用评级的发行人。②（有）足够的工作人员、金融资源，（完善的）组织结构，以保证其可以对发行人的债务发布可信的和可靠的评级，包括不受经济压力或其评级公司的控制影响，（拥有）独立评级的能力，并（有）足够数量的，（有）合格的教育背景，并（具备）完全地、足以胜任评估发行人信用的专业知识的员工。③（采用）目的在于确保准确的、可靠的评级的系统化评级程序。④（控制评级人员）与发行人管理人员的联系程度，包括与中高级发行人管理人员接触。⑤（有）用于防止非公开信息滥用的内部程序，并遵守这些程序。

然而，他们指出，美国证券交易委员会（SEC）并未对这些提议采取进一步的行动，而且看起来也不着急那么做。虽然这一标准，并未能成为美国证券交易委员会（SEC）指定新的国家认可统计评级机构（NRSRO）的真正执行的标准，但是这一标准的存在，事实上却成为了美国证券交易委员会（SEC）提出的对指定新的国家认可统计评级机构（NRSRO）的禁令，而且，事实上它的确产生了限制评级供给的效果。

2005年，美国证券交易委员会（SEC）决定重新定义指定国家认可统计评级机构（NRSRO）资格的参数，但是并没有实质上调整认可的要求，只是使之与评级机构在市场上的重要性相关联（Conte 和 Parmeggiani，2008）。

三、SEC 的 NRSROs 指定形成事实上的准入屏障

由于"伪造"评级公司可能任意签发良好的评级，因而，为了保障监管中所引用的评级的质量，美国证券交易委员会（SEC）认为，它必须判断评级公司对相关债券安全性判断的准确度、有效度，以及评级公司的胜任度。有必要认可，只有特定评级机构的评级才能作为监管的评级基准，以使得对经济的安全决策权，能够授予给可信的评级机构。于是，美国证券交易委员会（SEC）引入了国家认可统计评级机构（NRSRO）这一术语；与 Harold 的观点一致，Bostelman（2008）也说，最初引入这一术语时，美国证券交易委员会（SEC）甚至没有正式给出国家认可统计评级机构（NRSRO）的定义。

Darcy（2009）说，事实上，时至如今，对国家认可统计评级机构（NRSRO）加以说明的仅有规则，就是由美国证券交易委员会（SEC）控制的国家认可统计评级机构（NRSRO）的指定程序。然而，即使对这一指定程序，美国证券交易委员会（SEC）也并没有确立明确的"指定的标准"。Hunt（2009）指出，美国证券交易委员会（SEC）对国家认可统计评级机构（NRSRO）的指定程序完全不透明，支持美国证券交易委员会（SEC）指定新的国家认可统计评级机构（NRSRO）的决策程序的基本原理也缺乏

第五章　RDRs 促进了评级垄断的形成

透明度。1997 年，美国证券交易委员会（SEC）曾为国家认可统计评级机构（NRSRO）的指定提出了一个标准，然而，该提案也并未得到有效执行。

美国证券交易委员会（SEC）对国家认可统计评级机构（NRSRO）的监管则更是不具有任何现实意义，其提出的所谓"监管措施"，看起来更像是一个间接的市场绩效测试。即如果某一家拥有国家认可统计评级机构（NRSRO）资格的评级公司表现不佳，它将不再能够获得随后的国家认可资格。但是在现实中，在只有三家"通用目的"的评级公司，却存在大量监管驱动的对这些评级机构（国家认可评级机构）的评级需求这一现状下，对已是现职者的评级机构来说，获得下一轮的国家认可统计评级机构（NRSRO）指定，几乎是有保障的，它们甚至根本无需考虑表现是否欠佳的问题。White（2002）说，"三大"评级机构具有国家认可统计评级机构（NRSRO）认定，它们是现职者，而新的小评级公司往往缺乏国家认可统计评级机构（NRSRO）认定，这无疑使得它们获得国家认可的工作变得更加艰巨，其在评级市场中的竞争地位也更差。

显然，国家认可统计评级机构（NRSRO）指定，从其定义、指定程序，指定决策的形成，到对现职者的监督以及退出机制，没有哪一个环节是透明的和有据可查的。如此一来，新进入评级市场的评级机构，想要获得国家认可统计评级机构（NRSRO）指定，几乎没有可能。事实也证明，历史上从来也没有几家申请成功的评级机构。White（2007）认为，美国证券交易委员会（SEC）的国家认可统计评级机构（NRSRO）指定，成为了进入债券评级业务的一个重要监管屏障，同时也是一个对现职者的重要的监管保护。

作为这种对现职者保护的推论，美国证券交易委员会（SEC）不可能知道评级公司是否能通过市场测试。不管被监管的投资者们如何看待国家认可统计评级机构（NRSRO），以及它们评级观点的准确性，他们都被迫打起十二分的精神来"注意"国家认可统计评级机构（NRSROs）的评级。而且，在国家认可统计评级机构（NRSRO）制度执行了若干年后的现在，国家认可统计评级机构（NRSRO）指定和 RDRs 监管制度，也像是早已成为了一种被内在化了的制度。事实上，被监管者们可能从内心深处，也更重视国家认可统计评级机构（NRSROs）评级的监管价值，而放弃了对其风险预警价值的关注。

同样，这套规则也早已扎根在发行人心中，他们知道，如 White

(2007)所述,若想要即将发行的债券符合那些金融机构的持有条件,他们就一定要付费给国家认可统计评级机构(NRSROs)的在职者们,获得它们的评级,而不去计较评级费用的高低,或是评级是否准确,或评级是否包含了有价值的信息等,而不是向非国家认可统计评级机构(NRSROs)申请评级。

相对于这一事实状态,美国证券交易委员会(SEC)的指定又要求,申请成为国家认可统计评级机构(NRSRO)的评级机构应当具备特定的业务规模、市场认可度等。从现实效果来看,White(2007)认为,实际上,美国证券交易委员会(SEC)的所谓指定新的国家认可统计评级机构(NRSRO)的标准,更像是对指定新的国家认可统计评级机构(NRSRO)的禁令。因为,申请国家认可统计评级机构(NRSRO)指定的评级机构,想要在获得国家认可统计评级机构(NRSRO)指定之前,满足美国证券交易委员会(SEC)指定标准的要求,根本毫无可能。

例如,指定新的国家认可统计评级机构(NRSRO)的标准的第一条规定,"国家认可,即该评级机构被美国的债券评级的主要使用者们公认为是一家有信用的、可靠的信用评级的发行人。"事实上,一家进入评级市场晚于"三大"评级机构的评级机构,在没有具备国家认可统计评级机构(NRSRO)资格之前,非常难以获得美国债券评级的主要评级使用者们的认可,甚至不会有主要的债券发行人申请他们的评级。这其中更重要的原因自然不是他们的评级不够准确,而是因为他们签署的评级难以让即将发行的债券获得监管许可,他们评级的证券不能被主要机构投资者们接受和购买。仅此一条,就足以限制那些在美国的影响力不足以抗衡"三大"评级机构的评级机构,获得国家认可统计评级机构(NRSRO)的指定。

虽然,曾有像Partnoy(1999)这样的学者,提出过消除监管对评级依赖的替代措施,他建议将市场化信息方式注入监管流程,实现对金融机构资产风险的直接监管,如基于资产的收益价差直接确定对机构的风险类投资的监管要求,而不是间接通过评级确定资本要求,但是,美国证券交易委员会(SEC)并没有采取这些监管手段,而且似乎也并不急着这么做。

如果金融管理者们,坚持继续授权给评级公司做这些安全测定,那么无论如何,就不得不有人担当评级机构能胜任(这一职务)的证明人;美国证券交易委员会(SEC)或许与其他金融监管机构一样,是这种证明人的一个不错的候选者。但是即使如此,White(2002)认为,这些证明人也必须停止,任由这些授权继续成为进入评级市场的人为障碍。他们必须根据诚信原则,努力证明所有国家认可统计评级机构(NRSRO)都是有能力的候选人。如果不能证明这些国家认可统计评级机构(NRSROs)确实胜任这一角色,那么,显然,删除引用国家认可统计评级机构(NRSRO)的监管条款才是明智的选择。

第二节 RDRs制约了评级竞争

一、评级机构的市场份额分析

美国目前有四家通用债券评级公司:穆迪、标普、惠誉、多米尼债券评级公司(DBRS)。①

穆迪是唯一一家独立的美国评级公司,也是最早开展信用评级业务的公司,它在1909年开始发布第一份铁路债券评级。在评级的发展史上,无论在新业务开拓,还是在业务规模方面,穆迪都始终排在首位。Hickman(1958)说,1912年时,Moody's评级铁路债券面值占当时全部未清偿铁路债券总面值的94%,占全部工业债券总数的近55%。1913年穆迪开始对铁路债券以外的公用事业和工业债券进行评级。随着20世纪70年代美国债券和票据市场的迅速发展,穆迪(Moody's)开始对商业票据和银行存款进行评级。

标普(S&P's)目前是麦格劳—希尔公司(McGRAW – Hill)的全资子公司。惠誉则是英国评级公司IBCA的子公司。多米尼债券评级公司(DBRS)是一家加拿大评级公司,目前,其在加拿大评级市场中占有较大份额。

House(1995)指出,20世纪90年代中期,穆迪对20000家公共或私营的美国发行人评级,并对大约1200家非美国发行人评级,既有企业,又

---

① DBRS(Dominion Bond Rating Service Limited)是一家加拿大评级公司,是2003年被SEC指定的最后一家通用目的的NRSRO。

有主权国家，接受其评级的证券价值约5万亿美元；标普的评级数量每种都比穆迪略少，评级的证券价值约2万亿美元。

评级机构的市场份额占比，至今没有太多变化。Hill（2002）根据2001年的数据分析认为，穆迪和标普的市场份额基本上各占40%，两家公司合计的市场份额高达80%，惠誉的市场份额约占15%，"三大"评级机构的市场份额总计超过95%。McDonald 和 Robinson（2009）说，以2001年为例，穆迪的年收入为8.007亿美元，2005年则增长到17.3亿美元，2006年增长至20.37亿美元。Elliot Blair Smit[①] 指出，穆迪的担保债务凭证（CDOs）评级市场份额，2003年为91.5%，2004年为76.8%。2005年升至85.1%，2006年为96.8%。标普的该类评级市场份额2006年为97.5%。

这些数据足以支持穆迪、标普支配着评级市场的说法。因为，正如 Hill（2002）所述的，债券发行人想要获得信用评级的话，首选的评级机构是这两家，只是偶尔在其不同意穆迪或标普给出的评级的情况下，才转向惠誉申请评级。

无论是从上述的数据，还是从美国评级市场份额的分布情况，都可以看出，连位居第三的惠誉都难以与穆迪和标普竞争，更不用说其他规模较小的评级机构了。虽然在"三大"评级机构之外，美国市场上还存在着一些规模较小的专业评级机构，如贝氏（A. M. Best），专注于评估保险业和保险公司承担保险义务及偿付其债务的能力；雷斯金融公司（Lace Financial）聚焦于混合银行，及其他存储机构和小型保险公司评级；KMV公司为北美、欧洲和太平洋沿岸地区的银行、保险公司和其他借款机构，提供估算借款公司违约概率的服务；伊根琼斯（Egan-Jones）提供关于美国公司债务的信用评级和研究服务；但是，这些机构的市场份额加总起来都难以与"三大"评级机构中的任意一家抗衡。

如果考虑到，美国证券交易委员会（SEC）的国家认可统计评级机构（NRSRO）指定的禁令，会产生非常明显的限制评级供给的效应，那么，在这样的由监管推动的竞争环境之中，"三大"评级机构能够发展到今天的规模，也不稀奇。White（2002）认为，事实上，长期以来，国家认可统计评级机构（NRSRO）指定的禁令效应，一直与安全和健康的监管所引发的需

[①] Elliot Blair Smit, "Race to Bottom" at Moody's, S&P Secured Subprime's Boom, http://www.bloomberg.com/apps/news? pid = newsarchive&sid = ax3vfya_ Vtdo.

第五章　RDRs 促进了评级垄断的形成

求增强效应纠缠不清。

二、RDRs 对 NRSROs 竞争地位的影响

首先，从监管角度来看，诸多将国家认可统计评级机构（NRSROs）签署的评级作为监管基准的 RDRs，授予国家认可统计评级机构（NRSROs）无数的监管许可，人为地扩大了它们的市场影响力。其次，随着创新的结构化金融产品（SFPs）的出现，金融产品日益复杂化，无论是机构投资者、个人投资者，还是金融监管者，都无从获取这些产品更详细的信息，难以判断产品所包含的风险。这更使得他们对国家认可统计评级机构（NRSROs）签署的评级的依赖日渐加深。再次，诸多监管规则对评级的引用，无疑增加了评级的权威性，在投资者缺乏多元化风险判断机制的情况下，这肯定也在一定程度上助长了评级使用者们对评级的盲从。最后，当越来越多的投资者、监管者如此地关注评级的时候，必然产生评级的"羊群效应"。

而与国家认可统计评级机构（NRSRO）相关的 RDRs，打乱了评级市场的竞争。首先，RDRs 对国家认可统计评级机构（NRSROs）评级的青睐，赋予国家认可统计评级机构（NRSROs）特殊的竞争地位，使它们成为评级寡头。其次，受 RDRs 授予国家认可评级机构（NRSROs）监管许可的影响，它们可以销售监管许可赚取收益，弱化了国家认可统计评级机构（NRSROs）提高评级准确性的激励。而且既然它们的收益与其努力程度基本无关，自然也就难以保证它们会在评级中不断付出努力追求准确性，通过竞争来实现发展。最后，RDRs 不仅使现职的国家认可统计评级机构（NRSROs）怠于评级准确性的研究，也使它们缺乏核实评级信息的积极性，其对结构化金融产品（SFPs）的评级，被指仅是依据发行人、承销商或发起人提供的相关信息，而这些人显然都是"只报喜不报忧"的，因此，这种评级显然难以保证评级结果的准确性。

1. SEC 的监管规则对 NRSROs 竞争地位的影响

自 1975 年美国证券交易委员会（SEC）将国家认可统计评级机构（NRSRO）引入到监管规则中起，其对评级的依赖非常严重，引入国家认可统计评级机构（NRSRO）的规则也非常之多。美国证券交易委员会（SEC）监管对评级的依赖，主要体现在其对净资本的监管、对货币市场基金的监

管，以及对上市的监管之中。

对净资本的监管，要求根据受监管的机构投资者持有证券的信用等级不同，适用不同的监管资本持有标准。对货币市场基金的监管，则要求它们投资于短期高质量的金融工具。所谓高质量即至少有国家认可统计评级机构（NRSROs）给出其最高两档信用等级的证券或具有相当品质的未评级证券。在上市监管中，如果证券载有符合监管要求的评级，就可以大大简化上市程序。例如，有一家以上国家认可统计评级机构（NRSRO）出具的"投资级"以上信用评级的证券，可以采用简易表格注册上市。

根据净资本监管要求，受监管的机构投资者更倾向于投资那些有国家认可统计评级机构（NRSROs）出具的"投资级"以上评级的证券。证券发行人为迎合这一投资需求，自然也会努力向国家认可统计评级机构（NRSROs）申请评级，而不会申请非国家认可统计评级机构（NRSROs）的评级。而根据对货币市场基金的监管，如果发行人希望其证券符合货币市场基金的投资要求，同样，会努力争取国家认可统计评级机构（NRSROs）的信用评级。为简化上市程序，证券发行人也同样愿意向国家认可统计评级机构（NRSROs）申请评级。

在《1933 年证券法》之后，《1934 年证券交易法》①、《1940 年投资公司法》，以及各种银行业管理规章，越来越多的监管规则中引入了国家认可统计评级机构（NRSROs）的信用评级作为监管基准，这使得国家认可统计评级机构（NRSROs）相对于其他非国家认可统计评级机构（NRSROs）而言，其竞争地位越来越优越。

2. 保险监管规则对 NRSROs 竞争地位的影响

美国全国保险官协会（NAIC）是另一个大量引用评级作为监管基准的金融监管者，在保险监管中，除美国全国保险官协会（NAIC）以外，各州的保险监管者同样也大量引入了评级基准。

在保险监管中，主要引入评级基准对保险公司的清偿能力进行监管。这些监管规则对评级的引入，或以国家认可统计评级机构（NRSROs）的评级为参考，对应确定相应的 NAIC 级别；或直接引用国家认可统计评级机构（NRSROs）的评级。无论是哪一种状态，国家认可统计评级机构

---

① Release No. 34 – 19, 565, 48 Fed. Reg. 10, 628 (1983) (the Commission stated its "belief that the fungibility of certain investment grade debt securities makes manipulation of their price very difficult").

第五章 RDRs 促进了评级垄断的形成

(NRSROs) 的评级都非常重要,而非国家认可统计评级机构 (NRSROs) 的评级则对保险监管完全没有影响。

保险监管中的 RDRs 的一大特点是,直接引入评级,确定保险公司对从高到低各个信用级别的证券的投资占保险公司总资产的最高限额。当然,肯定是高等级证券的投资限额相对较高,低等级证券的投资限额相对较低,低于投资级的债券的限额则受到严格的限制。保险公司在不违背监管规则的情况下,只能根据其对各评级证券的投资限额进行投资。

目前,保险公司是资本市场中最大的机构投资者。因此,对保险公司的投资限制,无疑会对证券发行人产生巨大影响。根据保险业的 RDRs,这些最大规模的机构投资者能否投资发行人的证券,或能够投入多少资金购买其证券,直接取决于发行人的证券所载有的国家认可统计评级机构 (NRSROs) 的评级。所以,欲获得保险公司的投资,发行人只能申请国家认可统计评级机构 (NRSROs) 的评级,并努力获得较高的评级,以增大其证券的市场空间和流动性,而完全不可能申请非国家认可统计评级机构 (NRSROs) 的评级。

除上述两大引入评级的监管行业之外,还有不少其他监管者,同样也引入了国家认可统计评级机构 (NRSROs) 的评级作为监管基准。如国会要求,资产抵押有关的证券应当至少被一家国家认可统计评级机构 (NRSRO) 评定为其最高的两个信用等级之一;联邦储备委员会在 T 条款 (Reg. T) 中也依赖国家认可统计评级机构 (NRSRO) 出具的评级,[①] 还有不少立法,如《次级抵押市场促进法》(SMMEA)、《联邦存款保险法》(*The Federal Deposit Insurance Act*) 中,也依赖国家认可统计评级机构 (NRSRO) 出具的评级作为监管基准。

受这些引入国家认可统计评级机构 (NRSROs) 评级的监管规则影响,还有几个发行人,会愿意主动申请不满足监管需求,无法影响到受监管的机构投资者的投资决策的非国家认可统计评级机构 (NRSROs) 的信用评级呢?

所以说,美国证券交易委员会 (SEC) 的禁令,产生了非常明显的指导评级需求的效果。因此,White (2001) 说,在如此之多的监管规则中引用国家认可统计评级机构 (NRSRO) 签署的评级作为监管基准的情况下,如

---

① 12 C.F.R. § 704.2, 704 App. A (1992).

果让一家公司的执行官决定,请哪家评级机构来听他(她)讲述公司的金融"故事",那么,最可能的结果是,他(她)会选择一家国家认可统计评级机构(NRSRO),因为,它们做出的良好评级,相对于非国家认可统计评级机构(NRSRO)所做的评级而言,能够为证券发行人带来证明信用品质之外的重大收益,从而不仅会降低其融资成本,还会极大地增加其证券的流动性。

那么,在如此劣势的竞争角力中,非国家认可统计评级机构(NRSRO)又如何能够与那些国家认可统计评级机构(NRSROs)竞争呢?

第三节 RDRs 授予 NRSROs 监管许可

一、信誉资本理论

评级机构始终声称,其之所以能够在市场中立足和发展,是由于其积累了信誉资本。

1. 信誉资本理论

信誉资本理论(Reputational Capital View)认为,评级行业是以信誉为基础的行业,评级机构所签署的信用评级之所以会被资本市场的参与者们认可,是因为基于他们对该评级机构良好声誉的信赖。评级机构的发展与其所积累的信誉资本的多少有关,而信誉资本的积累则受到评级机构所签发的评级的准确性、有效性的影响。签发准确、有效的评级会为评级机构积累信誉资本,但是,信誉资本的积累是一个漫长的过程。拥有良好的信誉资本,评级机构签发的评级就会有更高的认可度。反之,如果评级机构发布不准确或不可信的评级,其信誉就会被玷污,市场参与者对其评级结论的信任就会大打折扣,在更极端的情况下,评级机构可能会无法在评级行业立足。根据信誉资本理论,只有那些信誉良好的评级机构才能存活,并获得长远发展。

信誉资本理论的基本原理在于,信用评级是多期非对称信息环境下的产品。评级消费者,不能对评级的品质进行事前的观察,因此评级是一种经验商品。这意味着，决定消费者后续购买的因素，是消费者认可其前期消费的商品。即评级机构通过前期签发具有准确性和有效性的评级，赚取了消费者的信任，而这种信任的长期积累就形成了信誉资本。在一定程度上，信誉资本还具有可转移性，这使得评级机构可以依赖其在原来评级业务领域中积累起来的信誉资本，开拓其他新领域的评级业务，这一特点保证了评级机构的业务扩张。

对此，Husisian（1990）认为，评级机构的特殊价值在于，它们独立可靠地评估风险的金融数据。也就是说，评级机构发布的评级具有一定的准确性和有效性。Macey（1998）也说，评级机构能够收取费用的唯一原因，完全是因为公众对其评级的诚信性有足够的信任，认为它们在评估投资风险方面有价值。更普遍的观点，会像 Gilson（1984）所说的那样，认为评级机构作为第三方证明机构，其繁荣是基于它们获得了把价值信号传递给购买者的良好信誉。Triantis & Daniels（1995）认为，它们通过解码大量的信号，促进了交易。

20 世纪 30 年代的法律期刊（Law Journal）对信用评级的评论，好像是也接受上述观点，认为信用评级业务是竞争性和信誉驱动的。并且说：在许多市场中，在没有监管干预的情况下，中介扮演着证明人的角色。就像 Choi（1998）所说的那样，标准、普尔和穆迪，证明着公司债券的信用风险。

Partony（1999）说，如果信誉资本理论言之有理，那么这一期间，穆迪和标普一定曾在一个完全竞争的市场中，超越其竞争对手，持续生产关于成千上万家公司的准确的、有价值的信息。而且，如果标普和穆迪没有继续生产质量较高的信息，那么它们的评级会变得不精确、不可信，它们会为此遭受信誉损失，最终可能失去收益。

不可否认，在自由竞争的时代（自评级诞生到 20 世纪 30 年代初期），评级机构的收入来源于其向订阅者们收取的订阅费，因此，评级的有效性是其生存之本。Susan 和 Alan（1998）说，评级通过把大量信息精炼到证券评级报告中，反映了评级机构对发行人兑现义务能力的判断，那一时期，评级机构的确积累了信誉资本。

Gilson（1984）认为，根据信誉资本理论，评级机构的繁荣，基于它们为向评级购买者传递有价值的信号而维持自身良好声誉的能力。根据信誉资本理论，穆迪、标普、惠誉这样的评级机构，能够在评级市场保持近一个世纪的主宰地位,应当是因为它们一直生产着准确、有效的评级,在评价信用风险中表现卓越,获得了信誉资本。也就是说,顶级的评级机构应当是已经获得并维持着较高的信誉资本的机构。

2. 信誉资本理论的没落

然而,随着 RDRs 的引入,广泛的观点认为,信誉资本理论不再能解释评级机构的繁荣与发展,而且从根本上说,评级机构之后的发展基本上与其是否积累了信誉资本无关。原因在于:

第一,信用评级机构的繁荣是基于它们积累和保持信誉资本的能力的观点,不能解释长期以来评级的价值的所有戏剧性变化,尤其是评级机构总能够在危机过后、信誉受损的情况下,从颓废中崛起;上述观点也不能解释,何以生产有价值信息的能力并不相同的"三大"评级机构,却以共同的、锁定式的步伐(Lock-Step)同起同落。根据信誉资本理论,这貌似非常不合理。

第二,在两个关键时期,20世纪30年代和20世纪70年代中期到20世纪90年代,信用评级的重要性增加,评级机构快速发展。然而,与信誉资本理论相矛盾的是,这几个阶段,每一次都发生了一系列债券严重违约,显示出评级机构在债券评级中的严重错误。对此,我们可以从前文对三个经济周期中评级的表现以及其发展的分析,得出结论。

并且,评级虽然对证券价格仍有影响,但是,这种价格变化或许是因为评级机构告诉了市场证券信用价值以外的信息,如监管信息。因此不足以确定评级机构生产了有价值的信息,并积累了信誉资本(Reputational Capital)。事实也证明,在评级机构获得了相当可观的市场能力这一期间,它们并没有生产更多有效的信息价值。①

另外,Partnoy(1999)指出,评级机构发布评级变化前,价格就已经发生了某种程度的变化,评级机构之后发布的评级变化信息未能引起这种价格变化;这一证据表明,评级机构仅像鹦鹉学舌一样重复了公开可获得的信息,所以没有积累信誉资本。

Stover(1996)说,评级机构作为一种认证机构,围绕确认资产品质的目标收集和加工信息进行认证,其对外部投资者的可信度必须满足的三个标准是:第一,认证机构必须拥有在认证活动的危机处理中的信誉资本。

---

① Credit-Rating Agencies: Beyond the Second Opinion, Mar. 30, 1991, at 80.

第五章　RDRs促进了评级垄断的形成

第二，其错误认证的信誉资本损失必须超过其错误认证所得。第三，认证机构的服务必须是昂贵的，并且其认证成本必须与发行公司的信息不对称有关。而事实证明，为使等级认证可信，必须满足这三个标准，正如Partnoy（1999）所说，目前评级机构并不满足这三个标准。原因在于：第一，评级机构几乎没有在认证活动的危机处理中的信誉资本，它们仅能够通过对市场价格变动鹦鹉学舌来维持它们需要的信誉。第二，现实中评级机构错误认证的收益，极大地超出了其错误认证的信誉资本的任何损失，以至于，它们甚至甘冒道德风险，发布膨胀评级。第三，评级机构的服务成本很低，跟着市场事件，事后调整评级，简单且成本低廉。这些都说明，像1909年那样的因响应信息不对称问题而产生的信用评级已经一去不复返了。

对此，Partony（1999）说，评级机构，正像其在20世纪30年代初期的疾速上升阶段里迅速地积累信誉资本一样，在其后的年份里，它们迅速地挥霍它们的信誉资本。他还指出，20世纪30年代初之后，评级机构的衰退可能也是因为它们不能生产有价值的、准确的信息。

因此说，在评级机构还没有生产更多额外的有价值信息的时候，它们已经借助RDRs获得了相当大的市场能力。

二、监管许可理论

监管许可理论（Regulatory Licenses）是指，监管者们通过在大量的监管规则中，纳入国家认可统计评级机构（NRSROs）签署的信用评级作为监管基准，从而授予了国家认可统计评级机构（NRSROs）无数的监管许可，它们可以通过出售监管许可，为证券贴上许可受监管的投资者持有的标签而获利。

根据这一理论，国家认可统计评级机构（NRSROs）为即将发行的证券"签署评级"的行为，更像是为这些证券"签署"该证券"符合监管要求"的许可标签。这一"许可"可使证券按照投资级以上证券上市发行，使受监管的投资者根据监管要求投资和持有，而无需考虑国家认可统计评级机构（NRSROs）签署的评级是否包含信息价值，或该证券的信用风险是否符合要求。这样一来，国家认可统计评级机构（NRSROs）收取评级费用，签署信用评级，就像是在销售监管许可，也可以不考虑其评级的信息价值和准确性。

对此，Partony（1999）曾说，我认为评级是有价值的，不是因为它们包含有价值的信息，而是因为它们授予发行人"监管许可"。也可以说，RDRs监管，使评级的监管价值甚至超越其风险评估价值，因为，其监管价值是降低证券发行人和投资者与监管有关的成本的关键。根据信誉资本理论，评级机构有理由避免利益冲突，保护其评级的准确性，因为，它们需要保护它们的信誉。然而，一旦少量评级机构，被那些将信用评级纳入实效性监管规则的监管者们奉为神明，市场就对这些评级机构的评级工作变得更不警惕。[①]

Partony（1999）认为，监管许可理论确实有助于解释20世纪30年代，以及自20世纪70年代中期以来，信用评级机构重要性的日渐增长。如果没有纳入评级的监管规则，那么，监管许可理论与信誉资本理论对评级机构的影响可能会基本一致：评级机构销售信息，并基于它们积累和保持信誉资本的能力生存。然而，一旦纳入评级的监管规则通过，评级机构开始销售的，就不仅是信息，也是与符合监管要求相关的有价值的财产权。

事实上，1930年，监管者开始将信用评级纳入大量的监管规章的时间，恰恰是在评级的信息价值受"大萧条"影响直线下落之后，正如Partony（1999）所说的，在它们还未变得对市场参与者更重要之前。但在这之后，虽然评级所包含的信息价值依然在持续下降，但评级机构却没有变得对市场参与者更不重要，而是对监管者和各类市场参与者来说变得越来越重要了。其根本性原因，是评级的监管价值，随着引入评级的监管规则数量增大和重要性增加，而极大地增长。评级机构签发的"监管许可"也越来越有价值，从而使其变得越来越有影响力。

三、对 NRSROs 销售监管许可的理论分析

Partony（1999）分析了美国证券交易委员会（SEC）对 Rule 2a-7 的修订，他认为，美国证券交易委员会（SEC）所发布的纳入评级的监管规则支持监管许可的观点。

以美国证券交易委员会（SEC）修订的 2a-7 条款为例，该条款负责监管货币市场多项基金对商业票据市场投资。Crabbe 和 Post（1992）说，20世纪80年代，货币市场基金对商业票据的投资大约占其资产的一半，1983

---

① The Use and Abuse of Reputation, ECONOMIST, Apr. 6, 1996, at 18.

第五章 RDRs 促进了评级垄断的形成

年通过的 Rule 2a-7 允许货币市场基金以其获得的成本加上其分期偿还的溢价或折价评估证券组合的价值①，而且对投资者来说，这种基金是一种像现金一样安全的投资。然而，由于 1989 年和 1990 年，发生了几起主要商业票据的违约事件②，并且 Crabbe 和 Post（1992）说，这些主要的商业票据都有穆迪或标普签署的高信用等级，因而，这促使 1991 年，美国证券交易委员会（SEC）实施了对 Rule 2a-7 的修订，限制货币市场基金对商业票据的持有。

Crabbe 和 Post（1992）描述，修订后的 Rule 2a-7，将商业票据区分成一级商业票据（高品质）和二级商业票据（低品质）。规定货币市场基金对二级商业票据的投资不得超过其资产的 5%。商业票据如果从穆迪获得 P-1、P-2 或 P-3 级评级（穆迪的三个最高的商业票据评级），或从标普获得 A-1、A-2 或 A-3 评级（标普的三个最高的商业票据评级），就可被认为是"投资级"商业票据。其中，"一级商业票据"是指从一家或多家国家认可统计评级机构（NRSROs）获得的一级评级的票据［如果只有一家国家认可统计评级机构（NRSROs）的评级，那么这个评级应当是一级］；"二级商业票据"是指从两家或更多国家认可统计评级机构（NRSROs）获得的一级或二级评级的票据。如标普对某商业票据的评级为 A-2，穆迪对该票据的评级为 P-2，则该商业票据的评级为二级。③通过限制货币市场基金投资二级商业票据的百分比，美国证券交易委员会（SEC）高效地提高了有最高信用评级的票据的风险溢价，而且这一修订就创造了监管许可。

Partony（1999）认为，第二个能够反映 RDRs 支持监管许可的观点，并与信誉资本理论抵触的，是保险公司的监管。

通过将评级作为监管工具，美国的监管者们曾根本地改变了评级机构销售的产品的性质。现在，发行人们为评级付费，不是购买投资领域的可信度，而是从监管者那儿购买一个许可。自 1973 年至今形成的 RDRs 监管规则网给予评级机构一个有价值的、强有力的专营权——销售监管许可。那些在美国证券交易委员会（SEC）"拔起吊桥"前，获得国家认可统计评级机构（NRSRO）指定的少数幸运的评级机构，不管它们是否在投资领域

---

① This method is known as the "amortized cost method." see 17 C.F.R. §270.2a-7（1998）.

② In 1989 three issuers defaulted, in 1990 four defaulted, and in 1991 another defaulted, on a total of $883 million of U.S. commercial paper.

③ 禁止货币市场基金投资评级为 A-3/P-3 或以下等级的商业票据。See 17 C.F.R. §270.2a-7（1998）.

具有可信度，现在都有一个产品可以销售，即监管许可。像穆迪的 Mr. McGuire 所说[①]的，"政府监管不经意地创造了一个毒瘤，它正杀死评级行业的天然防御。"Sullivan & Cromwell 公司一个叫做 Kenneth Raisler 的律师，非常准确地概括说，"评级标准已经成为一种规章[②]"。

另外，在 RDRs 生效后，评级机构开始向发行人收费这一事实，美国评级机构的收入与美国的 RDRs 的数量一起增长的事实，也都直接证明美国评级机构在销售监管许可。[③]Partnoy（1999）指出，与美国的状况不同，美国之外其他国家缺乏类似的规则（RDRs），或其 RDRs 则相对较少，相应地，这些国家的信用评级机构的重要性也明显比美国要低。这一事实，也从另一角度支持监管许可的观点。

如果对监管许可理论再做进一步的经济学分析，那么同样支持"监管许可"理论。由于大量 RDRs 的应用，增加了发行人证券的发行成本，而一个良好的评级可以消除或降低这一成本。发行人向国家认可统计评级机构（NRSROs）支付评级费用获得它们签署的信用评级，就可以获得"监管许可"，可以降低发行人和投资者的成本，对发行人来说是有利可图的⋯⋯而对评级机构而言，只要评级机构获取和传递信息的边际成本，超过了从评级收费中可获取的边际收益，它们这种销售监管许可的行为也是有利可图的。因此，根据监管许可理论，评级机构愿意销售监管许可，直到获取和传递监管许可的边际成本，超过其由此获取的边际收益为止。发行人愿意购买监管许可，直到其为获得监管许可而支付的边际成本大于其可以从监管许可中获得的边际收益为止。

第四节 RDRs 确立 NRSROs 的垄断地位

White（2002）说，"结构—行为—绩效"范式显示，美国的 RDRs 曾扮演过，并继续扮演着扩大信用评级行业服务需求的特殊角色，同时还通过限制评级公司进入来限制符合监管需求的评级供给。事实上，目前各主要国家认可统计评级机构（NRSROs）的财务收入状况确实显示出，评级有着

[①②③] "Rating the Rating Agencies," ECONOMIST, July 15, 1995, at 10.

第五章　RDRs 促进了评级垄断的形成

超高的营运利润率及异常收益（Katz、Salinas 和 Stephanou，2009），而这种超常利润的获取与 RDRs 为 NRSROs 确立的垄断竞争地位密切相关。

一、主要 NRSROs 的收入构成

由于标普和惠誉并非独立的上市公司，并不公开其经营数据，这两家评级机构涉及评级业务的独立财务状况信息难以获得，因而，本书对国家认可统计评级机构（NRSRO）的收入构成将以穆迪为例进行分析。

穆迪总收入的大约 80%，来源于向其申请评级的公司缴纳的评级费，其余部分来源于穆迪的研究服务及软件销售收入。

1. 穆迪的主要创收部门

穆迪的主要创收机构是其两个附属公司，分别是穆迪投资者服务公司（Moody's Investors Service，MIS）和穆迪金融分析公司（Moody's Analytics，MA）。

穆迪投资者服务公司（MIS）主要是对债务工具和证券进行信用评级及研究，穆迪在全球 110 多个国家提供信用评级服务，截至 2011 年 12 月 31 日，穆迪共与 11000 家企业融资者和 22000 家公共融资者建立了信用评级服务关系，其还对 94000 多种结构化金融产品（SFPs）进行评级，并提供评级监控服务。2011 年穆迪评级业务营业收入增长至 16.347 亿美元，增幅为 11%；运营利润增长至 7.627 亿美元，增幅为 17%；运营利润率由 2010 年的 44.3% 提高至 46.65%。穆迪投资者服务公司（MIS）的营业收入主要是向债券发行人收取的评级费，故 MIS 的营业收入与债券发行量密切相关，其业务收入主要可以分为以下四个组成部分：①公司融资部分（Corporate Finance，CF），这一部分的业务主要针对公司债券评级等与公司相关的评级业务。②结构性金融部分（Structured Finance，SF），该部分的业务主要是结构化金融产品（SFPs）评级服务。③金融机构部分（Financial Institutions，FI）。④公共融资、项目融资和基建融资部分（Public, Project and Infrastructure Finance，PP & IF）。

穆迪金融分析公司（MA）主要提供衡量和管理风险的工具、软件及解决方案，还提供信用及经济分析和金融风险管理方面的咨询服务及研究报告，穆迪金融分析公司（MA）的业务覆盖全球 115 个国家 4600 多个机构，2011 年穆迪金融分析公司（MA）业务营业收入增长至 7.224 亿美元，增幅为14%，其业务收入主要分为以下几个组成部分：①研究、数据和分析部分（Research, Data and Analytics, RD & A），该部分的业务是对各种证券签发信用评级，是穆迪收入的主要创造者。研究、数据和分析部分（RD & A）负责向发行人收取穆迪评级的每一只证券的评级费。②风险管理软件部分（Risk Management Software, RMS），该部分的业务是为其客户公司提供各种经济和风险管理软件。③专业服务部分（Professional Services, PS），该部分的业务是向客户提供如何更好地开展风险管理的建议，并提供培训。

2. 各部门的收入贡献

首先以穆迪公司2009年的营收情况为例来做分析。表5-2给出了2007~2010年穆迪的年度收入数据。从表5-2中可以看出，穆迪金融分析公司2007年、2008年将其收入划分为订阅部分（Subscription）、风险管理软件部分（RMS）及顾问部分（Consulting）。自2009年以后，则将收入的划分改为研究、数据和分析部分（RD & A），风险管理软件部分（RMS）及专业服务部分（PS）。

2009年穆迪公司的总收入为17.972亿美元，比2008年增长2.4%；营业收入为6.875亿美元，营业毛利率为38.3%，净收入为4.071亿美元，比2008年下降11.8%。其总收入中的9.208亿美元来自美国。穆迪2009年投资了1750万美元重组费用，仅此一项使其净收入下降近10%。其总收入的近1/3来源于穆迪评级分析子公司（MA）。

2009年，穆迪投资者服务公司（MIS）的收入为12.177亿美元，占穆迪总收入的67.8%，比2008年增长1%，其中：公司金融部分（CF）收入为4.082亿美元，占穆迪总收入的22.7%，比2008年增长35.8%；结构性金融部分（SF）收入为3.049亿美元，占穆迪总收入的17%，比2008年减少25.9%；金融机构部分（FI）收入为2.585亿美元，占穆迪总收入的14.4%，比2008年减少1.7%；公共融资、项目融资和基建融资部分（PP & IF）收入为2.461亿美元，占穆迪总收入的13.7%，比2008年增长7%。

2009年，穆迪金融分析公司（MA）的收入为5.795亿美元，占穆迪总收入的32.2%，比2008年增长5.2%，其中：研究、数据和分析部分（RD & A）收入为4.136亿美元，占穆迪总收入的23%，比2008年减少13.1%；风险管理软件部分（RMS）收入为1.451亿美元，占穆迪总收入的8%，比2008年增长194.9%；专业服务部分（PS）收入为0.208亿美元，占穆迪总收入的1.1%，比2008年减少18.8%。

第五章 RDRs促进了评级垄断的形成

表 5－2 2007～2010 年穆迪年度收入数据

单位：亿美元

		2007 年的数据		2008 年的数据			2009 年的数据			2010 年的数据		
		2007 年	占总收入(%)	2008 年	占总收入(%)	比上年(%)	2009 年	占总收入(%)	比上年(%)	2010 年	占总收入(%)	比上年(%)
总收入		22.59		17.554		-22.3	17.972		+2.4	20.32		13
营业收入		11.31		7.482		-34.5	6.875		-7	7.728		+12.4
营业毛利率(%)		50.1		42.6			38.3			38.0		
净收入		7.015		4.576		-34.8	4.071		-11.8	5.134		+17.6
MIS	总计	17.799	78.8	12.047	71.1	-32.3	12.177	67.8	+1	14.05	72.5	+15
	CF	4.115	21.7	3.005	17.1	-34.8	4.082	22.7	+35.8	5.639	27.8	+38.1
	SF	8.733	38.7	4.112	23.4	-56.9	3.049	17	-25.9	2.908	14.3	-14.7
	FI	2.743	12.7	2.630	15	-24.9	2.585	14.4	-1.7	2.787	13.7	+7.8
	PP & IF	2.208	9.8	2.300	13.1	+4.2	2.461	13.7	+7	2.716	13.4	+10.4
MA	总计	4.791	21.2	5.507	31.4	+14.9	5.795	32.2	+5.2	6.270	30.9	+8.2
	RD & A/S	4.215	18.7	4.759	27.1	+12.9	4.136	23	-13.1	4.250	20.9	+2.8
	RMS	0.395	1.7	0.492	2.8	+24.6	1.451	8	+194.9	1.732	8.5	+19.4
	PS/C	0.181	0.8	0.256	1.5	+41.4	0.208	1.1	-18.8	0.288	1.4	+38.5

注：①表中百分比数据"+"表示比上年增长，"-"表示比上年度降低。
②MA 公司 RD&A/S 栏的数据，2007 年、2008 年的数据是指 Subscription 收入，其余年份是指 RD&A 收入；PS/C 栏数据，2007 年、2008 年的数据是指 Consulting 收入，其余年份是指 PS 收入。
③表中数据摘自 Moody's Corporation Reports Results for Fourth Quarter and Full - Year 2008 年、2009 年及 2010 年。

2010年穆迪公司的总收入为20.32亿美元,比2009年增长13%;营业收入为7.728亿美元,营业毛利率为38.0%,净收入为5.134亿美元,比2008年上涨17.6%。其总收入中的10.895亿美元来自美国。

2010年,穆迪投资者服务公司(MIS)的收入为14.05亿美元,占穆迪总收入的72.5%,比2009年增长15%,其中:公司金融部分(CF)收入为5.639亿美元,占穆迪总收入的27.8%,比2009年增长38.1%;结构性金融部分(SF)收入为2.908亿美元,占穆迪总收入的14.3%,比2009年减少14.7%;金融机构部分(FI)收入为2.787亿美元,占穆迪总收入的13.7%,比2009年增加7.8%;公用事业、项目和基建融资部分(PP & IF)收入为2.716亿美元,占穆迪总收入的13.4%,比2009年增长10.4%。

2010年,穆迪金融分析公司(MA)的收入为6.270亿美元,占穆迪总收入的30.9%,比2009年增长8.2%,其中:研究、数据和分析部分(RD & A)收入为4.250亿美元,占穆迪总收入的20.9%,比2009年增长2.8%;风险管理软件部分(RMS)收入为1.732亿美元,占穆迪总收入的8.5%,比2009年增长19.4%;专业服务部分(PS)收入为0.288亿美元,占穆迪总收入的1.4%,比2009年增长38.5%。

由此可以看出,自2007年次贷危机之后,穆迪公司的收入,穆迪投资者服务公司(MIS)所属的各项收入所发生的变化。其中,公司金融部分(CF)在经历2008年大幅下跌之后,经过两年的回升,2010年的该项业务收入已超过2007年的收入水平。结构性金融部分(SF)收入持续下跌,虽然下跌幅度已逐渐趋缓,但是,2010年的数据显示该项收入尚未回升。金融机构部分(FI)收入在2008年、2009年持续下跌,但2009年跌幅很小,2010年该项业务收入已实现回升,且收入总额基本与2007年持平。公共融资、项目融资和基建融资部分(PP & IF)收入虽然也受到了经济危机的影响,在2008年、2009年升幅变缓,但该项收入较为坚挺,未出现下跌现象。穆迪金融分析公司(MA)所属的各项收入,其中:研究、数据和分析部分(RD & A)收入在2008年维持增长,在2009年出现小幅下跌,但2010年又实现小幅回升,目前该部分收入基本与2007年的收入水平持平。风险管理软件部分(RMS)收入自危机以来保持高速上升,2009年该项收入的升幅更是达到了194.9%。专业服务部分(PS)收入的波动较大,2008年和2010年升幅在40%左右,2009年该部分收入则出现18.8%的下滑。

从各部分收入在总收入中的占比来看,穆迪投资者服务公司(MIS)的收入始终是穆迪收入的主要部分,基本维持在70%左右。Deryn Darcy(2009)曾说,对"三大"评级机构,即穆迪、标普和惠誉来说,它们都采用发行人付费模式,也就是说,"三大"评级机构向证券发行人收取的评级费用是其收入的主要部分,可以占到其年收入的90%~95%。这一比例,应当包括了评级机构在对证券评级过程中向发行人提供咨询服务、培训及提供软件等项的服务费用。

二、主要 NRSROs 的收费机制

根据 MATHIS(2008)的调查,目前除不占重大评级市场份额的伊根琼斯评级公司(Egan-Jones)以外,现有的主要国家认可统计评级机构(NRSROs),如穆迪、标普、惠誉等的收费模式均采用发行人付费模式,并且它们大多是按照评级公司的信用等级来确定评级收费标准,并随着发行的规模增大,收费基准会有所增加。无论采用何种评级收费基准,各基准之间评级收费的变化之大,都难以从事实上的评级成本的变化得到支持。因此,White(2002)说,这种收费结构本身,很可能是评级公司赚取租金的另一种象征。租金之说,虽然尚需更充分的论证,但这种收费模式导致了评级机构道德风险的增加却是毋庸置疑的。

伊根琼斯评级公司(Egan-Jones)则实行会员制,他们通过向投资者出售评级出版物、评级报告、行业研究报告等来获取必要的收入。这种收费模式曾经也是"三大"评级机构在20世纪70年代以前所采取的收费模式。并且显然,这种收费模式被公认为更有利于避免评级的道德风险。

三、评级收费的价值分析

无可厚非,作为信息提供商,评级机构的确有优势,它们可以以比各自独立的潜在投资者更低的成本处理信息流,并将其精炼成对投资者有用的评级报告。换言之,如果没有评级机构,投资者独立开展上述研究的边际成本将超出其收益。如此一来,发行人必须支付更高成本,使其证券得以在市场中凸显出来,以吸引投资者的投资。从这一角度来看,无论对投资者还是对发行人而言,评级机构作为专业的信息提供商,它们不仅有更

专业、更经济的信息处理模式，与投资者和发行人相比，它们在收集、加工与分析信息方面也有绝对的比较优势，而且它们能够更迅速、更有效地向市场传递这些精炼的信息，使其发挥效用。从这一角度而言，它们因可以提供准确的评级、精确地评价信用风险而具备了获取收益的技能。从经济学角度来看，上述理论应当还包含着这样的意思，即反过来说，如果它们不能生产高质量的信息，它们的评级将变得不精确和不可信，它们就会丧失获取收益的资本，将失去收益，甚至被迫离开评级行业。但是这显然与事实不符。评级机构虽然屡次在危机中，因不准确评级、未能预警风险，以及危机爆发后大量的评级下调而信誉受损，但结果却是，其在危机后，在颓废中获得更快速的发展。导致这种现象的主要原因在于，在RDRs的监管下，评级机构不仅进一步增加了其赚取收益的筹码，还获得了在不精确、不可信的评级中生存的能力。

如前所述，在主要国家认可统计评级机构（NRSROs）中，最大的两家评级机构，穆迪和标普评级收费的基准，根据Fridson（1999）介绍，是被评级证券上市价格的3.25个基点，最低收费为25000美元，最高收费为125000美元（标普）或130000美元（穆迪）。White（2002）说，即使惠誉及达夫菲尔普斯（Duff & Phelps）的评级收费水平曾经较低，但也高达被评级证券上市价格的2.5个和2.75个基点。

众所周知，这些大规模的国家认可统计评级机构（NRSROs）均拥有大规模的数据库、成熟的评级技术，而这些成本并不随评级证券的规模大小，或评级业务的多少而变化太多。那么，它们的评级中究竟包含着怎样的价值，使它们的收费可以达到如此之高呢？而且，诸多学者的研究结果也表明，自RDRs启用以来，评级的信息价值日渐衰减，并不包含除公共可获得的信息之外的更有价值的信息（详见本章第二节的论述）。

从另一个角度来看，评级的收费标准，一般定义为被评级证券上市价格的一定百分比。但评级机构并未说明，其对上市价格总额不同的证券发行进行评级，评级的工作量有何不同，或者对上市价格总额为9000万美元的证券的评级工作，与对上市价格总额为1000万美元的证券的评级工作相比较，评级机构究竟多付出了什么，使其评级收费相差8倍之多。

然而事实是，尽管评级并未包含更多有价值的信息，尽管评级机构对评级的高收费不合理，但是发行人依然对主要国家认可统计评级机构（NRSROs）的信用评级趋之若鹜，而不屑于向那些收费相对较低，而为获取信誉资本又极尽努力提高评级质量的，小规模非国家认可统计评级机构（NRSROs）申请评级。根本的原因很简单，就是只有国家认可统计评级机构（NRSROs）提供的评级，才能够授予其监管许可，使其证券满足监管要求，为其带来更多额外收益。正是由于大量存在的RDRs，使得国家认可统计评级机构（NRSROs）在签署并无太大价值的评级时，可以获得高昂的评级收入。

也就是说，RDRs，不仅设置了评级的进入屏障，授权少数的主要国家认可统计评级机构（NRSROs）监管许可，同时也赐予了它们某种超级的市场权力，使得它们可以销售监管许可。Frank Partnoy（1999）认为，与在竞争性市场中销售信息不同，具有市场权力的国家认可统计评级机构（NRSROs）在寡头垄断条件下，销售监管许可能够获取超常利润。

正是RDRs监管，促使国家认可统计评级机构（NRSROs）可以通过其签发的并没有太多的信息价值的评级，赚取超额收益，即使它们在风险预警的市场考验中屡屡失败。

前述介绍了穆迪公司的营业收入情况，虽然标普和惠誉均非独立的运营主体，不公开独立的营业成果，但是参考Rhodes（1996）的数据，麦格劳—希尔公司（McGRAW-Hill）（标普的控股公司）的金融服务部的营业毛利率竟为29%。在前面的表5-2中，穆迪2007年营业毛利率竟达50.1%，2010年的营业毛利率也高达38%，即使在危机期间，其营业毛利率也从未低于38.0%。支撑评级机构获得超额利润的，显然不是因为其评级的准确性，而是RDRs监管。

第五节　RDRs支持下评级的寡头垄断

从理论分析来说，McGuire（1995）指出，总的来说，纳入美国保险商实验所[①]（Underwriters Laboratories，UL）和评级机构这样的评级者的规则所产生的动力，与那些在过去的15年里，无数之前曾经帮助公共性的业务和行业，实现了私有化的、灵活的以市场为基础的规则所产生的动力相同。

---

① UL是一家独立的产品安全认证机构。

他说，不幸的是，当监管者们保留了批准评级机构的权力时，这种私有化可能导致比那些原始无效率的制度更大、更严重的二阶无效率。根据次优的经济学建议，私有化因为各种原因可能是次佳的。监管者们，有心无心地，可能试图以某种为评级机构创造市场力量和道德风险的方式帮助评级机构。例如，监管规则增加了评级的收入、利润，并促进了评级机构的成长。事实上，无论基于什么原因，对评级机构进行市场化行为之外的帮助，即使是非直接的，仍可能加剧市场失效。评级用户可能面临着来自评级机构的寡头垄断、垄断或道德风险。

被认证的评级机构被保护起来，避免了与新入行的国外评级机构的竞争。这种保护消除了维持评级质量的激励。于是，Partnoy（1999）说，根据监管许可理论，如果市场运行正常，特定活动就不应被私有化。这些活动之中包括信用评级。

从实践来看，参考 2008 年，美国证券交易委员会（SEC）对国家认可统计评级机构（NRSROs）的审查年报中的数据，在所有种类的评级一起统计的情况下，"三大"评级机构的市场份额总计为 99%。若对各类评级分类统计，"三大"评级机构的市场份额依旧非常惊人。对资产支持证券的评级，"三大"评级机构的市场份额总计也为 99%；对政府债券评级，"三大"评级机构的市场份额为 99%；对保险公司评级，"三大"评级机构的市场份额约为 75%。如果采用赫芬达尔—赫希曼市场集中度指数，来对美国信用评级市场进行该指数的测算，指数数值为 3778，这足以说明评级市场是一个寡头垄断市场。① 而依据赫芬达尔—赫希曼市场集中度指数，若某市场的集中度指数在 1000 至 1800 之间，则表明该市场适度集中，若某市场的集中度指数超过了 1800，则表示该市场集中度较高，如果该指数超出 1800 之上 100 点的话，表示应当给予该市场反垄断关注。

参考前几节的论述可见，"三大"评级机构垄断竞争地位的确立，无论从其竞争地位、市场份额，还是从其收入来看，均可以看出 RDRs 的影响痕迹，因此可以说，RDRs 协助主要评级机构确立了其垄断地位。

对此，已退休的标普总经理 Raiter（2008），在其向参议院的证词中指出，国家认可统计评级机构（NRSRO）指定，导致评级行业的寡头垄断，并使评级丧失及时性和准确性：

---

① SEC, Annual Report on Nationally Recognized Statistical Rating Organizations, June, 2009.

第五章 RDRs 促进了评级垄断的形成

"国家认可统计评级机构（NRSRO）的指定，允许它们（穆迪、标普和惠誉）事实上无竞争地运转，它们的职责是为金融市场提供可靠的、及时的信息，与这一职责相关的处境培养了它们的自满文化。它们宁可专注于扩大其短期利润，而不通过准确评级和监督复审，扩大其长期经济效益。"

美国证券交易委员会（SEC）的委员 Casey（2009）说：

"……长期以来，深深地确立了在这一领域地位的在职者们，它们在美国或世界上其他任何采用那种方式的地方，都拥有着某种最高的边际利润，且不必凭借发布高质量评级来保留它们超大的市场份额。过去，（评级）从不需要品质……美国证券交易委员会（SEC）正是通过其旨在解决评级行业寡头垄断的提案，以及通过消除无数美国证券交易委员会（SEC）规定中嵌入的依赖评级的监管要求，来消除对国家认可统计评级机构（NRSROs）评级的过度依赖，这是必要的。"

然而，在引用国家认可统计评级机构（NRSROs）签署的评级作为监管准则的 RDRs 继续有效的情况下，无疑地，评级永远不会变成一个竞争性行业。

而且，评级机构的业务规模要求，以及声誉对评级的重要性，都意味着新进入评级行业的机构不可能与那些国家认可统计评级机构（NRSROs）竞争，即使改善评级方法，加强信息收集与校准，努力提高评级准确性[当然，在获得国家认可统计评级机构（NRSRO）指定之前，它们的实力往往也难以支撑如此的努力]，它们想要吸引发行人（或那些想要投资有评级债券的被监管的金融公司）的关注，显然非常困难。而那些现职的国家认可统计评级机构（NRSROs），则无论是否有改进评级方法、提高评级准确性的努力，其头上的国家认可统计评级机构（NRSRO）光环都足以吸引发行人的评级申请。

如果美国证券交易委员会（SEC）不能，或不愿意终止国家认可统计评级机构（NRSRO）的指定，那么让那些获得认证的评级公司，更加严肃地对待其签署的每份评级的方法，就只有在国家认可统计评级机构（NRSRO）

的认证标准中，加入重新强调产出驱动的措施。

当然，从目前的情况来看，是强调产出驱动，还是干脆将监管规则中对国家认可统计评级机构（NRSRO）术语的引用直接删除，显然，美国政府更支持后者。根据美国总统奥巴马2010年7月21日签署的《多德—弗兰克华尔街改革与消费者保护法案》（*The Dodd – Frank Wall Street Reform and-Consumer Protection Act* 2010，H. R. 4173），美国证券交易委员会（SEC）被要求从其监管规则中删除对国家认可统计评级机构（NRSROs）评级的引用。

国家认可统计评级机构（NRSRO）是否能够真正从金融监管的舞台上退出，或者能在多大程度上退出监管舞台，显然还要等相关规则的最后修订。但即使国家认可统计评级机构（NRSRO）真的退出了监管舞台，并不意味着评级退出了监管舞台，评级在诸多监管规则中的应用，相信依然还会存在。那么，这就会引发另一问题，如果删除了国家认可统计评级机构（NRSRO）这一术语，是否还会有下一个"国家认可统计评级机构"（NRSRO）？

第六章 评级发展视角下对金融监管的思考

虽然不少学者通过理论研究和实证研究早已证明,为纠正金融市场失灵而建立的金融监管体系,非但没有降低系统性风险,减少银行的失败,反而增加了金融系统的内在不稳定性,并导致监管失灵(Thomson,1990;Schwartz,1998;Kaufman,1996;Merton,1995),政府的金融监管非但没有提高金融资源配置效率,还使其时有降低,但是,对金融监管对产业发展和行业竞争的影响的分析却不多见。信用评级由于其产业的特殊性,并因其与金融监管的发展之间有着某种密切的联系,而使得我们得以通过评级发展的研究视角,反观金融监管。本书对信用评级的发展研究说明,金融监管不仅对产业发展、行业竞争有影响,而且,不当的金融监管体系,不仅不能消除市场失灵,反而增加失灵;不能提高金融资源配置效率,反而使其降低;不能维护金融稳定,反而会加剧金融动荡。不当监管,有时还会对特定产业的发展产生重大影响,并限制行业竞争,甚至促成行业垄断。此外,不当监管还会增加金融风险,甚至导致金融危机。2007年,获得诺贝尔经济学奖的经济学家埃里克·马斯金教授得出结论:政府的监管失误是美国次贷危机爆发的主要原因。

第一节 RDRs监管助推评级发展

从本书的分析不难发现,评级的发展,虽有资本市场自然产生的评级需求的影响,但更重要的是受到了来自RDRs监管要求刺激的评级需求增长的影响,在一定程度上而言,评级的监管价值远大于其风险管理价值。这主要表现在以下几个方面：

第一，大量 RDRs 的应用，使得受监管的机构投资者，为满足监管要求，而不得不将其投资限制为国家认可统计评级机构（NRSROs）出具的"投资级"以上评级的金融工具。对应于这一市场需求，发行人为实现融资目标，并保障其证券的流动性，就不得不转向申请国家认可统计评级机构（NRSROs）的信用评级。在这一循环中，RDRs 监管直接刺激了评级需求。RDRs 对评级需求的促进，形成了对评级发展的直接推动力，促进了评级的发展。这种推动作用，在本书所列的几次经济危机中，在评级遭受极大信誉损失的情况下，表现得尤为明显。

之所以将资本市场对评级的需求，大部分归于 RDRs 监管刺激的结果，而非投资者的风险管理需求所导致，还因为，诸多研究发现，对公司债券而言，评级的变化对证券市场价格的变化的影响一直是滞后的，换句话说，评级的变化中仅反映了证券市场价值的变化已经反映的风险信息。如果不考虑评级的变化对 RDRs 监管下受监管的投资者的投资决策的影响，而仅考虑资本市场的信息，那么显然，如果这时投资者参考这样的评级来投资，则毫无盈利的机会，他们当然也就不需要这样的评级。当然，在考虑到评级的变化会引发 RDRs 监管下受监管的投资者的投资决策的变化时，则是另一回事。

第二，RDRs 推动了评级发展的重要转折。例如，受 20 世纪 30 年代 RDRs 启用的影响，在此之前从不在债券发行前对其评级的评级机构，受债券发行人为使其债券满足 RDRs 监管下受监管的机构投资者的投资需求的影响，而开始转向在债券发行前对债券评级。而如今，在证券发行前评级已成为无数 RDRs 存在的最重要的事实基础。

又如，评级机构在其诞生之初，依靠向评级的订阅者收取的订阅费获取收入，但是在 1970 年宾州中央铁路公司（Penn Central）申请破产后，它们却开始转向向发行人收费。当更多的受监管的机构投资者受制于 RDRs 监管，被限制投资那些载有国家认可统计评级机构（NRSROs）出具的"投资级"以上评级的证券时，发行人必然是宁愿支付评级费，以获得监管许可。因此，RDRs 监管协助评级机构最终实现了收费模式的成功转化，这对评级产生了根本性的影响。

第三，结构化金融产品（SFPs）在一定程度上可以说是承销商和发起人规避 RDRs 监管要求的金融创新。而评级机构在结构化金融产品（SFPs）市场的发展中亦有非常重要的地位。自 20 世纪 80 年代以后，随着结构化金

第六章 评级发展视角下对金融监管的思考

融产品（SFPs）的发展，结构化金融产品（SFPs）评级是评级机构收入的最重要来源，可以说结构化金融产品（SFPs）市场的发展为评级机构积聚了财富，从而形成了评级机构今天的霸主地位。而这笔丰厚的收入，在一定意义上则有些像 RDRs 监管的副产品。

第二节　RDRs 监管助成评级垄断

　　信用评级是一个特殊的行业，原因在于：第一，评级机构是信息服务中介，其产品是一种信息载体——信用评级，而信息又具有公共品的性质（Spierings，1990；Stiglitz，1993）。第二，评级机构的公信力，或者说信誉资本，对信用评级业务有重大影响，当然，这种公信力或信誉资本，可能来源于评级机构经年的积累，或者也可能来源于政府公信力的支撑。上述两点都决定了信用评级作为信息中介，这一行业不可能像其他工商企业一样，拥有完全自由竞争的市场。

　　Stiglitz 认为，信息产品与传统商品的显著区别主要在于：首先，就是信息产品具有两个纯公共品的特征：非竞争性和非排他性，因此，信息产品的供给是不足的。其次，从成本支出的角度看，对信息的支出可以看成固定成本，原因是这种支出不随信息数量而变化，正是这一特征使得信息密集型市场具有不完全竞争性。最后，信息的获得通常具有一定的外部性。基于这三个方面，他提出，信息产品市场通常是低效率的。

　　从这一意义上看，虽然无论是基于评级的半公共品属性，还是基于信誉资本理论，都意味着这一行业的新入行者或规模较小的评级机构，难以与那些大规模的老牌评级机构抗衡，行业主体天然地拥有不完全平等的竞争地位。但是，从评级的发展来看，评级未被纳入监管规则之前，评级行业没有准入门槛，评级机构在信誉资本调控下，维持着适度的竞争，期间也曾不断有新的评级机构进入。而 RDRs 对评级的竞争和发展的影响，无疑至关重要，它直接导致了评级的垄断。

评级与监管

1995年，穆迪投资者服务公司执行副总裁 Thomas J. McGuire 曾说:[①]"政策监管对私营机构的影响可能是巨大的，一定要当心八百磅重的大猩猩会坐在哪儿。"而 RDRs 这头"大猩猩"显然坐在国家认可统计评级机构（NRSROs）一边，不仅限制新的评级机构进入评级行业，保障国家认可统计评级机构（NRSROs）的市场竞争，更通过在诸多领域指定国家认可统计评级机构（NRSROs）签署的信用评级作为识别证券是否符合"投资级"这一监管要求的标准，而为国家认可统计评级机构（NRSROs）的评级创造了无限的需求。发行人在拥有评级机构选择权的情况下，无疑会选择国家认可统计评级机构（NRSROs）作为评级机构。选择国家认可统计评级机构（NRSROs）还是选择非国家认可统计评级机构（NRSRO）作为评级机构的决策，甚至与评级费用的多少关系不大。

而在 RDRs 监管下，那些非国家认可统计评级机构（NRSROs），因不符合 RDRs 监管的要求，而难以赢得发行人的认可。这使得它们既无法在没有足够市场资源的情况下，获得美国证券交易委员会（SEC）的国家认可统计评级机构（NRSRO）指定，又难以在未获得国家认可统计评级机构（NRSRO）指定的情况下，赢得更多的市场空间，于是，在国家认可统计评级机构（NRSRO）指定与 RDRs 监管双重影响下的评级市场，成为国家认可统计评级机构（NRSROs）"一枝独秀"的市场，非国家认可统计评级机构（NRSRO）无论从竞争地位，还是从固有资源方面，都无法与之竞争。

从各评级机构在现实中所占的市场份额来分析，"三大"评级机构的市场份额总计为99%；对政府债券评级，"三大"评级机构市场份额为99%；对保险公司评级，"三大"评级机构的市场份额约为75%。如果用赫芬达尔—赫希曼市场集中度指数来对美国信用评级市场进行该指数的测算，指数数值为3778，这足以说明评级市场是一个寡头垄断市场。[②]

而形成这种现状，可以说，RDRs 监管"功不可没"。

[①] McGuire, Thomas J., "Ratings in Regulation: A Petition to the Gorillas," Delivered to the SEC Fifth Annual International Institute for Securities Market Development, at 17 (April 28, 1995); Richard Cantor & Frank Packer, "The Credit Rating Industry," FEDER.

[②] SEC, Annual Report on Nationally Recognized Statistical Rating Organizations, June, 2009.

第六章　评级发展视角下对金融监管的思考

第三节　RDRs监管助长评级风险

White（2010）解释了为何金融监管体制促进了评级机构失败这一系统化结果。

一、RDRs使评级标签化

Rhodes（1996）认为，相对于单个投资者来说，评级机构具有加工信息的规模化优势，能够以更低的成本处理信息流，信用评级机构作为专业的信息提供者，收集、加工和出售信息是其生存之本。Partnoy（1999）的研究表明，在RDRs兴起之前，评级机构依然在积累信誉资本，其评级也具有一定的信息价值。然而，随着RDRs的深化，评级机构被授予无数的监管许可，这大大降低了它们提供准确评级的激励。Pinches和Singleton（1978）通过对1950～1972年期间的207只公司债券评级的变化的研究，表明评级机构生产的评级几乎没有或完全没有价值。2007年的金融危机也表明，评级几乎没有信息价值，而且评级调整总是滞后于市场（Katz、Salinas和Stephanou，2009）。从这一意义上来说，在RDRs监管下，信用评级与其说是一种揭示信用风险的产品，倒不如说更像是一种揭示监管要求变化的市场信号。

在评级广泛地被应用于各种金融监管规则之后，RDRs不仅加剧了评级的信号作用，更使其成为一种监管信号。如果说没有RDRs之前，信用评级对资本市场的影响，直接体现为其对证券定价和对投资决策的影响，那么，在RDRs得到广泛应用之后，信用评级的影响，首先表现为对证券的监管"适格性"（Eligibility）变化的影响，即该证券是否符合监管的投资要求；其次才通过其对证券是否符合投资的"适格性"（Eligibility）要求，影响到证券定价及投资者的投资决策。市场参与者对证券信用评级的变化的第一反应，不是该证券信用风险的变化，而是评级的变化可能带来的监管风险的变化。在RDRs监管之下，信用评级与其说是在向市场传递证券的信用品质信号，不如说是在向市场传递监管者对该证券的监管信号，以及由这种监管信号衍生出来的其他信号。

在 RDRs 兴起之前，信用评级本以其能够预警信用风险而赢得投资者的认可，并积累其赖以生存的资本。但是 RDRs 破坏了信用评级的信誉资本理论，并通过授予评级机构监管许可，而使其丧失了提高评级质量的激励，随着 RDRs 的深化，评级不仅被证明所包含的信息价值降低，对影响信用状况的市场信号反应滞后，而且其内在价值也大大降低。Piches 和 Mingo（1973）认为，评级不仅对市场价格影响不大，而且根据 Partnoy（1999）的研究结论，评级也几乎不影响被评级证券的收益。投资者也开始不看重评级的风险预警价值，而更重视其监管价值。在 RDRs 监管下，评级的内在价值不断降低，从信用风险评估工具混同为监管工具。

二、RDRs 的广泛应用使系统性风险增加

RDRs 对系统性风险的影响主要表现在以下方面：

RDRs 加强了机构投资者证券投资的共振。随着 20 世纪 70 年代之后，RDRs 的进一步深化，使得 RDRs 被引入各类金融监管之中。各个金融监管领域的 RDRs，多为涉及证券投资的限制风险的监管条款。这些 RDRs，将众多受监管的机构投资者的投资领域限于"投资级"证券，且不说这些"投资级"证券的信用品质是否的确达到了所谓的"投资级"级别，单是大量机构投资者为满足监管要求，对"投资级"证券的追求，必然人为地增大"投资级"证券的市场需求。在给定供给的情况下，受市场供求关系影响，这些证券在风险特定的情况下，其信用价差更可能高于正常水平，使其投资风险增加。一旦这些证券的信用等级发生变化，虽然正常来说，信用等级的变化并不带来真正的收益或损失，但是受 RDRs 的影响，受监管的机构投资者还是会选择尽快变现被降级的证券，然而，当大量证券持有者做出相似选择时，这些证券的实际价格波动又往往会超出应有水平，进而使系统性风险加大。

RDRs 以政府信誉支持了评级机构的信誉，从而增大了系统性风险。即使国家认可统计评级机构（NRSROs）的评级本身并不包含准确的风险信息，但是，当它们的评级被广泛纳入金融监管体系时，情况就不同了。因为，事实上，国家认可统计评级机构（NRSROs）是以作为监管者的政府的信誉为评级机构的信誉提供了支撑，增强了评级的公信力和权威性，这样，

第六章 评级发展视角下对金融监管的思考

就增大了系统性风险。

载有政府信誉,并因RDRs存在而被广泛遵从的评级,会从两方面影响市场风险:第一,使市场参与者增加了对评级信号的关注,并且这种关注多于对评级所包含的信息价值或对评级风险预警功能的关注。第二,吸引投资者对评级的关注,而弱化他们对证券投资风险的关注,甚至使投资者丧失对风险激励做出反应的动力,无法使资本从信用价值低的证券流向信用价值高的证券。而这两方面的作用,不仅会因RDRs的投资导向性而增加整体的金融风险,还会削弱对发行人的市场约束,发行人更容易发行高评级、高风险的证券,最终会导致金融资源配置效率降低,系统性风险增加。

第四节 减少对RDRs的监管依赖

评级在次贷危机中作用突出,被认为是导致危机发生的罪魁祸首。危机之后,众议院监管委员会(The House Oversight Committee)主席Henry Waxman说道[①]:

"评级机构的故事是一个非常失败的故事。评级机构在我们的金融市场中,占据了一个特殊的位置。成千上万的投资者依赖它们独立客观的评估。评级机构打破了这种信任,联邦监管者们无视警示信号,没做任何事情,以保护公众。"

一、取消NRSRO指定,弱化评级的监管引用

Becke(2010)指出,标普的主席DevenSharma也呼吁监管者们删除对银行、养老基金和货币市场基金监管中,那些基于评级的监管要求。他承认,这些监管规则以某种评级机构从未打算采取的方式,导致了"对评级

---

① Credit Rating Agencies and The Financial Crisis, House of Representatives Committee on Oversight and Government Reform, Washington, D. C., October 22, 2008.

的过度依赖"。"并非我们愿意使评级成为决定某个投资工具多么好地满足了某个投资的需求的核心因素,而其也不应被用作判断某一投资工具是否满足投资需求的工具"。

Dale 和 Thomas(1991)曾做过一个除美国之外将信用评级纳入大量金融市场监管规则的国家的综述。虽然在美国之外的其他国家,不管是投资者、发行人,还是监管者,均不像美国同行那样依赖信用评级。然而近年来,这种趋势也正在悄然改变,其他国家的监管者们正逐渐开始基于信用评级进行监管。例如,日本财政部(The Japanese Ministry of Finance)采用评级决定哪家发行人能够在市场上发行债券;法国证券交易委员会(The French Commission des Opérations de Bourse)采用评级减少信息公开要求。McGuire(1995)指出,英国证券业委员会(The British Securities Industry Board)采用评级决定英国证券交易所(British Securities Houses)的资本充足率;葡萄牙计划立法规定仅允许有信用评级的私营公司发行商业票据;[①] 2000 年实施的欧盟的《1993 年资本充足法》(*The Capital Adequacy Directive*, 1993)也将评级纳入监管之中。Moreau(2009)认为,Basel Ⅱ 银行监管全球标准化计划的发展,更是进一步推动了评级作为监管工具的国际化。

但是显然,对 RDRs 监管下存在的问题,已不得不提上议事日程。目前,监管问题的核心是评级不应当被赋予"监管许可"。这种论证意味着排除 RDRs,而这么做,就可能从根本上改变美国金融监管的框架,然而,目前并没有可靠的工具或可信任的机构可以担当评级在监管中的角色,监管者们貌似也不愿意扮演这一角色(Katz、Salinas 和 Stephanou,2009)。而从目前现状来看,评级机构(如穆迪、标普)也赞成取消国家认可评级制度,或认可更多的评级机构。然而,这种改革,虽然令人满意,但却需要非常好的设计,以维持评级对公共利益有利的一面,并避免类似于成本增加、资本市场进入路径减少等意外后果(Salinas 和 Stephanou,2009),因为,如果监管者拒绝担当"认可人"的角色,用其他市场主体来担当这一角色,也同样会存在问题。

另外,现有的监管框架太过依赖评级,要改变这种状况,首先要解决的问题就是找到合适替代评级基准的方案,虽然有学者提出过以信用价差

---

① Portugal Plans Own Version of CP Markets; Foreigners to be Excluded Initially, THOMSON'S INT'L BANKING REG., Mar. 16, 1992.

等市场化指标替代评级基准,但是监管者们显然不这么认为。没有对金融工具或金融机构的监管中替代评级的可信方案,几乎没有可能排除监管对评级的引用,加上监管者们自己,看起来也不愿意取代评级在监管中的应用(Salinas 和 Stephanou,2009),其中,最直接的原因应当是,取消监管中的评级标准,从一定意义上说,几乎意味着对其整个金融监管法律体系的改变。且不说,这一改变的艰难性,仅考虑这一改变可能引发的市场的不确定性,就足以导致另一次金融动荡。相对于取消监管中的评级基准来说,取消国家认可统计评级机构(NRSRO)指定,虽然不能根除当前金融监管中的问题,却不失为一种更可行的方案。

虽然说多德法案已要求美国证券交易委员会(SEC)排除其对国家认可统计评级机构(NRSRO)的指定及监管引用,并要求各领域的监管者就其监管中对评级的依赖情况进行报告;但是,从事实角度分析,在 RDRs 存在了这么多年,评级行业的寡头垄断已经形成的今天,即使取消国家认可统计评级机构(NRSRO)指定,并取消各类监管中对国家认可统计评级机构(NRSRO)的引用,只要监管中依然引用评级基准,恐怕评级的现状就难以改变,RDRs 金融监管的问题虽会缓解,但却会依然存在。因为,在过往 RDRs 的培育之下,那些曾经的国家认可统计评级机构(NRSROs)自身已具备强大的市场影响力;因此,希望仅凭借取消国家认可统计评级机构(NRSRO)指定,以及取消对国家认可统计评级机构(NRSROs)评级的监管引用,来增加监管的有效性,消除当前金融监管的负外部性,恐怕需要有足够的时间,而且也会举步维艰。

虽然在当前的形势下,也有提出增加评级竞争,以期提高评级质量,增进金融监管有效性的说法,但是笔者认为,评级是一种由市场化主体提供公共品服务的活动,而特定公共品的供给,从来都不可能具有完全的竞争性。即使从信誉资本理论的角度来分析,由于信誉资本积累较多的评级机构具有天然的竞争优势,因而也不支持评级行业完全竞争的说法。而且,在目前的现状下,增加评级的竞争,还有可能带来评级质量整体进一步下降的后果。① 因此,类似于银行业,评级是一个只能适度竞争的行业。拟通过增加竞争来提高评级质量,恐怕收效不大。

---

① 评级行业的新入场的评级机构,它们的信誉资本更少,因此,可能为了增加市场竞争力,赢得市场份额,甚至是扩大收益,都更加可能提供较高的低品质评级。

在当前的情况下，为了改善纳入评级基准的金融监管的有效性，更快捷也更直接的方式是采取下文中提到的一些措施。

二、加强对评级机构利益冲突的监管

独立性、客观性是信用评级的重要属性，也是评级机构赖以生存的根本。然而近年来，随着RDRs的广泛应用，评级的利益冲突日渐增加，并直接影响到了评级的客观性和独立性，进而影响了评级质量。减少评级利益冲突是增进评级质量的重要因素之一，而要解决评级的利益冲突问题，应当着手以下几个方面的工作：

一是在发行人付费模式下，适度制约发行人对评级机构选择的决策权，以缓解评级的利益冲突。诸多学说认为，发行人付费模式的应用，导致评级质量降低、评级机构的道德风险增加，因而导致了评级的质量问题。

尽管评级机构声称其不正式向资产证券化提供咨询，但它们的分析师经常为投资银行提供关于使用评级机构标准和缓解措施的信息指导。在结构化金融产品（SFPs）的设计阶段，评级机构为发起人和承销商提供咨询服务，以协助设计出符合RDRs投资要求的"投资级"以上的结构化金融产品（SFPs）。而根据评级机构在结构化金融产品（SFPs）设计发行过程中的角色和作用，将其看做是结构化金融产品（SFPs）的承销商也不为过，因为，它们直接或间接地参与了结构化金融产品（SFPs）的承销活动，完全符合《1933年证券法》对承销商的定义。评级机构的信息指导，既难以保证评级机构的独立第三方角色，使评级存在更多的道德风险，也难以保障评级的客观性、公正性，会导致评级质量降低。

事实上，导致评级质量降低，评级机构道德风险增加，更核心的原因是，发行人等①拥有选择评级机构的决策权，发行人付费模式亦是通过这种决策权发挥影响的。制约发行人对评级机构选择的决策权，不仅可以大大缓和评级的利益冲突，部分消除评级机构的道德风险，还可以避免发行人等通过货比三家选择最高的评级。

对此，最终通过的《多德—弗兰克华尔街改革与消费者保护法案》虽然没有触及发行人付费模式的调整，但却禁止结构化金融产品（SFPs）的

---

① 包括发行人、保荐人或承销人。

发行人、保荐人或承销人选择为产品进行首次评级的评级机构,并要求美国证券交易委员会(SEC)在对结构化金融产品(SFPs)进行研究的基础上,提出合适的解决方案。在美国证券交易委员会(SEC)提出解决方案之前,则由评级机构的行业自律组织以随机或轮换的方式指定结构化金融产品(SFPs)的首次评级机构。这一规则显然削弱了结构化金融产品(SFPs)发行人等选择评级机构的决策权,但也可以看出,该法案的规定仅限于结构化金融产品(SFPs)评级,而且仅限于初次评级,并且在美国证券交易委员会(SEC)没有方案出台之前,事实上这一规则的效力尚不明朗。

二是在发行人付费模式下,通过指定评级或强制评级机构公布所有评级结果来降低评级的道德风险。笔者认为,仅限制结构化金融产品(SFPs)评级中,发行人等选择评级机构的决策权,虽然可以缓解金融监管中因RDRs引起的矛盾,但是不能根本改变RDRs监管下发行人拥有这种决策权可能带来的对实现监管目标不利的后果。欲解决这一问题,则可以通过指定评级或强制评级机构公布所有评级结果等方式来实现。其中,指定评级方式,是指对申请上市的证券的评级,或对机构的评级,可以通过统一的评级指定系统,随机但均等地指定确定的评级机构进行评级,一个证券的评级可同时指定给两家规模较大的评级机构,或多家规模较小的评级机构,并公布所有评级。强制评级机构公布所有的评级结果,是指在现有的发行人申请评级的模式下,评级机构根据发行人的申请,首先向其出具一个指示性评级。发行人如果对评级结果不满意,可以通过向评级机构再提供资料信息等来改善,也可以决定不为该评级付费,而决定不公布该评级。强制评级机构公布所有评级结果的模式,要求评级机构应当公布其出具的所有评级结果,而非仅公布发行人决定付费的评级结果。

三是鼓励投资者付费模式的应用。上述两种方案均可以从一定程度上解决发行人借助行使其对评级机构选择的决策权而货比三家购买最高评级的问题。同时,也可以解决因为评级利益冲突带来的道德风险、评级购买等问题。

但是,由于发行人付费模式在评级利益冲突和道德风险中均起着重要作用,因而,鼓励投资者付费模式的应用则是解决这一问题的最佳方案。

2008年,伊根琼斯评级公司(Egan-Jones)曾向美国国会提出,政府应当支持建立由投资者支付评级服务费用的新的收费模式,而不再由发行人支付评级服务费用。① 欧洲的信用保险巨头——科法斯（Coface）也宣布，其不向受评对象收取评级费。伊根琼斯评级公司（Egan – Jones）在2007年被指定为国家认可统计评级机构（NRSRO），其收入来源主要是机构投资者支付的会员费，该公司认为此举旨在最大限度地降低评级的利益冲突。②事实上，美国具备国家认可统计评级机构（NRSRO）指定的"三大"评级机构的评级业务中，都有使用投资者付费模式的，但应用范围很小。

当然，投资者可能不太愿意支付大量的评级订阅费用，因此，完全实施投资者付费模式的结果可能是更少的证券有评级。而没有评级的更可能是那些更小的发行人和流动性更差的证券，这不仅将不利于小规模发行，也会不利于投资者的风险控制。这一模式的批评家们，包括大评级机构，提出它不会消除利益冲突。但一个混合方案可能是值得探讨的，通过对过往RDRs的研究，不难发现，诸多的RDRs要求两个以上的评级，那么，发行人可以向现有的评级机构付费获得一个信用评级，但被要求从一个向订阅者收费的评级机构寻求第二个评级，如把目前实行投资者付费模式的评级机构发布的评级作为第二个评级。总之，这一方案的核心是，对同一只证券要求两个以上的评级，至少其中之一为投资者付费模式下的评级。当然，监管基准中的评级，可以多方评级中的较低的评级，或除去最高后，倒数第二高的评级为基准。

三、强化评级机构的评级责任

美国的信用评级机构，在司法中被定性为金融出版商，它们受到美国宪法第一修正案（Fisrt Amendment）中关于出版自由的保护，③ 评级被认定为是一种议论。惠誉的律师曾说，评级结论就是这个世界上最短的一篇"社论"（SEC，2002）。

评级机构也强调自己受宪法关于出版（新闻）自由的保护，与金融杂志的地位相同。而评级仅是对被评级机构或产品品质的评价，仅是一种观点，不是购买、售出或持有任何证券的建议，不能成为投资者持有、出售

---

①② http：//www. Egan – jones. com/2010 – 8 – 11.

③ For example, Jeff erson County School District No. R – 1 vs. Moody's Investor s Services, United States Court of Appeals for the Tenth Circuit, May 4, 1999, 175 F. 3d 848 and Compuware vs. Moody's Investors Services, United States Court of Appeals for the Sixth Circuit, No. 05 – 1851, August 23, 2007.

第六章 评级发展视角下对金融监管的思考

证券的依据。对此，1953年Moody's的年册中就曾说：由于评级是根据债券的投资质量专门为了将债券进行分级这一目的设计的，因而，它们不应被单独作为投资运作的基础来应用，在未来市场价格动向的预测上也没有价值。另外，评级机构声称评级并不评价一只债券的投资吸引力，并指出，如果发现评级与投资者实际获得的回报的关联相当松散，那并不奇怪。因此，评级机构认为，自己不应当对依据评级做出的投资决策承担责任。

事实上，也正是这种说法，一直以来保护着它们免予被投资者起诉（Salinas和Stephanou，2009），免予承担不准确评级的责任，享受着尽管收取评级费用，而不必为评级结果负责的自由。

但事实显然并非如此简单。第一，如果评级仅是一种自由的观点，何以诸多的金融监管规则将其纳为监管基准，而强制受监管的投资者应当持有或不得持有某种评级的证券，因此，在诸多RDRs形成的金融监管体系中，评级可不是什么自由的观点，而是受监管的投资机构做出是否可以投资某种证券的决定的基本依据，直接决定了受监管的机构投资持有某种证券的监管成本。第二，对发行人而言，如果评级仅仅是一种自由观点，相信可能没有哪家机构愿意支付高昂的评级费，而仅仅是购买一种观点。第三，如果评级仅是一种自由的观点，它何以能够具备资本市场通行证的效力。以受评级影响最严重的结构化金融产品（SFPs）为例，评级更是结构化金融产品（SFPs）的品质标签和市场准入证，很难想象一个没有评级的结构化金融产品（SFPs）能够进入公开市场。第四，如果说评级是一种观点，那它绝不是什么"自由"的观点。仍以结构化金融产品（SFPs）为例，以评级机构在结构化金融产品（SFPs）设计、发行过程中的角色和作用，其本质上更像是结构化金融产品（SFPs）的承销商，显然，针对其参与池化的这些结构化金融产品（SFPs），评级机构发布的可不是什么"自由"的观点。

当诸多RDRs明确规定，某些机构投资者仅限于投资"投资级"以上的金融工具时，如果评级机构可以不对评级承担责任，就是说它们可以"随意"生产评级而免责，那么政府的金融监管就成了以实现利益最大化为目标的市场主体——评级机构的谋利工具，金融监管者们正以公权力帮助这类私营主体实现经济利益最大化。另外，监管者们又以金融监管权推动了评级风险在金融领域的泛滥，并最终成为金融危机的"帮凶"。监管者们要求受监管的机构投资者，只能投资"投资级"以上的证券，而评级机构也

· 211 ·

乐得供应"投资级"标签。正像惠誉或穆迪所说的那样，它们会依据公共可获取的信息，以及发行人提供的任何信息出具评级结果，但它们并没有责任去核实或确认这些信息的真实性。也就是说，在评级咨询的指导下，发行人愿意提供更多能够获得更高评级的信息，评级机构就给出更高的评级。

纳入评级基准的RDRs监管体系，实际上相当于监管当局将部分金融监管权委托给评级机构去行使，而其完成这种委托的方法则是生产准确评级，以协助金融监管目标的实现。然而，这一过程中却忽略了评级机构是以利益最大化为目标的，追求利益是它们的终极目标。这种没有相应的责任的监管权委托，很难保证它们不在完成受托事务的时候寻租。

在最终通过的《多德—弗兰克华尔街改革与消费者保护法案》中，对现有金融监管体制显著的调整之一，就是废除了赋予评级机构免责条款的《1933年证券法》中的436（g）款，并规定信息使用者享有私人控告权（Private Right of Action），确定了评级机构的民事责任，使得投资者可以"故意或草率"地未能进行合理调查为由，控告评级机构的"失职"行为，要求评级机构承担法律责任。虽说这相当于废除了评级机构在证券评级中的司法豁免权，但是相对于评级机构而言，根据民事法律中规定的举证原则，作为信息使用者的投资者，尤其是个人投资者或小型机构投资者，恐怕真正行使这种控告权也存在困难。

第七章 美国RDRs监管对中国发展评级的启示

美国是评级的发祥地,也是评级最发达、最活跃的国家,通过对美国评级发展的研究,及对其以评级为基础的金融监管体系的研究,对我国评级的发展,及随着资本市场的发展下一步将要进行的金融监管,都将具有非常重要的借鉴意义。

美国的实践告诉我们,金融监管是政府实施的具有公共利益性质的行为。因此,在公共利益性质的监管中,纳入以利益最大化为目标的市场化主体因素,将金融监管权委托或授权给市场化的私主体,又没有对此类私主体的适当监管,就难以避免其在履行委托义务时的寻租,在市场化主体的道德风险影响下,更易出现公权力支持寻租的局面。避免对私主体的监管授权,将有助于避免监管失灵。

第一节 中国评级的发展现状

与美国相比,我国当前评级市场还极不活跃,不仅评级机构活跃程度稍差,而且评级业务总量也还很小。既有的若干家正处于品牌树立阶段的本土评级机构,也都尚未形成规模。国际"三大"知名的评级机构,也都设有中国分公司,对中国评级市场虎视眈眈,急于分一杯羹。本节将简要介绍我国评级的基本框架、市场中主要评级机构的概况。

一、中国评级发展的概况

中国信用评级是随着我国市场经济体制的确立而建立起来的。最初引进信用评级的概念,可以追溯到 20 世纪 80 年代末期。中国评级仅经历了十几年的发展,根据其不同特征又可以分为以下几个阶段(邬润扬,2005):

1. 起步阶段:1987~1989 年

1987 年 2 月国务院发布了《企业债券管理暂行条例》,随后,中国人民银行开始下达全国各地地方企业发行债券计划额度,考虑到债券市场的统一和规范,提出了组建资信评级机构的设想和要求。中国工商银行调查信息部及中国农业银行信息部等单位也据此制定了《企业信用评估试行办法》、《企业信用等级评定试行办法》等文件,辽宁、沈阳等地方政府还制定了有关信用评级管理的地方性法规。之后,中国人民银行系统组建了 20 多家资信评级机构,各地专业银行也参照国际上的做法,结合我国实际,初步制定了各种信用评级办法,开始了信用评级的实践。

2. 整顿阶段:1989~1990 年

中国人民银行为贯彻国务院关于清理整顿金融性公司的决定,于 1989 年 9 月下发了《关于撤销人民银行设立的证券公司、信誉评级公司的通知》,中国人民银行和各专业银行成立的信用评级公司一律撤销,评级业务交由信誉评级委员会负责。

3. 恢复发展阶段:1990~1992 年

1990 年 8 月,中国人民银行下发了《关于设立信誉评级委员会有关问题的通知》,对信誉评级委员会的归口管理、业务范围等问题做了规定,从而解决了信用评级机构的组织、业务等问题,并初步形成了我国自己的信用评价指标体系。

4. 快速发展阶段:1993~1999 年

评级工作在这一阶段实现了纵向和横向两方面的发展。

一是随着企业债券市场的繁荣,市场规模不断扩大,企业债券评级迅速展开。这一时期的评级机构主要有中国诚信及二三十家各地人民银行的资信评级委员会等。为了规范市场,中国人民银行于 1997 年底颁布了银发[1997] 547 号文,认可了 9 家可以在全国范围内开展企业债券评级的机构。

二是主要限于银行内部的贷款企业主体评级。

三是金融机构评级。最初是对信用社的评级,随后逐步扩展到银行及其他非银行金融机构。从 1992 年开始,一些专业评级机构对证券公司进行评级,1993 年开始对信托投资公司进行评级。此后,评级机构相继开始对财务公司、租赁公司、保险公司及基金公司进行评级。

5. 竞争和规范阶段：2000年至今

各界对社会信用建设的关注，促进了评级的发展。2002年中央金融工作会议及2003年党的十六届三中全会明确表明，加强建立社会信用体制及形成社会信用制度，为资信评级的发展创造良好的政策环境。

评级监管也开始受到重视。根据监管对象的不同，国家发改委监管企业债券的评级；中国人民银行监管贷款企业、银行及非银行金融机构、金融债券的资信评级；证监会监管证券公司、证券公司债券、固定收益投资基金、可转换债券的资信评级；保监会监管保险公司的资信评级。

加强了评级的国际合作。在这一阶段，中国的评级机构也开始加强了与国际知名评级机构的业务合作，引进国外的评级体系，"三大"评级机构开始介入中国评级市场。如中国诚信与惠誉合资组建了中诚信国际信用评级有限责任公司，大公国际资信评估有限公司与穆迪开展了技术合作。

业务得到了拓展。此阶段，投融资业务、招投资业务也提出了资信评级需求。另外，上市公司可转债发行、证券公司债券发行及推动资产证券化试点等，推动了评级业务的拓展。

二、中国评级机构的现状

经过近20年的发展，我国信用评级虽然取得了一定的进步，但是与国际评级机构的发展相比，仍处于起步阶段。主要表现在：

1. 评级机构数量多、规模小

我国评级机构数量多、规模小，能够开展信用评级业务的机构共有50家左右，而具备债券评级资格的机构仅有中国诚信国际、大公国际、深圳鹏元资信评估公司、上海远东评估公司、上海新世纪、长城资信、北方资信评估公司、联合资信评级有限公司、云南资信评估事务所9家。

其中，中国诚信国际是中国诚信证券评估有限公司与惠誉、国际金融公司（IFC）合资的公司，其前身中国诚信自1992年开始从事资信评级业务。大公国际曾与穆迪公司进行技术合作，引进穆迪的资信评级技术。联合资信依托北京大学的资源力量，拥有多名执业多年的高级分析员。这三家公司几乎垄断了全国范围发行的企业债券及上市公司可转债市场的评级。上海远东及深圳鹏元则雄踞当地的贷款证评级市场。

2. 评级技术和方法相对落后

无论是在评级技术开发，评级结果检验，内部组织建设，评级体系的完善性、连续性与稳定性方面，还是在数据积累与分析方面，客观上我国评级机构难以获得足够的信息。

评级是一个需要众多理论与技术支持的行业，经济学、金融学、数学、财务分析、经营管理、计算机与数据处理技术等都是支持信用评级运行与发展的重要学科领域，并且评级具有形成交叉学科的趋势。

国际知名的评级机构，不仅积累了100多年的评级经验，也积累了大量的数据库资源，其评级模型都是基于对违约概率和违约损失率的准确测算而进行的，数据库还是其评级方法检验、违约率研究、新技术运用的最重要支撑。国内评级机构的信用评级还保持着比率分析和综合打分的方法，完全无法与国际知名评级机构的评级模型技术相比。

另外，受信用评级发展时间短、缺乏历史数据的制约，国内评级机构也无法借助统计手段，对各信用级别进行历史违约率水平检验，也就无法通过历史表现来修正其评级方法和结果。当然，由于评级模型化程度低、主观分析占比重大等影响，难以对特定信用级别测算预期违约率。也就是说，目前国内各信用级别的评级结果还缺乏内在含义，尚无法开展评级跟踪，评级时效性也较低。

3. 评级市场尚待发展

与美国评级的发展状况相比较，我国债券市场总体规模小，市场化程度低，评级的发展也还只是处于初级阶段。受国内市场状况限制，评级业务也仅集中在主体评级，即企业评级和证券评级两个领域。

其中，企业评级主要针对各地人民银行的贷款证评级。近年来，对银行、保险公司、证券公司、信托公司、财务公司等金融机构的评级，也有了一定的发展，但并未形成规模。

证券评级的主要对象则是企业债券及可转换公司债券，对基金评级也仅有个案，对股票、政府债券、商业票据等的评级均未开展。

由于评级市场竞争激烈，因而存在大量的不规范运作。如个别公司采取低价格、高回扣、高评级等手段来争夺市场，使评级结果失去公正性。另外，资信评级队伍的总体素质与水平偏低，行业自律机构也不健全。

另外，评级市场需求有限，评级缺乏公信力，不太受市场认可，对投资者的影响也有限，各家评级机构的评级在投资者心目中差别不大，很少有投资者高度重视评级。评级市场存在恶性竞争，评级质量堪忧。

从评级收入来看，国内评级也采用了发行人付费模式，具有一定影响的评级机构年收入也不过千万元，众多评级机构无法单纯依靠评级业务维持生存。

第二节 中国的 RDRs 监管

从目前来说，不仅国际上诸多国家在金融监管中应用了 RDRs 监管，而且，中国虽然评级尚未充分发展，但是在金融监管中，也有很多 RDRs 的存在。

一、证券监管中的 RDRs

国内对企业债券发行，已经有了明确的评级要求，并产生了评级机构认可制度。2004 年 6 月，国家发改委发布的《关于进一步改进和加强企业债券管理工作的通知》（发改财金[2004]1134 号）规定："发行人应当聘请有资格的信用评级机构对其发行人企业债券进行信用评级，其中至少有一家信用评级机构承担过 2000 年以后企业债券发行规模的企业债券评级业务。"而目前符合上述条件的评级机构只有中国诚信、大公国际、联合资信、上海远东、上海新世纪几家公司。

2004 年 8 月，中国证监会发布的《货币市场基金管理暂行办法》规定，货币市场基金不得投资信用等级在"AAA"级以下的企业债券。根据该办法，它们只能投资国内信用评级机构评定的"AAA"级以上长期信用等级和"A-1+"级短期信用级别的债券。

2005 年 9 月，中国证券监督管理委员会发布的《关于货币市场基金投资短期融资券有关问题的通知》规定，货币市场基金投资的短期融资券的信用评级，不应低于以下标准：①国内信用评级机构评定"A-1"级或相当于"A-1"级的短期信用级别。②根据有关规定予以豁免信用评级的短期融资券，其发行人最近三年的信用评级和跟踪评级具备下列条件之一：国内信用评级机构评定的"AAA"级或相当于"AAA"级的长期信用级别；国际信用评级机构评定的低于中国主权评级一个级别的信用级别（例如，若中国主权评级为"A-"级，则低于中国主权评级一个级别的为"BBB+"级）。同一发行人同时具有国内信用评级和国际信用评级的，以国内信用级别为准。并规定，货币市场基金投资于同一公司发行的短期融资券及短期企业债券的比例，合计不得超过基金资产净值的10%。

二、银行监管中的 RDRs

1997年，中国人民银行发布的《关于中国诚信证券评估有限责任公司等机构从事企业债券信用评级业务资格的通知》（银发［1997］547号文），认定9家评级公司（或承接业务者）从事企业债券信用评级业务。这9家评级公司包括：中国诚信国际、大公国际、深圳鹏元、上海远东、上海新世纪、长城资信、北方资信评估公司、联合资信评级有限公司、云南资信评估事务所。目前，对全国公开发行的企业债券评级的评级机构，仍需有中国人民银行的上述认定资格。

2005年，中国人民银行发布的《短期融资融券管理办法》对信用评级机构进行了重新的认可和确认。具有在银行间债券市场短期融资融券信用评级资格的机构共有5家，分别是中国诚信、大公国际、联合资信、上海远东、上海新世纪。

三、保险监管中的 RDRs

中国保险监督管理委员会2003年6月颁布的《保险公司投资企业债券管理暂行办法》规定，保险资金购买的企业长期债券必须是"经国家主管部门批准发行"，且经监管部门认可的信用评级机构出具"AA"级以上的长期信用等级和"A-1"级或相当于"A-1"级以上的短期信用等级的债券，并同时认定中国诚信和大公国际两家评级机构的资格。7月，保监会发布的《关于增加认可企业债券信用评级公司的通知》又增加了联合资信评级有限公司、上海远东资信评估有限公司为认可的信用评级机构。之后，又增加指定上海新世纪资信评估投资服务有限公司为认可的评级机构。

2009年3月，中国保监会发布的《关于增加保险机构债券投资品种的通知》（保监发〔2009〕42号），规定了对保险机构投资相关债券的比例要求，其中，保险机构投资有关债券的规定中指出，投资境内市场发行人为中央大型企业（集团）、具有国内信用评级机构评定"AAA"级或者相当于"AAA"级长期信用级别的同一期单品种无担保债券的份额，不得超过该期单品种发行额的20%，且余额不得超过该保险机构上季末总资产的5%。投资境内市场发行人为其他类型企业属于国家产业政策支持行业、具有国内信用评级机构评定 AAA 级或者相当于 AAA 级长期信用级别的同一期单品种无担保债券的份额，不得超过该期单品种发行额的5%，且余额不得超过该保险机构上季末总资产的1%。投资香港市场发行人为大型国有企业、具有国际公认信用评级机构评定"A"级或者相当于"A"级以上信用级别的同一期单品种无担保债券的份额，不得超过该期单品种发行额的5%，且余额不得超过该保险机构上季末总资产的1%。

四、地方性金融监管中的 RDRs

2003年深圳市18家银行机构与中国诚信、大公国际、深圳鹏元3家资信评级公司签订了《深圳市国内银行机构信贷业务公约》，规定：企业向商业银行申请贷款，且在深圳市银行登记咨询系统中已有贷款余额，与拟申请新增贷款之和等于1000万元以上，必须向贷款银行出具具备有从业资格的信用评级机构评级的有效资信等级；否则，商业银行原则上将不会对其新增贷款。但是对拟新增贷款，只要有足额存单、国债抵押、承兑汇票背书抵押以及 AAA 级企业担保，可以不受上述条件限制。该公约还规定，资信等级为 AA 级以下（不含 AA 级）的企业，商业银行原则上不得对其新增信用贷款。资信等级为 A 级以下（不含 A 级），向商业银行申请贷款时，将得不到利率优惠。

由此可见，中国虽然尚未形成 RDRs 监管体系，但目前的金融监管中也已经确立了不少 RDRs 监管条款。

第三节　中国金融监管及发展评级的理性选择

不少人曾提出，在评级发展的初期，我国应当借鉴美国的经验，对评级机构实行认可制度，以此来限制评级机构数量，促进评级的发展。然而，通过对美国评级发展的历程分析，以及考虑到美国金融监管中 RDRs 所引发的一系列问题，笔者认为，我国金融体系较美国来讲更加脆弱，不宜引入评级机构指认和 RDRs 监管，以免为更大的金融风险埋下隐患。

一、鼓励引导评级在适度竞争中发展

评级质量是评级生存和发展的根本，市场是检验评级机构存续必要性的准绳。信用评级由于能够排列信用风险，因而既能够帮助资本市场参与者做出投资决策和防范风险，也能够帮助金融监管者，从宏观角度把握经济和金融风险；因此，高品质的评级是有益于资本市场和经济发展的。这也是最初信用评级诞生的根本原因。

但是，信用评级具有非竞争性和非排他性两个公共品的性质，在一定程度上是一种准公共品，高品质的信用评级具有很强的正外部性，有利于防范金融风险，因此，高品质的评级，有助于经济的健康稳定发展。从这一意义上说，应当鼓励评级的发展。

此外，信用评级是信息产品，与传统商品有着显著的区别，因此，评级不具有完全竞争性。传统的信用评级是以信誉资本为支撑的，拥有信誉资本的多少，对评级机构的市场竞争具有决定性的影响，这也决定了已经具有规模的评级机构，很容易自然形成市场化的竞争优势，排挤规模较小、信誉资本不足的机构，从这一意义上说，评级市场也不可能完全竞争。

因此，笔者认为，对于中国评级的发展，首先，应当鼓励国内评级机构不断学习国际评级机构先进的评级方法和评级技术，努力提高评级质量。其次，既要在一定范围内鼓励竞争，又要限制恶性竞争，适度竞争性的评级市场是最优选择。

二、加强评级监管

评级具有外部性、不完全竞争性等特点，这就决定了应当加强对评级的监管。

首先，信用评级是信息产品，因此，其信息获得通常还会具有很强的负外部性，信息的管理者可以通过信息的收集、加工、处理与销售而获得其他利益，从而损害信息主体的合法权益。而评级机构又是以利益最大化为目标的市场化主体，因此，有必要加强对评级的监管。

其次，评级市场也不可能完全竞争，这就决定了，不能完全寄希望于借助市场竞争来提高评级质量。缺乏必要的监管，很容易造成评级机构先集中各种力量占据市场，再以信誉换市场的做法，这不仅会导致投资者损失，严重时还会导致金融动荡和大规模的经济风险。因此，从这一意义上来说，也有必要加强对评级的监管。

对于我国评级市场很言，还有很重要的一点，目前，我国债券市场规模较小，市场化程度较低，市场检验极易失灵，缺乏必要的监管，可能导致评级质量严重恶化的局面。总的来说，对我国的评级，应当实行有效监管下的市场化发展。

三、监管的理性选择：慎用 RDRs

评级机构也许擅长在经济平衡期排列风险，但却像是没有在较大经济波动或危机前预警风险的能力。

从美国评级的发展及 RDRs 监管的经验来看，诸多 RDRs 的应用是造成评级品质下降、金融风险增加的重要因素。在充分体味过 RDRs 监管之痛的美国金融监管者们开始觉醒，开始去 RDRs 时，笔者认为，相对于美国历经冲击的金融体系而言，中国的金融体系还太脆弱，中国的金融监管者们更应当在尚未形成对 RDRs 监管的严重依赖之前，及时更换监管思路。评级基准应慎入金融监管，对于以往的评级在监管中的应用，应适度地去 RDRs 化。对金融机构风险的监管，应当以制度监管为主，必要时可以采取综合性市场化指标。切勿将私主体的经营纳入公权力体系，以免形成公权力支撑下的垄断。更不应当将监管权委托给以利益最大化为目标的市场化主体行使，以免助长道德风险和监管寻租，导致严重的监管风险。

索 引

A

安然事件 72，77，170

B

BBB 级 17，43，70，163
保险 11，13，18，20，27，40，43－45，48，49，56，69－71，77，78，82，107－114，120，121，136，137，140，144，162，170，172，178，180，181，187，195，196，202，210，214－216，218，219
标准普尔 11，78，86
标准统计公司 10，11，29
布雷顿森林体系 62，63，73，78，163

C

财务健康度评级 154
储蓄银行 17，53，56，165
触发条款 72，82，139
次贷危机 21，77－84，86，87，91，92，94，96－99，102，140，147，153，155，170，192，199，205
次级住房按揭贷款 77

D

达夫菲尔普斯 11，33，51，119，128，169，170，172，194
大萧条 5，24，31，32，35，38－41，48，51，52，59－62，94，95，116－119，125，186
担保债务凭证 77，79，81，82，86，129，130，156，178
道德风险 21，22，34，86，87，154－157，160，161，185，193，196，208，209，213，221
邓白氏 10，25，52，66，97，122，123
多德—弗兰克华尔街改革与消费者保护法案 94，95，103，198，208，212

F

发行人 12，14－16，19，21，23，24，27，29，34，35，45，47－49，58，59，66，68－71，73，74，78，79，81，82，84，85，91，

93, 96, 103, 104, 106, 116, 117, 119, 122, 125 – 131, 136, 137, 139, 141 – 144, 146, 148, 152 – 163, 165, 168, 173 – 183, 186 – 190, 193, 194, 197, 200, 202, 205, 206, 208 – 212, 217 – 219

风险预警 21, 80, 135, 155 – 157, 175, 195, 204

法定投资列表 53 – 55

G

高收益债券 58, 133, 147, 165

工业债券 10, 29, 38, 39, 50, 59, 61, 118, 177

公共利益说 7

公用事业债券 29, 32, 38, 61, 118, 149

股票 12, 21, 26, 40, 47, 64, 67, 80, 106, 120, 140, 145, 146, 148, 150, 154, 216

股市大崩盘 37, 48, 116

国家认可统计评级机构 18, 19, 47, 66 – 73, 76, 84, 87 – 96, 99, 102 – 110, 113 – 115, 120 – 125, 128, 132, 143, 152 – 154, 159, 162, 167 – 182, 185, 187 – 189, 193 – 198, 200, 202, 204, 207, 210

H

H条款 13, 17, 18, 41

惠誉 10, 11, 28, 29, 36, 37, 53, 67, 72, 74 – 79, 84, 86, 105, 108, 121, 122, 124, 129, 132, 137, 138, 147, 148, 159 – 161, 167 – 170, 172, 177, 178, 183, 189, 193 – 195, 197, 210, 212, 215

货币监理署 13, 17, 18, 20, 41 – 46, 48, 53, 116, 119, 161, 162, 164

货币市场基金 68, 105, 110, 111, 162 – 164, 179, 180, 186, 187, 205, 217, 218

J

监管俘获论 8

监管规则 14, 17 – 19, 40, 43, 46, 65, 66, 70 – 72, 76, 92, 94, 101 – 104, 107, 116, 125, 131, 141, 144, 162, 167, 168, 179 – 181, 185 – 187, 196, 198, 201, 205, 206

监管机构 7, 50, 77, 91, 97, 114, 128, 131

监管套利 145, 152

监管信号 19, 122, 141, 203, 204

监管许可 19, 20, 46, 63, 69, 71, 94, 101, 102, 119 – 121, 123, 128, 157, 160, 176, 179, 182, 185 – 188, 195, 196, 200, 203, 204, 206

监管有效论 7
结构化金融产品 22，73，79，82-86，92-94，96-99，101，102，120，123，129-132，140，144-146，149，151，153，156，159-161，165，166，179，189，200，201，208，209，211
金融脆弱说 7
金融风险 5，7，41，81，116，120，189，199，205，220，221
金融工具 35，65，86，92，103，107，108，110-114，120，180，200，207，211
金融机构 5-7，39-41，71，77，78，81，98，99，101，107，115，116，120，128，131，156，165，169，172，176，189，190，192，207，214-216，221
金融监管 5-9，18，39，40，46，51，61，65，67-69，71，73，87，94，95，97-102，107，116，120，125，131，138，144，153，155，157，158，164，168，169，172，176，179，180，198，199，202-204，206-209，211-213，217，219-221
金融市场 5-7，12，16，20，40，45，71，77，80，82，86，138，145，146，155，166，197，199，205，206
金融危机 21，23，42，77，80，82，129，135，140，156，199，203，211
金融监管者 9，18，46，51，65，67，87，100，116，131，144，172，179，180，211，220，221

K

快速评级 153，154

L

垄断 6-9，76，87，94，156，160，161，167，171，188，189，195-197，199，201，202，207，215，221
利益冲突 21，40，82，85，88-96，156，157，159，186，208-210

M

麦格劳—希尔 10，11，122，123，132，177，195
美国铁路手册 26
美国铁路投资报告 13
穆迪 10，11，14，20，26-29，35-37，47，48，53，63，66，67，72，74-82，84，86，97-99，105，108，119，122-124，128，129，132，135-139，146-149，152-154，159，160，167-169，172，177，178，183，187-190，192-195，

197，201，206，212，215
美国全国保险官协会 20，44，69，70，107–111，114，136，137，180

O

欧债危机 21，135，156

P

票面价值 32，38，50，51，55，118
评级的变化 21，49，50，64，131，138，139，143，145–151，200，203
评级风险 20–22，72，84，120，135，156，161，202，205，211
评级购买 21，94，158–160，183，209
评级机构 10–25，27–37，39–52，55，59–61，63–77，79–97，99，101–110，112–133，135–148，150，152–162，165–189，193–198，200–221
评级膨胀 21，37，144，160
评级 9–25，27–133，135–190，193–221

R

认证机构 14，15，20，157，184，185，195

S

商业票据 11，13，62，63，65，66，68，69，74，106，122，126，138，140，162，164，177，186，187，206，216
石油危机 62，119，127
市场评级 10，53–55
市场失灵 5–9，199
私募债券 70

T

汤姆森银行观察 11，169，170，172
投机级 36，43，56–58，64，70，72，133，139，147，151，154
投资级 13，18，39，43，45，46，50，57，58，64–66，69，70，72，73，81，82，101，103–105，114–116，119–121，128，131–133，137–139，146，147，152，154，161–163，166–168，173，180，181，185，187，200，202，204，208，211，212
投资银行 12，26，27，48，77，137，208
投资组合 13，17，21，41，42，44，105，136，137
投资人付费模式 84

W

未偿债券 29–32，35，38，51，52，54，56，57，81，118

X

系统性风险 80，199，204，205

现职者 73，124，138，170，175
信息价值 16，21，23，45，86，122，128，141，143－153，156，159，184－186，194，195，203－205
信息中介 33，142，201
信用报告机构 12，25－27
信用价差 18－20，63，135，137，140，146－148，156，204，206
信用评级 11－16，19－23，25，27，34，35，40－53，58，59，63－81，83－85，87－96，101－103，105－108，110－114，116，119，120，122，125，126，129－133，135－145，147，149，151－153，155，156，158，160，165－168，170－173，176－178，180－190，195，196，199－204，206，208，210，213－220
信用违约互换 146，152－154
信用增级 73，145
信誉资本 13－16，33，34，63，71，85，120，128，133，135，144，155－157，159，160，171，182－187，195，201，203，204，207，220
信用评级报告 1，20
信用评级机构改革法案 87－90，92，170

Y

伊根琼斯评级公司 11，171，172，193，209，210

Z

债券评级 10－13，17，21，26－29，33，35，37，38，41，45－47，49，51，52，56，57，64，78，82，85，91，96，101，105，108，116，117，138，141，142，145，146，149－151，153，160，161，163，168，170，172，173，175－177，184，189，196，200，202，203，214，215，217，218
账面价值 17，43，65，108
折扣 65－68，106，167，168，182
证券 5，11－13，15，17－21，23，27，29，39－49，51－54，56，57，59，63－82，84－96，98，99，101－116，119－122，124，125，127－133，136－143，145－154，156－176，178－190，193－198，200，202－212，214－218
证券交易委员会 18，19，40，45，47，64－69，72，73，76，86－96，99，102－108，114，115，120，121，124，125，128，129，142，153，162，164，167－176，178，179，181，186，187，196－198，202，206，207，209
直募债券 30，50
资本市场 12，15，18，20，24，27，49，55，56，58，59，73，78，83，

97, 101, 116, 122, 127, 128, 141-144, 150-153, 181, 182, 199, 200, 203, 206, 211, 213, 220

资本要求 44, 65, 106, 108, 109, 111, 173, 176

资产支持证券 73, 79, 86, 103, 112, 113, 131, 140, 146, 149, 151, 160, 196

资源配置效率 5, 7, 9, 161, 199, 205

参考文献

查尔斯．沃尔夫:《市场或政府》,中国发展出版社1994年版。

艾伦·加特:《管制、放松与重新管制》,经济科学出版社1999年版。

卡吉尔,加西亚,浦寿海:《八十年代的金融改革》,中国金融出版社1989年版。

邬润扬:《资信评级方法》,中国方正出版社2005年版。

Acharya, Viral, and Matthew Richardson eds, *Restoring Financial Stability*: *How to Repair aFailed System*, Business & Economics, 2009, at 103.

Adams, Charles, Donald J. Mathieson, and Garry Schinasi, *International Capital Markets*: *Developments, Prospects, and Key Policy Issues*, World Economicand Financial Surveys, 2001.

Adelson, Mark, "The Role of the Credit Rating Agencies in the Structured Finance Market", Testimony before the Subcommittee on Capital Markets, Insurance and Government Sponsored Enterprises, Committee on Financial Services, U. S. House of Representatives, September 27, 2007.

Akerlof, George A., "The Market for 'Lemons': Quality Uncertainty and the Market Mechanism", *The Quarterly Journal of Economics*, Vol. 84, No. 3, Aug., 1970, pp. 488 – 500.

Atkinson, T. R., "Trends in Corporate Bond Quality", *Columbia University Press for the National Bureau of Economic Research*, 1967.

Atherton, Lewis E., "The Problem of Credit Rating in the Ante – Bellum South", *The Journal of Southern History*, Vol. 12, No. 4, Nov. 1946, pp. 534 – 556.

Altman, Edward I., and Anthony Saunders, "An Analysis and Critique of the BIS Proposal on Capital Adequacy and Ratings", *Journal of Banking and Finance, 25, January 2001, pp. 25 – 46.

Altman, Edward I., and Herbert A. Rijken, "How Rating Agencies Achieve Rating Stability", *Journal of Banking & Finance*, 28 (11), 2004, pp. 2679 – 2714.

Altman, Edward I., and Herbert A. Rijken, "A Point – in – Time Perspective on Throughthe – Cycle Ratings", *Financial Analysts Journal*, 62 (1), 2006, pp. 54 – 70.

Altman, Edward I., Sreedhar T. Bharath, and Anthony Saunders, "Credit Ratings and the BIS Capital Adequacy Reform Agenda", *Journal of Banking & Finance*, Vol 26, 2002, pp. 909 – 921.

Altman, Edward I., T. Sabrioncu, Matthew Richardson, Anjolein Schmeits, and Lawrence J. White, "Regulation of Rating Agencies, Regulating Wall Street: The Dodd – Frank Act and the New Architecture of Global Finance", *John Wiley & Sons*, 29 Nov. 2011.

Ammer, John, and Nathanael Clinton, "Good News is No News, The Impact of Credit Rating Changes on the Pricing of Asset – Backed Securities", Board of Governors of the Federal Reserve System, International Finance Discussion Papers, Number 809, July 2004.

Association for Financial Professionals, "Ratings Agencies Surveys: Accuracy, Timeliness, and Regulation", 2002, http://www.afponline.org, 2011 – 10 – 20.

Atikinson, T. R., "Trends in Corporate Bond Quality", *Columbia University Press for the National Bureau of Economic Research*, 1967.

Bahena, Amanda J., "What Role Did Credit Rating Agencies Play in the Credit Crisis", March 2010.

Baker, H. Kent and Sattar A. Mansi, "Assessing Credit Rating Agencies by Bond Issuers and Institutional Investors", *Journal of Business Finance & Accounting*, 29 (9) & (10), Nov./Dec. 2002, 0306 – 686X.

Balleisen, Edward., "A Culture of Credit: Embedding Trust and Transparency in American Business", *The Journal of American History*, 94.1, 2007, pp. 304 – 305.

Bannier, Christina, E., and Christian Hirsch, "The Economic Function of

Credit Rating Agencies – What does the Watchlist Tell Us?", Frankfurt School Working Paper Series, June 2009.

Bank for International Settlements, Basel Committee on Banking Supervision, "Credit Ratings and Complementary Sources of Credit Quality Information", Working Paper No. 3, August 2000.

Bank for International Settlements, Basel Committee on Banking Supervision, "The Standardised Approach to Credit Risk", Supporting Document to the New Basel Capital Accord, Consultative Document, January 2001.

Bartlett, Sarah et al., "The Big Two Bond Raters do Battle Abroad", *BUS. WK.*, May 6, 1985, at 62.

Barone, Ronald M., "Testimony before the Permanent Subcommittee on Investigations of the Committee on Government Affairs", U.S. Senate, July 23, 2002.

Basel Committee on Banking Supervision, "Credit Ratings and Complementary Sources of Credit Quality Information", Bank for International Settlements, Basel Committee on Banking Supervision, Working Paper 3, 2000, http://www.bis.org/publ/bcbs72a.pdf?noframes=1.

Beaver, William H., Catherine Shakespeare, and Mark T. Soliman, "Differential Properties in the Ratings of Certified versus Non – Certified Bond – Rating Agencies", *Journal of Accounting and Economics*, 42 (3), 2006, pp. 303–334.

Becker, Bo, and Todd Milbourn, "Reputation and Competition: Evidence from the Credit Rating Industry", Harvard Business School, Working Paper, No. 09–051, 2008.

Becker, Bo, and Todd Milbourn, "How did Increased Competition Affect Credit Ratings?", *Journal of Financial Economics*, 101 (3), 2011, pp. 493–514.

Becker, David, "Big Rating Agencies Are Exempt", *Wall Street Journal*, January 28, 2010.

Becker, G. S., "A Theory of Competition among Pressure Groups for Political Influence", *The Quarterly Journal of Economics*, 98 (3), 1983, pp. 371–400.

Benmelech, Efraim, and Jennifer Dlugosz, "The Credit Rating Crisis", *the National Bureau of Economic Research*, 2010.

Bennett, Nancy, and Panel Discussion, "Use of Rating Agency Ratings in State Insurance Regulation", *Rating Agency (E) Working Group Hearing*, Sept. 24, 2009, at 8.

BIS, "The Role of Ratings in Structured Finance: Issues and Implications", Report Submitted by a Working Group Established by the Committee on the Global Financial System, January 2005.

Blume, Marshall E., Felix Lim, and A. Craig Mackinlay, "The Declining Credit Quality of U. S. Corporate Debt: Myth or Reality?", *Journal of Finance*, Vol. 53, No. 4, August 1998, pp. 1389 – 1413.

Bnnier, C. P., and A. Guttler, "Do Unsolicited Ratings Contain a Strategic Rating Component? Evidence for S&P", Unpublished Manuscript, March 17, 2008.

Bolton, Patrick, Xavier Freixas, and Joel Shapiro, "The Credit Ratings Game", NBER Working Paper, No. 14712, 2009.

Bonewitz, Paul Lasell, "Implications of Reputation Economics on Regulatory Reform of the Credit Rating Industry", *William & Mary Business Law Review* 1, 2010.

Bongaerts, Dion, Martijn Cremers and William Goetzmann, "Multiple Ratings and Credit Spreads", Conference on the Financial Crisis, April 2009.

Bostelman J. T., *The Sarbanes – Oxley Deskbook*, Practicing Law Institute, 2009.

Bottini, F. A., "An Examination of the Current Status of Rating Agencies and Proposals for Limited Oversight of Such Agencies", *San Diego L. Rev.*, 30, 1993, at 579.

Božović, Miloš, Branko Urošević, Boško Živković, "Credit Rating Agencies and Moral Hazard", *Panoeconomicus*, 2, 2011, pp. 219 – 227.

Brunnermeier, Markus K., "Deciphering the Liquidity and Credit Crunch 2007 – 2008", *Journal of Economic Perspectives*, 23 (1), 2009, pp. 77 – 100.

Bruner, Christopher M., and Rawi Abdelal, "To Judge Leviathan: Sovereign Credit Ratings, National Law, and the World Economy", *Cambridge University Press*, 2005.

Bulter, A., and K. Rodger, "Relationship Ratings: How do Bond Rating Agencies Process Information", June 2003.

Burr, Barry B., "Credit Raters Miss Many Danger Flags", *PENSIONS & INV.*, Jan. 23, 1995, at 11.

Byoun S. and Y. Shin, "Unsolicited Ratings: Theory and Empirical Analysis", October 2002.

Campbell, John and Glen Taksler, "Equity Volatility and Corporate Bond Yields", *Journal of Finance*, December 2003, pp. 2321–2349.

Cantor, Richard, and Frank Parker, "The Credit Rating Industry", *Journal of Fixed Income*, 5 (3), 1995, pp. 10–34.

Cantor, Richard, & Frank Packer, "Determinants and Impacts of Sovereign Credit Ratings", *FED. RESERVE BOARD N. Y. ECON. POL'Y REV.*, Oct. 1996.

Cantor, Richard, and Frank Packer, "Differences of Opinion and Selection Bias in the Credit Rating Industry", *Journal of Banking & Finance*, 21 (10), 1997, pp. 1395–1417.

Cantor, Richard, and Chris Mann, "Measuring the Performance of Corporate Bond Ratings", Moody's Investors Service Special Comment, April 2003.

Cantor, Richard, Christopher Mahoney and Christopher Mann, "Are Corporate Bond Ratings Procyclical?", Moody's Investors Service Special Comment, October 2003.

Caragata, Patrick and James Gellert, "Competition in the Credit Rating Industry: Are We Asking the Right Questions and Getting the Right Answers?", SEC Roundtable to Examine Oversight of Credit Rating Agencies, April 15, Washington D. C., 2009.

Carl Marx, "Capital: A Critique of Political Economy", *The Process of Capitalist Production*, Vol. 1, 1867, at 408.

Casey, Kathleen L., "In Search of Transparency, Accountability, and Competition: The Regulation of Credit Rating Agencies", The SEC Speaks in 2009, U. S. Securities and Exchange Commission, February 6, Washington, D. C., 2009.

Cathcart, Lara, Lina El–Jahel, and Leo Evans, "The Credit Rating Crisis and the Informational Content of Corporate Credit Ratings", December 21, 2010.

Choi, Stephen, "Market Lessons for Gatekeepers", 92 *NW. U. L. REV.*, 1998, at 916, 934.

Chunsheng Zhou, "Credit Rating and Corporate Defaults", *The Journal of Fixed Income*, Vol. 11, No. 3, December 2001, pp. 30 – 40.

Coffee, J., "Turmoil in the U. S. Credit Market: The Role of the Credit Rating Agencies", Testimony before U. S. Senate Committee on Banking, Housing and Urban Affairs, April 22, 2008.

Conte, Elisabetta, and Federico Parmeggiani, "The Regulation of Credit Rating Agency across USA and EU: Different Systems, Same Concerns", AnEarly 2008 Joint Working Paper.

Cornaggia, Jess, and Kimberly J. Rodgers, "Credit Ratings: Information or Regulatory Arbitrage?", August 2010.

Cooper, Wendy, "Europe Wrestles with the Triple – A Question", *INSTITUTIONAL INV.*, Aug. 1989.

Corrigan, Tracy, "S&P Rating Set to Reflect Derivatives", *FIN TIMES*, July 1994.

Coval, Joshua, Jakub Jurek, and Erik Stafford, "The Economics of Structured Finance", *Journal of Economic Perspectives*, 23 (1), 2009, pp. 3 – 25.

Crabbe, Leland, and Mitchell A. Post, "The Effect of SEC Amendments to Rule 2a – 7 on the Commercial Paper Market", Finance and Economics Discussion Series, Division of Research and Statistics, Division of Monetary Affairs, Federal Reserve Board, Wash., D. C., Paper No. 199, May 1992.

"Credit – Rating Agencies AAArgh!", *ECONOMIST*, Apr. 6, 1996, at 80.

"Credit Rating Agencies and the Financial Crisis", House of Representatives Committee on Oversight and Government Reform, Washington, D. C., October 22, 2008.

"Credit – Rating Agencies: Beyond the Second Opinion", Mar. 30, 1991.

"Credit Rating Agencies: No Easy Regulation Solutions", The World Bank Group, Financial and Private Sector Developmemt Vice Presidency, October 2009, http://rru.worldbank.org/PublicPolicyJournal.

Creswell, Julie, and Robert McGough, "Mercury Woe Nearly 'Broke the Buck' at Strong", *Wall ST. J.*, Feb. 4, 1997.

Crochett, Andrew, Trevor Harris, Frederic S. Mishkin, and Eugene N. White, "Conflicts of Interest in the Financial Services Industry: What Should We Do about Them?", *Centre for Economic Policy Research*, 2003.

Cypher, James M., "Mexico: Financial Fragility or Structural Crisis?", *Journal of Economic Issues*, Vol. 31, 1996, pp. 451–460.

Dale and Thomas, "The Regulatory Use of Credit Ratings in International Financial Markets", *J. INT'L SEC. MARKETS.*, Spring 1991, at 9.

Darcy, Deryn, "Survey, Credit Rating Agencies and the Credit Crisis: How the "Issuer Pays" Conflict Contributed and What Regulators Might Do About It", *Colum. Bus. L. Rev.* 605, 2009, at 630.

Diamond, Douglas W., and Raghuram G., "Liquidity Risk, Liquidity Creation, and Financial Fragility: A Theory of Banking", *Journal of Political Economic*, Vol. 109, 2001, pp. 289–326.

Dichev, Ilia D., and Joseph D. Piotroski, "The Long–run Stock Returns Following Bond Ratings Changes", University of Michigan Business School Working Paper, Oct. 1998.

Duffee, Gregory R. "On Measuring Credit Risks of Derivative Instruments", *Journal of Banking & Finance*, 20, 1996, pp. 805–833.

Ebenroth, Carsten Thomas, and Thomas J. Dillon Jr, "The International Rating Game: An Analysis of the Liability of Rating Agencies in Europe, England, and the United States", *LAW & POL'Y INT'L BUS.* 24783, 1993.

Ederington, Louis, and Jess Yawitz, "The Bond Rating Process", in E. Altman ed: *Handbook of Financial Markets and Institutions*, New York: John Wiley and Sons, 1985, 6th ed..

Ederington, Louis H., and Jeremy C. Goh, "Bond Rating Agencies and Stock Analysts: Who Knows What When?", *Journal of Financial and Quantitative Analysis*, 33 (04), 1998, pp. 569–585.

Elkhoury, Marwan, "Credit Rating Agencies and Their Potential Impact on Developing Countries", United Nations Conference on Trade and Development, January 2008.

Eling, Martin, and Ines Holzmüller, "An Overview and Comparison of Risk-Based Capital Standards", 26 Journal of Insurance Regulation 26 (4), 2008, pp. 31-60.

Estrella, Arturo, "Credit Ratings and Complementary Sources of Credit Quality Information", Basel Committeeon Banking Supervision Working Papers, August 2000.

European Central Bank, "Credit Rating Agencies: Developments and Policy Issues", *Monthly Bulletin*, May, 2009, pp. 107-117.

Evangel, Chris, Panel Discussion, "Use of Rating Agency Ratings in State Insurance Regulation", *Rating Agency (E) Working Group Hearing*, Sept. 24, 2009.

Fama, Eugene F., "Efficient Capital Markets: A Review of Theory and Empirical Work", *The Journal of Finance*, No. 2, 1970.

Faure-Grimaud, A., E. Peyrache and L. Quesada, "The Ownership of Ratings", Working Paper, April 2008.

Federal Reserve Board, Federal Reserve Statistical Release Z.1, "Flow of Funds Accounts of the United States", June 10, 2010.

Feldblum, Sholom, "NAIC Property/Casualty Insurance Company Risk-Based Capital Requirements", *PROCS. CAS. ACTUARIAL SOC'Y* 83, 297, 1996, pp. 304-305.

Ferri, Giovanni, L. G. Liu, and Joseph E. Stiglitz, "The Procyclical Role of Rating Agencies: Evidence from the East Asian Crisis", *Economic Notes*, Vol. 28, No. 3, 1999, pp. 335-355.

Fridson, Martin S., "Why do Bond Rating Agencies Exist?", Extra Credit (Merrill Lynch), November/December 1999.

Fridson, Martin S., *Discussion in Ratings, Rating Agencies, and the Global Financial System*, ed. Richard M. Levich, Carmen Reinhart, and Giovanni Majnoni, 85-88. Boston: Kluwer, 2002.

Fight, Andrew, *Understanding International Bank Risk*, John Wiley & Sons, 2004-03-01.

Flandreau M. & J. H. Flores, "Bonds and Brands: Intermediarities and Reputation in Sovereign Debt Market 1820-1930", Universidad Carlos 3 Working

Papers in Economic History No. 07 – 12; *Forth Coming in the Journal of Economic History*, Fall 2007.

Flandreau, Marc, Norbert Gaillard and Frank Packer, "Ratings Performance, Regulation and the Great Depression, Evidence from Government Secruites", Conference on the Financial Crisis, Universitat Pompeu Fabra Barcelona, 7 – 8 May 2009.

Flandreau, Marc, Norbert Gaillard and Frank Packer, "Ratings Performance, Regulation and the Great Depression: Lessons from Foreign Government Securities", CEPR Discussion Paper No. DP7328, June, 2009.

Flandreau, Marc, Norbert Gaillard and Frank Packer, "To Err is Human, Rating Agencies and the Interwar Foreign Government Debt Crisis", BIS Working Papers No. 335, December 2010.

Freixas, Xavier and Jean – Charles Rochet, "Microeconomics of Banking", Cambridge, *MA: MIT Press*, 1997.

Friedman, Milton, and Anna J. Schwartz, "Has the Government Any Role in Money?", *Journal of Money Economics*, Vol. 17, 1986, pp. 37 – 62.

Gellert, James H., "Rapid Ratings Statement at SEC Roundtable to Examine Oversight of Credit Rating Agencies", April 15, Washington D. C., 2009a.

Gellert, James H., "Rapid Ratings Testimony Concerning", Transforming Credit Rating Agencies before the U. S. House of Representatives Committee on Financial Services and Subcommittee on Capital Markets, Insurance, and Government Sponsored Enterprises, September 30, 2009b.

Gellert, James H., "Testimony Concerning Proposals to Enhance the Regulation of Credit Rating Agencies", before the Committee on Banking, Housing and Urban Affairs United States Senate, August 5, 2009c.

Gilson, Ronald J., "Value Creation by Business Lawyers: Legal Skills and Asset Pricing", *YALE L. J.* 94, 1984, at 239, 288 – 293.

Goh, Jeremy C., and Louis H. Ederington, "Is a Bond Rating Downgrade Bad News, Good News, or No News for Stockholders?", 48 J. FIN. 2001.

Goldsmith, Raymond W., "Comparative National Balance Sheets: A Study of Twenty Countries", *Chicago: University of Chicago Press*, 1985, pp. 1688 – 1978.

Grafton, Susan K. , "The Role of Ratings in the Federal Securities Laws", *INSIGHTS*, Aug. 1992.

Griffin, John M. , and Dragon Tang, "Did Subjectivity Play a Role in CDO Credit Ratings?", Working Paper, 2010.

Griffin, P. A. and A. Z. Sanvicente, "Common Stock Returns and Rating Changes: A Methodological Comparison", *Journal of Finance*, Vol. 37, March 1982, pp. 103 – 119.

Grossman, S. and J. Stiglitz, "On the Impossibility of Informationally Efficient Markets", *American Economic Review*, 70 (3), 1980, pp. 393 – 408.

Gutner, Toddi, "Ratings Shootout", *FORBES*, Feb. 17, 1992, at 89.

Hand, John R. M. , Robert W. Holthausen, and Richard W. Leftwich, "The Effect of Bond Rating Agency Announcements on Bond and Stock Prices", *Journal of Finance*, 47, 1992, pp. 733 – 752.

Harold, Gilbert, *Bond Ratings as an Investment Guide: An Appraisal of Their Effectiveness*, The Ronald Press Company, 1938.

Hettenhouse, George, and William Sartoris, "An Analysis of the Informational Value of Bond – Rating Changes", *Quarterly Review of Economics & Business*, Vol. 16, Summer 1976, pp. 65 – 78.

Hickman, W. Braddock, "Corporate Bond Quality and Investment Performance", *Princeton University Press*, 1958.

Hill, Claire, "Regulating the Rating Agencies", Latin American and Caribbean Law and Economics Association (ALACDE) Annual Papers, 2005 – 04 – 25.

Hill, Claire A. , "Rating Agencies Behaving Badly: The Case of Enron", *Conn. L. Rev.* 35, 1145, 2002.

Hirschleifer, Jack, "The Private and Social Value of Information and the Reward to Inventive Activity", *AM. ECON. REV.*, June 1971, at 561.

Hite, Gailen, and Arthur Warga, "The Effect of Bond – Rating Changes on Bond Price Performance", *Financial Analysts Journal*, May/June 1997, pp. 35 – 51.

Holthausen, Robert W. , and Richard W. Leftwich, "The Effect of Bond Rating Changes on Common Stock Prices", *Journal of Financial Economics*, 17, 1986, pp. 57 – 89.

House, Richard, "Rating Trouble", INSTITUTIONAL INV. Oct. 1999.

House, Richard, "Rating the Raters", Institutional Investor, 1995.

Hsueh, L. Paul, and David S. Kidwell, "Bond Ratings: Are Two Better than One?", *Financial Management*, 1988, pp. 46 – 53.

Hu, Jian, and Richard Cantor, "Structured Finance Rating Transitions: 1983 – 2002 Comparisons with Corporate Ratings and Across Sectors", Moody's Investors Service Special Comment, January 2003.

Husisian, Gregory, "What Standard of Care Should Govern the World's Shortest Editorials? Analysis of Bond Rating Agency Liability", ORNELL L. REV. 75, 1990, at 411, 426.

Hunt, John Patrick, "Credit Rating Agencies and the 'Worldwide Credit Crisis', The Limits of Reputation, the Insufficiency of Reform, and a Proposal for Improvement", *Colum. Bus. L. Rev.* 109, 2009, pp. 109 – 209.

IMF, "Containing Systemic Risks and Restoring Financial Soundness", Global Finacial Stability Report, *World Economic and Financial Surveys*, Apr. 08, 2008, at 56.

Ingram, R., L. Brooks and R. Copeland, "The Information Content of Municipal Bond Rating Changes: A Note", *Journal of Finance*, 38, 1983, pp. 997 – 1003.

IOSCO Final Report, "The Role of Credit Ratings Agencies in Structured Finance Markets", May 2008.

Jeffery, Friedman, and Richard Posner, "What Caused the Financial Crisis?", *University of Pennsylvania Press*, 2010.

Jewell, Jeff, and Miles Livingston, "Split Ratings, Bond Yields, and Underwriter Spreads", *Journal of Financial Research*, 21, 1998, pp. 185 – 204.

Jewell, Jeff, and Miles Livingston, "A Comparison of Bond Ratings from Moody's S&P and Fitch", *Financial Markets, Institutions, & Instruments*, Vol. 8, No. 4, August 1999.

Jiang, John (Xuefeng), Mary Stanford and Yuan Xie, "Does It Matter Who Pays for Bond Ratings? Historical Evidence", *Journal of Financial Economics*, 105 (3), 2012, pp. 607 – 621.

Jorion, Philippe, Zhu Liu, and Charles Shi, "Informational Effects of Regulation FD: Evidence from Rating Agencies", *Journal of Financial Economics*, 76 (2), 2005, pp. 309 – 330.

Katz S. , "The Price Adjustment Process of Bonds to Rating Reclassifications: A Test of Bond Market Efficiency", *Journal of Finance*, 1974.

Katz J. , Salinas E. , and Stephanou C. , "Credit Rating Agencies: No Easy Regulatory Solutions", 2009, http://rru.worldband.org/PublicPolicyJounal.

Kaufman, G. , "Bank Failures, Systemic Risk, and Bank Regulation", *CATO*, Vol. 16, 1996, pp. 17 – 45.

Kliger, Doron, and OdedSarig, "The Information Value of Bond Ratings", *The Journal of Finance*, Vol. Lv, No. 6, Dec. , 2000.

Kraakman, Reinier H. , & Ronald J. Gilson, "The Mechanisms of Market Efficiency", 70 *VA. L. REV.* , 1984, at 549, 613 – 21.

Kregel J. A. , "Margins of Safety and Weight of the Argument in Generating Financial Fragility", *Journal of Economic Issues*, Jun, Vol. 31, 1997, pp. 543 – 548.

Krueger, Anne O. , "The Political Economy of the Rent – Seeking Society", *American Economic Review*, 64 (3), June 1974, pp. 291 – 303.

Laffont, Jean – Jacques, and Jean Tirole, "A Theory of Incentives in Procurement and Regulation", *MIT Press: Cambridge*, MA, 1993.

Landy, Frank J. , and James L. Farr, "Performance Rating", *Psychological Bulletin*, 1980.

Langbein, Stanley, "Credit Rating Agencies and Financial Stability", University of Miami Law School, Final Paper Submitted in the Course of Banking Law, Fall Semester 2007.

Langohr, Herwig M. , and Patricia T. Langohr, *The Rating Agencies and Their Credit Ratings: What They Are, How They Work and Why They Are Relevant*, John Wiley and Sons, 2008.

Light, Larry, et al. , "Are You Really Insured?", *BUS. WK.* , Aug. 5, 1995.

Löffler, Gunter, "An Anatomy of Rating through the Cycle", *Journal of Banking & Finance*, 28 (3), 2004, pp. 695 – 720.

Levich, Richard M., Giovanni Majnoni, and Carmen Reinhart, eds, *Ratings, Rating Agencies and the Global Financial System*, Kluwer Academic Publishers Boston, 2002.

Löffler, Gunter, "Avoiding the Rating Bounce: Why Rating Agencies Are Slow to React to New Information", *Journal of Economic Behavior & Organization*, 56 (3), 2005, pp. 365–81.

Lucas, D. J., and Lonski, "Changes in Corporate Credit Quality", *The Journal of Fixed Income*, January 1992, pp. 7–14.

Lupica, Lois R., "Credit Rating Agencies, Structured Securities, and the Way Out of the Abyss", *Rev. Banking Fin. L.*, 639, 2008, pp. 649–651.

Lynch, Timothy E., "Deeply and Persistently Conflicted: Credit Rating Agencies in the Current Regulatory Environment, Case W", *Res. L. Rev.*, 2009, pp. 267–268.

Moreau L., "Regulatory versus Informational Value of Bond Ratings, Hints from History...", CELS 2009 4th Annual Conference on Empirical Legal Studies Paper, 2009.

Macey, Jonathan R., "Wall Street Versus Main Street: How Ignorance, Hyperbole, and Fear Lead to Regulation", 65 *U. CHI. L. REV.*, 1998, at 1487.

Madison, James H., "The Evolution of Commercial Credit Reporting Agencies in Nineteenth-Century America", *The Business History Review*, Vol. 48, No. 2, Summer 1974, pp. 164–186.

Maremont, Mark, and Rick Melcher, "Hard Answers for the Crisis in Easy Credit", *BUS. WK.*, Feb. 24, 1997.

Mason, J. R. and J. Rosner, "Where Did the Risk Go? How Misapplied Bond Ratings Cause Mortgage Backed Securities and Collateralized Debt Obligation Market Disruptions", Working Paper, 2007.

Mathis, Jerome, James McAndrews, and Jean-Charles Rochet, "Rating the Raters: Are Reputation Concerns Powerful Enough to Discipline Rating Agencies?", *Journal of Monetary Economics*, 56 (5), 2009, pp. 657–674.

McDaniel, Raymond W., "Moody's Response to the SEC's Concept Release", July 2003.

McGuire, Thomas J., "Ratings in Regulation: A Petition to the Gorillas", Delivered to the SEC Fifth Annual International Institute for Securities Market Development, April 28 1995, at 17.

Merton, Robert C., "Financial Innovation and the Management and Regulation of Financial Institutions", *Journal of Banking & Finance*, Elsevier, Vol. 19 (3−4), 1995, pp. 461−481.

Minsky, Hyman P., *The Financial Instability Hypothesis: Capitalist Processes and The Behavior of the Economy in Financial Crisis: Theory, History and Policy*, edited by Charles P. Kindle Berger and Jean − Pierre Laffargue, 13−38. Cambridge: Cambridge University Press, 1982.

Moody, John, *The Long Road Home: An Autobiography*, Arno Press, 1975.

Moody's, Commercial Paper Defaults 1970−1993.

Moody's Corporation, Annual Report 2008. New York: Moody's, 2009.

Moody's KMV, Corporate Bond Defaults and Default Rates 1970−1993.

Moody's, Understanding Moody's Corporate Bond Ratings and Rating Process, Technical Report, Moody's Investors Service, 2002.

Moreau, Ludovic, "A Century of Bond Ratings as a Business", July 2009.

Moreau, Ludovic, "Regulatory versus Informational Value of Bond Ratings: Hints from History", EconomiX Working Papers, 2009.

NAIC Rating Agency Working Group, "Evaluating the Risks Associated with NAIC Relianceon NRSRO Credit Ratings", Final Report of the Rawg to the Financial Conditions Committee, 2, 2010.

National Association of Insurance Commissioners, "Request for Proposal Pertaining to Residential Mortgage − Backed Securities," Owned by U. S. − Domiciled Companies, 12, Oct. 23, 2009.

New York University, *Restoring Financial Stability: How to Repair a Failed System*, Wiley, 2009.

NAIC, A Tradition of Consumer Protection, 1995.

Norden, Lars, "Why do CDS Spreads Change Before Rating Announcements?", 2011.

Opp, Christian C., and Marcus M. Opp, and Milton Harris, "Rating Agencies in the Face of Regulation", Working Paper, 2010.

ORY, Jean − Noël, and Philippe RAIMBOURG, "Credit Rating Agencies' Function on Bond Markets", *Price Stability vs. Information*, November 2008.

Osterhus, Gustav, "Flaw – Tester for Bond Lists", *American Bankers Association Journal*, 29, Aug. 1931, at 67.

Pagano, Marco, and Paolo Volpin, "Credit Ratings Failures and Policy Options", in *Macroeconomic Stability and Financial Regulation*, Key Issues for the G20, *Economic Policy*, 2010.

Partnoy, Frank, "The Siskel and Ebert of Financial Markets: Two Thumbs Down for the Credit Rating Agencies", *Washington University Law Quarterly*, 77 No. 3, 1999, pp. 619 – 712.

Partnoy, Frank, "The Paradox of Credit Ratings", *Law and Economics Research*, Paper No. 20, 2001.

Partnoy, Frank, *FIASCO: Blood in the Water on Wall Street*, WW Norton & Company, 2009.

Partnoy, Frank, "Financial Derivatives and the Costs of Regulatory Arbitrage", 22 J. CORP. L, 211, 1997, at 227, 249 – 252

Peltzman, Sam, "Toward a More General Theory of Regulation", *J. LAW & ECON.* 19, 1976, at 211.

Peltzman, Sam, "The Economic Theory of Regulation after a Decade of Deregulation", *Brookings Papers on Economic Activity Microeconomics*, 1989, pp. 1 – 59.

Perlmuth, Lyn, "Is Turnabout Fair Play?", *INSTITUTIONAL INV.*, April 1995, at 34.

Phillips, Susan M., and Alan N. Rechtschaffen, "International Banking Activities: The Role of the Federal Reserve Bank in Domestic Capital Markets", 21 *FORDHAM INT'L L. J.*, 1754, 1998, pp. 1762 – 1763.

Piazolo, Marc, "Why have Official Rating Agencies Failed in the Past, and Will They in the Future?", *Ekonomia*, 9 (1), 2006, pp. 3 – 20.

Pinches, George E., and J. Clay Singleton, "The Adjustment of Stock Prices to Bond Rating Changes", *The Journal of Finance*, Vol. 33, No. 1, Mar. 1978.

Pinches, George E., and Kent A. Mingo, "Multivariate Analysis of Industrial Bond Ratings", *The Journal of Finance*, Vol. 28, No. 1, Mar. 1973.

Pinkes, Kenneth J. H., "The Function of Ratings in Capital Markets: Rating Scale, Rating Approach and Credit Topics: A Moody's Symposium", Dec. 5, 1997.

Pu Liu, Fazal J. Seyyed and Stanley D. Smith, "The Independent Impact of Credit Rating Changes – The Case of Moody's Rating Refinement on Yield Premiums", *Journal of Business Finance & Accounting*, 26 (3) & (4), April/May 1999, 0306 – 686X.

Pu Liu and Anjan V. Thakor, "Interest Yields, Credit Ratings, and Economic Characteristics of State Bonds: An Empirical Analysis", *J. Money, Credit & Banking*, Aug. 1984, at 344, 345 – 48.

Rapid Ratings, *Rapid Ratings, Results Analysis*: 2005 – 2008, Homebuilding Sector, July 17, 2008.

Raiter, Frank L., "Credit Rating Agencies and the Financial Crisis", Statement before the Committee on Oversight and Government Reform, U. S. House of Representatives, October 22, 2008.

Randall, Susan, "Insurance Regulation in the United States: Regulatory Federalism and the National Association of Insurance Commissioners", *FLA. ST. U. L. REV.* 26, 625, 1999, pp. 629 – 34.

"Rating the Rating Agencies", *INSTITUTIONAL INV.*, April 1995, at 53.

Reilly, Frank K., and Michael D. Joehnk, "The Association between Market – Dominated Risk Measures for Bonds and Bond Ratings", 31 *J. FIN.* 1387, 1976.

Reinhart, Carmen, Levich, Richard and Majoni, Giovanni, "Ratings, Rating Agencies and the Global Financial System", Summary and Policy Implications, Online at (http://mpra.ub.uni-muenchen.de/13249/), 2002.

Rhodes, Amy K., "Role of the SEC in the Regulation of the Ratings Agencies: Well – Placed Reliance or Free – Market Interference?", *SETON HALL LEGIS. J.* 20 293, 1996, pp. 295 – 96.

Richardson, Matthew C., and Lawrence J. White, "The Rating Agencies: Is Regulation the Answer?", In *Restoring Financial Stability: How to Repair a Failed System*, ed. Viral Acharya and Matthew C. Richardson, New York: Wiley, 2009, pp. 101 – 115.

Rousseau, Stephane, "Enhancing the Accountability of Credit Rating Agencies: the Case for a Disclosure – Based Approach", *McGill LJ*, 2005.

Sangiorgi, Francesco, Jonathan Sokobin, and Chester Spattt, "Credit – Rating Shopping, Selection and the Equilibrium Structure of Ratings", June 8, 2009.

Sappington D., and J. E. Stiglitz,, "Information and Regulation", in *Public Regulation*, E. Bailey (ed.), MIT Press, Cambridge, 1987a, pp. 3 – 43.

Sappington D., and J. E. Stiglitz, "Privatization, Information and Incentives", *Journal of Policy Analysis and Management*, 6, 1987b, pp. 567 – 587.

Scheyd, Charles, and Reza Bahar, "Derivative Product Company Rating Criteria", June 6, 1994.

SEC, "Removal of Certain References to Credit Ratings under the Securities Exchange Act of 1934".

Securities and Exchange Commission, "Report on the Role and Function of Credit Rating Agencies in the Operations of the Securities Markets", Written as Required by Section 702 (b) of the Sarbanes – Oxley Act of 2002, Washington D. C., January 2003.

SEC, "Annual Report on Nationally Recognized Statistical Rating Organizations", June 2009.

Schwartz, A., "Financial Stability and The Federal Safety Net, Restructuring Banking and Financial Services in America", Washington, D. C.: American Enterprise Institute, 1988, pp. 19 – 30.

Skreta, Vasiliki, and Laura Veldkamp, "Ratings Shopping and Asset Complexity: A Theory of Ratings Inflation", *Journal of Monetary Economics* 56, 2009, pp. 678 – 695.

Sinclair, Timothy J., "Passing Judgement: Credit Rating Processes as Regulatory Mechanisms of Governance in the Emerging World Order", *Review of International Political Economy*, 1994.

Sinclair, Timothy J., "Global Monitor Bond Rating Agencies", *New Political Economy*, Vol. 8, No. 1, 2003.

Sinclair, Timothy J., "The New Masters of Capital: American Bond Rating Agencies and the Politics of Creditworthiness", *Cornell University Press*, 2005.

Smit, Elliot Blair, " 'Race to Bottom' at Moody's, S&P Secured Subprime's Boom, Bust", *Bloomberg News*, Sep, 25, 2008, at 13.

Smith, Roy C., and Ingo Walter, "Rating Agencies: Is There an Agency Issue?", In Ratings, Rating Agencies, and the Global Financial System, ed. Richard M. Levich, Carmen Reinhart, and Giovanni Majnoni, Boston: Kluwer, 2002, pp. 289 – 318.

Spierings, Renée, *Reflections on the Regulation of Financial Intermediaries*, Kyklos, 43, 1990, pp. 91 – 109.

Standard & Poor's Debt Ratings Criteria: Industrial Overview III, 1986, [hereinafter DEBT RATINGS CRITERIA], at 3.

Standard & Poor's Traces Its History Back to This Publication.

Standard & Poor's, Ratings Direct Research, 2007.

Standard & Poor's Ratings Performance 1997: Stability and Transition, 1998.

Stephen Choi, "Market Lessons for Gatekeepers", *NW. U. L. REV.* 92, 916, 1998, at 934.

Stern, Jon., "What Makes an Independent Regulator Independent?", *Business Strategy Review*, 8 (2), 1997, pp. 67 – 74.

Stigler, George J., "The Theory of Economic Regulation", *Bell Journal of Economics and Management Science*, 2 (1), 1971, pp. 3 – 21.

Stiglitz, Joseph E., "Perfect and Imperfect Capital Markets", Paper Presented to the Econometric Society, New Orleans 1971.

Stiglitz, Joseph E. "The Theory of 'Screening' Education, and the Distribution of Income", *AM. ECON. REV.*, June 1975, at 283.

Stiglitz, Joseph E. Jaime Jaramillo – Vallejo, and Yung Chal Park, "The Role of the State in Financial Markets", World Bank Research Observer, Annual Conference on Development Economics Supplement, 1993.

Stover, Roger D., "Third – Party Certification in New Issues of Corporate Tax – Exempt Bonds: Standby Letter of Credit and Bond Rating Information", FIN. MGMT., Spring 1996, at 63.

Sylla, Richard, "An Historical Primer on the Business of Credit Ratings", In *Ratings, Rating Agencies, and the Global Financial System*, ed. Richard

M. Levich, Carmen Reinhart, and Giovanni Majnoni, Boston: Kluwer, 2002, pp. 19 – 40.

The Pioneer of Corporate Debt Guarantees, *INSTITUTIONAL INV.*, 1988.

The Raters as Regulators, *INSTITUTIONAL INV.*, May 1993.

The Use and Abuse of Reputation, *ECONOMIST*, Apr. 6, 1996, at 18.

Thomson, James B., "Using Market Incentives to Reform Bank Regulation and Federal Deposit Insurance", *Economic Review* (Federal Reserve Bank of Cleveland) Vol. 26, 1990, pp. 28 – 32.

Triantis, George C., and Ronald Daniels, "The Role of Debt in Interactive Corporate Governance", 83 *CAL. L. REV.*, 1995, pp. 1073, 1110.

Tullock, Gordon, *Rent – Seeking*, Aldershot: Edward Elgar, 1994.

U. S. Department of Justice, Antitrust Division, "Comments of the United States Department of Justice before the Securities and Exchange Commission", March 6, 1998.

U. S. Government Information, "Credit Rating Agencies and the Financial Crisis", Available via the World Wide Web: http://www.gpoaccess.gov/congress/index.html, http://www.house.gov/reform, OCTOBER 22, 2008.

U. S. Securities and Exchange Commission, "Report on the Role and Function of Credit Rating Agencies in the Operation of the Securities Markets", January 2003.

U. S. Securities and Exchange Commission, "Summary Report of Issues Identified in the Commission Staff's Examinations of Select Credit Rating Agencies", July, 2008.

Van Horne James, C., "Financial Markets and Flows", 1990.

Valerie, Hart, "Structured Deals Give Rise to Investment Vehicles", Standard & Poor's Credit Week, July 1997.

Varian, Hal R., *Intermediate Microeconomics: A Modern Approach*, 4th Edition. New York: W. W. Norton and Company, 1996.

Vaughan, Emmett J., and Therese Vaughan, *Fundamentals of Risk and Insurance*, New York: John Wiley & Sons, loth ed., 2007.

Vigneron, Frederic P., "NAIC SVO Overview", Dec. 11, 1997.

Wakeman, "Bond Rating Agencies and the Capital Markets", Working Paper

(Graduate School of Management, University of Rochester, Rochester NY), 1978.

Wakeman, Lee M., "The Real Function of Bond Rating Agencies", *Chase Financial Quarterly*, Vol. 1, Reprinted in *The Modern Theory of Corporate Finance*, Michael C. Jensen and Clifford W. Smith, R., Editors, New York: McGraw-Hill, INC., 1984, pp. 18-25.

Walker-Bright, Paul, "Reed Smith LLP on the Potential for Future Regulation of Insurance in Light of AIG", INC.'s Financial Collapse, 2008 LEXISNEXIS EMERGING ISSUES 3091.

Webel, B., "The Dodd-Frank Wall Street Reform and Consumer Protection Act: Issues and Summary", Congressional Research Service, Library of Congress, 7-5700, http: \ \ www. crs. gov, R41350, 2010.

Weinstein, M., "The Effect of a Rating Change Announcement on Bond Price", *Journal of Financial Economics* 5, 1977, pp. 329-350.

West, Richard R., "Bond Ratings, Bond Yields and Financial Regulation, Some Findings", *Journal of Law and Economics*, Vol. 16, No. 1, Apr. 1973, pp. 159-168.

Wigmore, B. A., "The Decline in Credit Quality of New-Issue Junk Bonds", *Financial Analysis Journal*, September/October, 1990, pp. 53-62.

White, Lawrence J., "The S&L Debacle: Public Policy Lessons for Bank and Thrift Regulation", *New York: Oxford University Press*, 1991a.

White, Lawrence J., "Bank Regulation in the U. S.: Lessons from the 1980s and 1990s", *Japan and the World Economy*, Forthcoming 2001.

White, Lawrence J., "The Value of Market Value Accounting for the Deposit Insurance System", *Journal of Accounting, Auditing, and Finance*, 6, April 1991b, pp. 284-301.

White, Lawrence J., "Getting a Grip on Capital", *Secondary Mortgage Markets*, 15, July 1998, pp. 1, 54-59.

White, Lawrence J., "The Credit Rating Industry: An Industrial Organization Analysis", in *Ratings, Rating Agencies, and the Global Financial System*, ed. Richard M. Levich, Carmen Reinhart, and Giovanni Majnoni, Boston: Kluwer, 2002a, pp. 41-63.

White, Lawrence J. ,"The SEC's Other Problem", *Regulation*, 25, 2002b, pp. 38 – 42.

White, Lawrence J. , "Good Intentions Gone Awry: A Policy Analysis of the SEC's Regulation of the Bond Rating Industry", Policy Brief No. 2006 – PB – 05. Networks Financial Institute, Indiana State University, 2006.

White, Lawrence J. , "A New Law for the Bond Rating Industry", *Regulation*, 30, Spring 2007, pp. 48 – 52.

White, Lawrence J. ,"The Credit Rating Agencies: How Did We Get Here? Where Should We Go?", *Miscellaneous Papers*, 2008.

White, Lawrence J. ,"The Credit – Rating Agencies and the Subprime Debacle", *Critical Review*, 21 (2 – 3), 2009, pp. 389 – 399.

White, Lawrence J. , "Markets: The Credit Rating Agencies", *Journal of Economic Perspectives* 24 (2), 2010, pp. 1 – 16.

Yago, Glenn, "Junk Bond", The Concise Encyclopedia of Economics, http: // www. econlib. org/library/Enc/JunkBonds. html, 2011 – 11 – 10.

Zigas, David, "Why the Rating Agencies Get Low Marks on the Street", BUS. WK. , Mar. 12, 1990, at 104.

Zuckerman, Gregory, "Asset – Backed Securities Face New Scrutiny", *WALL ST. J.* , Feb. 18, 1997.

后 记

本书停笔，并无心释，也难满怀喜悦，回首这些年的求学之路，虽未曾"悬梁刺股"，却也一路风雨兼程，甘苦自知。求学路上诸多的人与事，至今仍历历在目，多少次彻夜明学的灯光，见证着我的笔耕之路。

"拙作"初成，虽汗颜示人，但也凝结了我多年挑灯苦读的血汗，期待能在前辈、同仁的批评指正下，再精进完善。也希望在未来条件更成熟之时，就金融监管及我国信用评级的发展问题，与各位有志的同道之士，互通有无，进一步深入探讨研究，以期为我国金融稳定及评级的健康发展发一分光，尽一分力。

驻笔深思，不由感慨时光飞逝，内心五味杂陈。感谢为我点亮求知路上灯塔的各位老师，你们的指引让我有机会走进知识的殿堂，不断汲取金融学理论的精髓！感谢我的家人！尤其是我的父母和孩子，近年来为支持我的学业和工作，你们付出了很多，是你们无怨无悔的理解和支持支撑着我，对你们的感激之情无以言表，唯以此书表达我深深的谢意！

细细想来，一本书的撰写，是一项艰巨的工程，要感谢的人实在太多，难以一一列出。在此，我向所有真诚帮助我的人致以深深的敬意和衷心的感谢！

武钰
2014 年 5 月 28 日